A CALL TO THE UNCONVERTED

회심으로의 초대

세계
기독교
고전

53

A CALL TO THE UNCONVERTED

회심으로의 초대

리처드 백스터 | 박문재 옮김

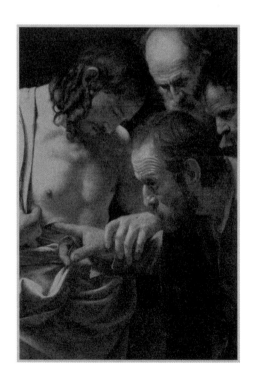

CH북스
크리스천
다이제스트

세계 기독교 고전을 발행하면서

한국에 기독교가 전해진 지 벌써 100년이 넘었습니다. 그동안 수많은 기독교 서적들이 간행되어 한국의 교회와 성도들에게 많은 공헌을 해 왔습니다. 그러나 기독교 역사 100년을 넘어선 우리의 교회와 성도들에게 더 큰 영적 성숙과 진정한 신앙을 심어주기 위해서는 가치있는 기독교 서적들이 많이 나와야 한다고 생각합니다. 그리하여 영혼의 양식이 될 수 있는 훌륭한 기독교 서적들이 모든 성도들의 가정뿐만 아니라 믿지 아니하는 가정에도 흘러 넘쳐야만 합니다.

믿는 성도들은 신앙의 성장과 영적 유익을 위해서 끊임없이 좋은 신앙 서적들을 읽고 명상해야 하며, 친구와 이웃 사람들의 구원을 위하여 신앙 서적 선물하기를 즐기고 읽도록 권해야 할 것입니다. 이것은 하나님의 백성으로서 살기 원하는 사람은 누구나 마땅히 해야 할 의무라고도 하겠습니다.

존 웨슬리는 "성도들이 책을 읽지 않는다면 은총의 사업은 한 세대도 못 가서 사라져 버릴 것이다. 책을 읽는 그리스도인만이 진리를 아는 그리스도인이다"라고 말했습니다. 우리는 이제 한국에서 최초로 세계의 기독교 고전들을 총망라하여 한국의 교회와 성도들에게 소개하고자 합니다. 전세계의 기독교 고전은 모든 기독교인들에게 영원한 보물이며, 신앙의 성숙과 영혼의 구원을 위하여 이보다 더 귀한 것은 없을 것입니다.

이러한 취지로 어언 2천여 년의 세월이 지나는 동안 세계 각국에서 저술된 가장 뛰어난 신앙의 글과 영속적 가치가 있는 위대한 신앙의 글만을 모아서 세계 기독교 고전 전집으로 편찬하고자 합니다.

우리는 이 세계 기독교 고전 전집을 알차고, 품위있게 제작하여 오늘날 한국의 교회와 성도들에게 제공하고 후손들에게도 물려줄 기획을 하고 있습니다. 우리는 다시 한번 다니엘 웹스터가 한 말을 깊이 생각해 보아야 할 것입니다.

"만약 신앙 서적들이 우리 나라 대중들에게 광범위하게 유포되지 않고, 사람들이 신앙적으로 되지 않는다면, 우리나라가 어떤 나라가 될지 걱정스럽다… 만약 진리가 확산되지 않는다면, 오류가 지배할 것이요, 하나님과 그의 말씀이 전파되고 인정받지 못한다면, 마귀와 그의 궤계가 우세할 것이요, 복음의 서적들이 모든 집에 들어가지 못한다면, 타락하고 음란한 서적들이 거기에 있을 것이요, 우리나라에서 복음의 능력이 나타나지 못한다면, 혼란과 무질서와 부패와 어둠이 끝없이 지배할 것이다."

독자들의 성원과 지도 편달을 바라마지 않습니다.

CH북스

발행인 박명곤

차 례

머리말

　내가 학식 있고 존경받는 그리스도의 종 어셔 주교(Bishop Usher)와 짧은 만남을 가지는 동안, 그는 시종일관 내게 신앙을 고백한 여러 수준의 그리스도인들이 각자의 수준에서 도움을 얻을 수 있는 지침서를 하나 쓰는 것이 어떻겠느냐고 끈질기게 권유하였습니다. 즉, 회심하지 않은 사람들로부터 시작해서, 그리스도 안에서 어린 아이인 초신자들, 그리고 더 나아가서 이미 성숙한 신앙을 지닌 신자들에 이르기까지, 그들로 하여금 그들의 몸에 배어 있는 여러 가지 죄들과 싸워 이기도록 특별한 도움을 줄 수 있는 책이 있었으면 좋겠다는 것이었습니다. 우리가 처음 만났을 때, 나는 그로부터 갑작스럽게 이런 제안을 받긴 하였지만, 그가 이런 생각을 이전부터 가지고 있었다는 것을 점차 알게 되었습니다. 하지만 나는 그런 책은 이미 많은 사람들이 썼을 뿐만 아니라, 그가 아직 나의 약점을 잘 몰라서, 내가 그런 책을 쓰기에 적임자라고 생각하는 것일 뿐이고, 실제로 나는 그런 책을 쓸 만한 역량이 되지 못한다고 그에게 대답하고, 그의 제안을 정중히 사양하였습니다. 그런데도 그는 나의 대답에 만족하지 않고, 계속해서 내게 요청을 했지만, 나는 그의 설득에 마음이 움직이지도 않았고, 그런 주제로 이미 나와 있는 책들이면 충분하고, 그런 책을 또다시 쓸 필요는 별로 없다고 생각하였고, 내가 기존의 책들보다 더 나은 책을 쓸 수 있을 것 같지도 않았습니다. 그래서 나는 그와 헤어질 때까지만 해도, 그가 요청하고 제안한 그런 책을 쓸 마음이 전혀 없었습니다.

그러나 그가 세상을 떠나자, 그가 한 말들이 종종 내게 떠올랐습니다. 그리고 나는 그에 대한 큰 존경심을 지니고 있었기 때문에, 그가 생전에 그렇게 간절히 바라서 내게 요청하고 부탁한 것을 한 번 시도해 보아야 하겠다는 생각이 점점 들게 되었습니다. 게다가, 나는 최근에 "가족 지침서"를 쓰려고 구상을 하다가, 어서 주교가 요청한 그런 책을 먼저 쓰고 나서, 그것을 기반으로 해서 가족 지침서를 쓰는 것이 적절하다는 것을 깨닫기 시작하였습니다. 즉, 가족 간의 여러 관계들에 대해서 말하는 책을 쓰기 전에, 사람들의 영혼이 처한 여러 상태들에 대해서 말하는 책을 쓰는 것이 올바른 순서라는 것을 깨달은 것입니다.

그래서 나는 하나님의 도우심을 의지해서 다음과 같은 내용들을 담은 글들을 순서대로 쓰기로 결심하였습니다. 첫 번째로, 나는 아직 돌이키고자 하는 마음이 없어서 회개하고자 하지 않고 회심하지 않은 죄인들이나, 적어도 회심을 시작하지 않은 죄인들에게 들려 줄 내용을 쓸 것입니다. 나는 이런 사람들에게는 단순한 지침들을 제시하는 것보다는, 그들을 일깨워 주고 설득하는 것이 더 필요하다고 생각하였습니다. 왜냐하면, 지침들을 제시한다는 것은 사람들이 기꺼이 거기에 순종하고자 할 마음이 있다는 것을 전제하는 것인데, 우리가 가장 먼저 상대하고자 하는 이 사람들은 "자신을 방탕에 방임하여 모든 더러운 것을 욕심으로" 행함으로써 "감각 없는 자들"이 되어서 의도적으로 죄악된 삶을 살아가는 영적으로 잠들어 있는 사람들이기 때문입니다(엡 4:19).

두 번째로, 나는 돌이키고자 하는 마음이 어느 정도 있고 회심을 시작하려고 하는 사람들이 철저하고 참된 회심을 할 수 있도록 도와 주는 지침들을 제시하여서, 그들이 거듭날 때에 잘못되는 일이 없게 하고자 합니다.

세 번째로, 나는 이미 그리스도인이 된 사람들 중에서 아직 어리고 약한 신자들이 믿음 위에 확고하게 제대로 잘 세워져서 인내로써 끝까지 이 신앙의 경주를 해 나갈 수 있게 도와 줄 지침들을 제시하고자 합니다.

네 번째로, 나는 죄에 빠져서 타락하여 신앙에서 멀어진 그리스도인들이 안전하게 다시 회복하는 것을 도와 줄 지침들을 제시할 것입니다. 이런 내용들 외에도, 나는 이 시대에서 특별히 저질러지고 있는 몇 가지 잘못들과 사람들 사이에서 널리 퍼져 있는 몇 가지 치명적인 죄들을 일깨워 주고 거기에서 벗어나야 한다는 것을 설득하고, 거기에 필요한 지침들을 제시하고자 합니다. 하지만 신앙에 대하여 의심하고 괴로워하는 양심에게 주는 지침들은 내가 이미 다른 곳에서 썼고, 성숙한 신자들은 이미 하나님으로부터 아주 많은 것들을 배운 사람들이기 때문에, 나는 그들을 위한 지침들은 쓰지 않을 것입니다.

내가 마지막으로 다섯 번째로 쓰고자 하는 글은 특별히 가족들을 위한 지침, 즉 가족 관계 속에서 부모나 자녀 등과 같이 각자의 위치에서 어떻게 행하는 것이 합당한지를 알려 주는 지침이 될 글입니다. 이러한 글들 중에서 일부는 내가 이미 썼습니다. 하지만 내가 살아 있는 동안에 나머지 글들을 쓸 시간이 내게 주어질 수 있는지는 오직 하나님만이 아십니다. 그러므로 나는 위에서 말한 각각의 글들을 쓰는 대로 바로바로 출간하려고 합니다. 왜냐하면, 한편으로는 이 각각의 글들은 서로 다른 독자들을 염두에 둔 것이기 때문에 따로따로 출간해도 아무 문제가 없고, 다른 한편으로는 이 글들을 모아서 한 권의 책으로 묶어 출간한다면, 책의 부피도 커지고 가격도 만만치 않게 되어서, 독자들이 이 글들을 읽고 유익을 얻는 데에 방해가 될 수도 있을 것이기 때문입니다.

　이 책은 다음과 같은 분들에게 유익을 끼치기 위해서 출간되었습니다. 첫째로, 이 책은 자신의 권속 중에 아직 회심하지 않은 종들이나 자녀들이 있는 경우에, 주인들과 부모들이 그런 종들이나 자녀들에게 자주 읽어 주면 좋을 것입니다. 둘째로, 이 책은 아직 회심하지 않은 모든 사람들이 스스로 읽고 묵상한다면 유익할 것입니다. 셋째로, 회심하지 않은 사람들이 이 책을 스스로 구해서 읽고자 하는 경우는 별로 없을 것이기 때문에, 재정적으로 조금 여유가 있는 신자들은 아직 회심하지 않은 그들을 불쌍히 여겨서, 이 책을 구입하여 그런 사람들에게 선물한다면, 그들에게 큰 도움이 될 것입니다. 주께서 우리의 영혼을 깨어나게 하신 것은, 아직 "낮"인 동안에 우리로 하여금 저 찬송 받으실 창조주 하나님과 우리의 구속주이신 그리스도와 우리 영혼을 거룩하게 하시는 성령께 순종하는 가운데, 우리 자신과 다른 사람들의 영혼을 구원하기 위하여 부지런히 일하게 하시기 위한 것입니다.

1657년 12월 10일

리처드 백스터

서론

이 책을 읽게 될 모든 거룩하게 되지 않은 사람들, 그리고 특히 버러 (Borough) 시와 키더민스터(Kiaderminster) 교구에 있는 나의 청중들에게

영원하신 하나님께서는 여러분이 영원한 삶을 살도록 하시기 위하여 여러분을 지으셨고, 여러분이 죄를 지어 그 영생을 잃어버리고 여러분 자신까지 잃어버렸을 때에는, 자신의 독생자를 이 땅에 보내셔서 여러분을 구원하셨으며, 죄에 빠져서 비참한 삶을 살고 있는 여러분을 보시고는, 복음을 통해 여러분이 거기에서 건짐을 받을 수 있는 길을 열어 놓으시고 성령으로 인치신 후에, 자신의 사역자들에게 이 복음을 온 세상에 전하라고 명하셔서, 여러분으로 하여금 값없이 거저 죄 사함을 받고서, 천국으로 들어오게 하셨습니다. 그런데 하나님께서 이렇게 하신 것은, 여러분을 육신의 쾌락들로부터 건져 내시고, 이 거짓된 세상을 따라 살아가는 삶에서 건져 내셔서, 여러분이 죄 가운데 죽어서 영원히 회복되지 못하게 되기 전에, 하나님이 여러분을 지으시고 구원하신 목적에 합당한 삶이 어떤 삶인지를 알게 해 주시기 위한 것입니다. 하나님께서는 옛적에는 자신의 직접적인 계

시를 통해서 말씀을 받았던 선지자들이나 사도들을 사람들에게 보내어 자신의 뜻을 알게 하셨지만, 지금은 그리스도와 그의 사도들이 처음으로부터 전하였던 것과 동일한 복음을 전하도록 하시기 위하여 세우신 자신의 평범한 사역자들을 통해서 여러분을 부르십니다.

여러분은 이 땅에 태어나서 어떤 삶을 살아야 하는지도 모르고, 죽은 후에는 어떤 일들을 겪게 될 것인지도 모르는 사람처럼, 하나님을 까맣게 잊고 살아가고 있고, 자신이 장차 죽은 후에 어떻게 될 것인지에 대해서도 아무런 관심이 없이 살아가고 있으며, 영원에 속한 일들을 대수롭지 않은 하찮은 일들로 여기고 살아가고 있는데, 하나님께서는 그런 여러분을 다 보고 계십니다. 또한, 여러분은 입으로만 하나님을 믿는다고 고백하고서는, 아주 대담하게 밥 먹듯이 죄를 지으며 죄 가운데서 살아가고 있고, 하나님의 경고나 심판 같은 것은 안중에도 없고 전혀 두려워하지도 않으며, 여러분의 영혼이 어떻게 되든 그런 것에는 관심도 없고, 불신자들과 조금도 다름없는 삶을 태연하게 살아가고 있는데, 하나님께서는 그런 여러분을 다 보고 계십니다.

또한, 저 두렵고 무시무시한 최후의 심판의 날이 점점 다가오고 있고, 그 날에 여러분의 비탄이 시작될 것이고, 여러분은 자기가 지금까지 해온 모든 일들과 살아 온 모든 날들을 한탄하며, 절망 속에서 몸부림치고 악을 쓰며 통곡을 하고, 자기가 진작 진정으로 회심하였더라면, 이 모든 파국을 막을 수 있었을 것이라고 소리지르며, 자신의 어리석음을 한탄하고 가슴을 쥐어 뜯겠지만, 아무런 소용이 없을 것임을 하나님께서는 다 아십니다. 그래서 여러분 자신보다 여러분을 더 잘 아시는 하나님께서는 여러분의 죄악 되고 비참한 영혼을 불쌍히 여기셔서, 여러분에게 장차 그런 일이 일어나지 않도록 하시기 위하여, 자신의 사역자들에게 하나님의 이름으로 여러분에

게 하나님의 말씀을 전하라고 명하시고는(고후 5:19, "하나님께서 그리스도 안에 계
시사 세상을 자기와 화목하게 하시며 그들의 죄를 그들에게 돌리지 아니하시고 화목하게 하는
말씀을 우리에게 부탁하셨느니라"), 여러분이 죄 가운데 살아가고 있다는 것과, 여
러분이 죄로 인하여 너무나 비참한 삶을 살고 있다는 것과, 여러분의 삶은
결국 영원한 멸망으로 끝나게 되리라는 것과, 여러분이 계속해서 이런 식
으로 살아간다면, 여러분의 삶이 머지않아 너무나 비참한 파국으로 끝나 버
리게 되리라는 것을 여러분에게 똑똑히 전하라고 하셨습니다.

아울러, 하나님께서는 자기가 값으로 따질 수 없이 귀한 자기 아들 예수
그리스도의 핏값으로 여러분을 사셨기 때문에, 여러분이 하나님께로 나아
오기만 하면, 여러분에게 값없이 은혜를 베푸셔서 여러분의 모든 죄를 사
하시고 여러분에게 영원한 영광을 선물로 주시겠다고 약속하셨다는 것을
자신의 사역자들인 우리로 하여금 여러분에게 전하게 하시고, 하나님의 이
러한 선물이 여러분을 위하여 절실하게 필요하고 이루 헤아릴 수 없이 큰
가치를 지니고 있다는 것을 깨달아서 꼭 받아달라고 여러분에게 간청하라
고 명하셨습니다.

하나님께서는 여러분이 세상의 염려들과 즐거움들에 빠져서, 유치한 장
난감들을 가지고 노는 데 정신이 팔려, 영생을 준비하는 데 사용하여야 할
여러분의 이 짧고 소중한 시간을 아무것도 아닌 일에 허비하고 있는 것을
다 보고 계시고, 그런 여러분을 불쌍히 여기고 계십니다. 그래서 하나님께
서는 우리 사역자들을 부르셔서, 여러분이 너무나 헛된 일들을 위하여 수
고하고 땀 흘리고 있다는 것과, 여러분의 영혼이 머지않아 멸망을 당하게
되리라는 것을 여러분 앞에서 선포하라고 명하셨고, 여러분이 하나님의 부
르심에 청종하기만 한다면, 여러분은 지극히 크고 좋은 것들을 반드시 갖
게 되리라는 것을 여러분에게 전하라고 명하셨습니다: "오호라 너희 모든

목마른 자들아 물로 나아오라 돈 없는 자도 오라 너희는 와서 사 먹되 돈 없이, 값 없이 와서 포도주와 젖을 사라 너희가 어찌하여 양식이 아닌 것을 위하여 은을 달아 주며 배부르게 하지 못할 것을 위하여 수고하느냐 내게 듣고 들을지어다 그리하면 너희가 좋은 것을 먹을 것이며 너희 자신들이 기름진 것으로 즐거움을 얻으리라 너희는 귀를 기울이고 내게로 나아와 들으라 그리하면 너희의 영혼이 살리라 내가 너희를 위하여 영원한 언약을 맺으리니 곧 다윗에게 허락한 확실한 은혜이니라"(사 55:1-3). 우리 사역자들은 하나님을 믿고 하나님의 목소리에 순종하는 자들입니다. 그런데 하나님께서는 우리를 부르셔서 하나님의 말씀을 여러분에게 전하라고 명하셨고, 시기가 좋든 안 좋든 지금 당장 여러분에게 나아가서(딤후 4:1-2, "하나님 앞과 살아 있는 자와 죽은 자를 심판하실 그리스도 예수 앞에서 그가 나타나실 것과 그의 나라를 두고 엄히 명하노니 너는 말씀을 전파하라 때를 얻든지 못 얻든지 항상 힘쓰라 범사에 오래 참음과 가르침으로 경책하며 경계하며 권하라"), 우리의 목소리를 나팔 같이 높여서 여러분의 죄악들을 보여 주라고 명하셨기 때문에(사 58:1, "크게 외치라 목소리를 아끼지 말라 네 목소리를 나팔 같이 높여 내 백성에게 그들의 허물을, 야곱의 집에 그들의 죄를 알리라"), 우리는 하나님의 말씀을 들고 여러분에게 나아갑니다.

그러나 안타깝고 애석하게도, 우리가 아무리 하나님의 말씀을 여러분에게 전하고 외쳐도, 여러분은 귀를 막아 버리고 목을 곧게 하며 마음을 완고하게 하여, 우리가 전하는 말씀을 전혀 들으려고 하지 않고, 도리어 스스로 파멸을 자초하는 모습을 보이기 때문에, 우리는 너무나 괴롭고 슬픈 심정이 되어 탄식하며, 다시 하나님 앞에 무릎을 꿇고서, 우리가 하나님의 말씀을 여러분에게 전하였지만, 그것은 여러분에게 아무런 유익도 되지 못하였고, 여러분은 들으려고조차 하지 않았다고 고합니다. 우리의 눈에서는 하염없이 눈물이 흘러내려서, 우리의 눈은 마치 눈물의 샘이 된 것 같습니다.

이 무지하고 지각 없는 사람들이 자기 앞에 그리스도께서 계시고, 자신의 눈 앞에 죄 사함과 영생과 천국이 있는데도, 그것들이 얼마나 귀한지를 알아보지 못하는 심령을 지니고 있다는 것이 너무나 기가 막혀서, 우리 입에서는 탄식밖에 나오지 않습니다!

여러분이 자신의 생각을 고집하며 하나님의 말씀을 무시하고 멸시하지만 않는다면, 여러분도 얼마든지 다른 사람들과 마찬가지로 그리스도를 영접하게 될 것이고, 은혜와 영광을 받을 수 있는데, 왜 여러분은 그런 것들을 다 스스로 발로 차 버리고 마는 것입니까. 하나님이여, 우리의 심령이 이 비참한 영혼들을 더욱 불쌍히 여기는 마음으로 충만하게 하셔서, 우리가 그들의 발 앞에 엎드려서 간청하고, 그들의 집까지 따라들어가서 애원하며, 피눈물을 흘리며 그들에게 호소할 수 있게 해 주십시오. 우리는 오랫동안 그들 중 다수에게 말씀을 전하였지만, 아무 소용이 없었습니다. 우리는 그들이 알아들을 수 있도록 쉽게 말씀을 전하려고 애쓰지만, 그런데도 그들 중 다수는 우리가 무슨 말을 하는지를 알아듣지 못합니다.

우리는 그들로 하여금 심각하고 절실하게 느낄 수 있도록 하기 위해서, 촌철살인의 비수 같은 표현들을 사용해서 그들의 마음을 움직이려고 애쓰지만, 그런데도 그들은 무감각해서 전혀 느끼지를 못합니다. 만일 가장 위대한 일들을 전함으로써, 그들의 마음을 움직일 수 있었다면, 우리는 벌써 그들을 깨어나게 하였을 것입니다. 만일 가장 감미로운 일들을 전함으로써, 그들의 마음을 움직일 수 있었다면, 우리는 벌써 그들을 혹하게 하여 그들의 마음을 얻었을 것입니다. 만일 가장 무시무시한 일들을 전함으로써, 그들의 마음을 움직일 수 있었다면, 우리는 벌써 적어도 그들로 하여금 자신들의 악을 깨닫고 겁을 집어 먹게 할 수 있었을 것입니다. 만일 확실한 진리를 전함으로써, 그들의 마음을 사로잡을 수 있었다면, 우리는 벌써 그들로 하여금 하나님의 말씀을 받아들이게 하였을 것입니다. 만일 그들을 지으신 하나님과 자신의 핏값으로 그들을 사신 그리스도께서 그들에게 하시는 말씀을 전함으로써, 그들로 하여금 청종하게 할 수 있었다면, 우리는 벌써 그들을 완전히 변화시켜 놓았을 것입니다. 만일 성경 말씀을 전함으로써, 그들로 하여금 청종하게 할 수 있었다면, 우리는 벌써 그들을 얻어 그리스도께 드렸을 것입니다. 만일 최고의 가장 강력한 이성을 사용하여 전함으로써, 그들로 하여금 청종하게 할 수 있었다면, 우리는 벌써 그들을 아주 신속하게 변화시켜 놓았을 것입니다. 만일 그들 자신이 직접 체험하고 경험한 것들과 온 세상 사람들이 체험하고 경험한 것을 전하였을 때, 그들이 듣고자 하였을 것이라면, 우리는 벌써 그들을 완전히 달라지게 만들어 놓았을 것입니다. 만일 그들 속에 있는 양심을 일깨웠을 때, 그들이 듣고자 하였을 것이라면, 우리는 벌써 그들의 상태를 지금보다 훨씬 더 나아지게 만들어 놓았을 것입니다.

하지만 우리가 이 모든 것들을 다 동원해서 그들에게 하나님의 말씀을 전하여도, 그들이 들으려고 하지 않는다면, 그 때에는 우리가 무슨 수로 그들로 하여금 하나님의 말씀을 듣게 할 수 있겠습니까? 사람들이 마땅히 두려워하여야 할 하늘의 하나님까지 무시하고 멸시하는 그들이 누구의 말을 들으려 하겠습니까? 인류의 구주이신 우리 주 예수 그리스도께서 십자가 위에서 피 흘려 죽으심으로써 우리에게 보여 주신 저 헤아릴 수 없이 크신 사랑을 무시하는 그들이 무엇을 소중하고 귀하게 여기겠습니까? 그들이 천국의 영광조차 전혀 매력 없는 것으로 여기고, 영원한 기쁨조차 전혀 가치 없는 것으로 여기며, 하나님과 사람들이 그들에게 지옥과 무저갱과 불못에 대하여 경고하는데도, 그런 것들을 우습게 여겨서 가지고 놀며 희롱한다면, 우리가 그런 영혼들을 위해서 할 수 있는 일이 어디 있겠습니까?

나는 하나님께서 우리 사역자들에게 명하신 대로, 다시 한 번 하늘의 하나님의 이름으로 하나님의 말씀을 여러분에게 전할 것이고, 그 말씀을 글로 남겨서, 그 말씀이 계속해서 여러분에게 회심하라고 외치거나 여러분을 단죄하게 하고자 합니다. 여러분이 이 말씀 앞에서 회심하지 않는다면, 이 말씀은 심판 날에 여러분을 대적하여 일어나서, 여러분이 전에 회심하라는 하나님의 진지한 부르심을 받은 적이 있었지만, 의도적으로 회심하지 않았다는 것을 여러분의 면전에서 증언할 것입니다. 잘 들으십시오! 여러분은 모두 세상의 온갖 쓸데없는 허드렛일들을 하며 살아가는 자들이고 육신과 사탄의 종이 되어 살아가는 자들입니다. 또한, 여러분은 이 땅에서 편안하게 잘 먹고 잘 살기 위하여 여러분의 인생을 허비하고 있는 자들이고, 술 마시는 것과 맛 있는 음식들을 탐하는 것과 빈둥거리며 나태하게 지내는 것과 어리석은 유희들을 즐기는 것에 빠져서 여러분의 양심을 내팽개쳐 버린 자들이며, 자신의 죄를 알면서도, 마치 하나님께서 그들을 못봐 주시겠다면 어디 한 번 가장 무시무시한 벌을 내려 보시라는 듯이, 하나님을 대놓고 정면으로 무시한 채로 의도적으로 죄를 저지르는 자들입니다.

잘 들으십시오! 여러분은 모두 하나님을 개의치 않고, 거룩한 일들에 관심이 없으며, 하나님의 말씀이나 하나님을 예배하는 것에 흥미가 없고, 영생에 대해서 생각한 적도 없고 생각해 보고자 하는 마음도 없는 자들입니다. 또한, 여러분은 영원히 죽지 않을 자신의 영혼에 대해서 무관심하기 때문에, 자신의 영혼이 지금 어떤 상태에 있는지, 즉 거룩하게 되어 있는 것인지, 아니면 거룩하게 되어 있지 않은 것인지에 대해서, 그리고 여러분 자신이 죽어서 하나님 앞에 설 수 있는 준비가 과연 되어 있는 것인지에 대해서 좀 더 곰곰이 생각해 보기 위해서 단 한 시간도 할애하고자 하지 않고 있습니다. 잘 들으십시오! 여러분은 모두 진리와 생명의 빛이 여러분을 환하게 비추고 있는데도, 하나님의 말씀을 받아들여 믿지 않고, 도리어 그런 밝은 대낮에 온갖 죄를 반복하게 지음으로써, 여러분 자신을 불신앙 속으로 밀어넣어 버린 자들입니다. 여러분 중에서 들을 귀가 있는 자들은 은혜가 풍성하면서도 두려운 저 하나님의 부르심을 듣고 하나님 앞으로 나아가십시오. 하나님의 눈은 늘 여러분을 주시하고 있고, 여러분이 저지르는 모든 죄들은 다 기록되고 있으며, 여러분은 장차 하나님의 심판대 앞에서 여러분이 이 땅에서 저질렀던 모든 죄들이 하나도 빠짐 없이 낭독되는 것을 반드시 다시 듣게 될 것입니다. 하나님께서는 여러분이 저질러 온 모든 죄들을 자신의 책에 기록해서 보관해 두셨다가, 장차 그 책에 기록된 여러분의 모든 죄를 여러분의 양심에도 기록하실 것이고, 그 때에 여러분은 여러분이 이 땅에서 지었던 모든 죄를 여러분 자신 속에서 생생하게 느끼고서 이루 말할 수 없는 공포 속에서 두려워 떨게 될 것입니다.

죄인들이여, 여러분은 자기가 무슨 짓을 하며 살아가고 있는지를 너무나 잘 알고 있습니다! 그런데도 계속해서 죄를 짓고 살아가고 있는 여러분은 도대체 어떤 사람들입니까! 여러분이 날마다 아무렇지도 않게 모욕하고 짓밟아서 진노를 불러일으키고 있는 저 하나님의 위엄 앞에서는 해조차도 어둠일 뿐입니다. 하나님을 모시던 천사들조차도 죄를 범한 후에는 감히 하나님 앞에 설 수 없었기 때문에, 천국으로부터 내쳐져서 악한 영들에 의해서 괴로움을 당하여야 했습니다. 하물며 지각 없고 미천한 벌레 같은 여러분이 어떻게 감히 여러분을 지으신 조물주를 그토록 아무렇지도 않게 대적하며 진노하시게 할 수 있단 말입니까? 그런데도 여러분이 그렇게 하고 있는 것을 보면, 여러분은 살아계신 하나님을 진노하시게 하여 여러분을 대적하시게 하였을 때, 여러분의 영혼이 얼마나 비참하고 참담한 상태에 처해 있는 것인지를 잘 모르고 있는 것임에 틀림없습니다.

자신의 입에서 나온 말씀으로 여러분을 지으신 하나님께서는 바로 그 말씀으로 여러분을 멸하실 수도 있습니다. 하나님의 노하신 얼굴이 여러분을 향할 때, 여러분은 이 땅에서 끊어져서, 완전한 어둠 속으로 내던져지게 될 것입니다. 여러분을 유혹해 왔던 악한 영들이 그 어둠 속에서 여러분을 자신들의 소유로 삼아서 온갖 것으로 괴롭히며 놀기 위해서, 하나님께서 말씀 한 마디로 여러분을 어둠 속으로 내치셔서, 여러분이 그들의 소굴 속으로 내던져지게 되기를 얼마나 간절하게 기다리고 있는지를 여러분은 아십니까? 하나님의 말씀 한 마디면, 여러분은 그 즉시 지옥에 있게 될 것입니다. 하나님께서 여러분을 대적하시면, 만물이 여러분을 대적하게 되고, 여러분이 그토록 사랑하는 이 세상은 여러분의 감옥일 뿐입니다. 하나님께서는 여러분을 그 감옥에서 꺼내셔서 자신의 심판대 앞에 세우시고 심판하실 저 진노의 날까지, 여러분을 이 세상이라는 감옥 속에 가두어 두시는 것일 뿐입니다(욥 21:30, "악인은 재난의 날을 위하여 남겨둔 바 되었고 진노의 날을 향하여 끌려 가느니라").

심판주께서는 여러분에게 다가오고 계시고, 여러분의 영혼은 심판주를 향하여 다가가고 있습니다. 얼마 후에는 여러분의 친구들이 여러분에 대해서 "마침내 죽었구나"라고 말할 것이고, 여러분은 여러분이 지금까지 대수롭지 않은 일들이라고 여기고 무시하고 멸시해 왔던 일들이 여러분의 눈 앞에서 펼쳐지는 것을 보게 될 것이고, 여러분이 지금까지 터무니없는 말들이라고 여겨서 믿지 않아 왔던 것들을 직접 피부로 느끼게 될 것입니다. 여러분이 죽은 후에 경험하게 되는 모든 일들은 지금까지 여러분이 고집스럽게 견지해 왔던 온갖 주장들과 생각들이 다 틀렸다는 것을 너무나 분명하게 증명해 줄 것이기 때문에, 그 때에 여러분은 단 한 마디도 변명할 수 없게 될 것입니다. 여러분이 하나님의 말씀들과 법도들에 대해서 비방하고 중상모략했던 모든 말들이 다 잘못되었고, 여러분이 이 세상에 빠져서 즐기고 누렸던 모든 것들이 온통 스스로 미혹되고 속아서 제정신이 아닌 상태에서 미쳐 행한 일들이었다는 것이 분명하게 드러나게 될 것입니다.

그 때가 되면, 여러분의 마음과 생각은 완전히 백팔십도로 달라지게 되지 않겠습니까? 그 때에도 어디 할 수만 있다면, 여전히 불신자가 되어 보십시오. 그 때에도 어디 할 수만 있다면, 여러분이 이 땅에서 하늘에 속한 거룩한 삶을 온갖 말들로 비방해 왔던 것을 여전히 고수해 보십시오. 그 때에도 어디 할 수만 있다면, 여러분에게 하나님의 말씀을 가르친 선생들과 하나님을 경외하는 사람들을 반대하고 반박하기 위해서 여러분이 제시하였던 이유들과 논리들을 하나님 앞에서 다시 늘어놓아 보십시오. 그 때에도 어디 할 수만 있다면, 성도들이 하나님에 대하여 열심을 품고 행하는 것을 여러분이 경멸하면서 제시하였던 이런저런 이유들과 논리들을 고수해 보십시오. 지금 여러분이 생각하기에 여러분의 불신앙의 삶을 정당화시켜 줄 수 있는 가장 강력한 논리들로 단단히 무장하였다가, 그 때가 되면, 심판주 앞에 서서, 여러분이 이 세상에서 사람들 앞에서 했던 것처럼, 여러분의 육신적이고 세상적이며 불경건한 삶을 변명해 보십시오. 그러나 그 때에 여러분 앞에 앉아 있는 심판주는, 여러분의 동류들인 우리와는 달리, 여러분의 변명에 대하여 가차없이 엄격하게 심사하실 분이시고, 한 치의 양보나 타협도 없이 끝까지 여러분을 몰아붙이실 분이시라는 것을 여러분은 알아야 합니다.

오, 가련한 영혼이여! 여러분이 육신이라는 썩어 없어질 보잘것없는 장막을 벗는 순간, 여러분은 놀라운 광경을 보고서, 여러분이 이 땅에서 지금까지 말해 오고 주장해 오고 생각해 왔던 모든 것들이 틀렸다는 것을 깨닫고서, 신속하게 입을 다물고, 마음과 생각이 백팔십도로 바뀌며, 말하는 어조나 태도 자체도 달라지게 될 것입니다. 죽음이 여러분의 육신의 장막을 거두어 가는 바로 그 순간에, 여러분은 바로 가장 먼저 그 놀라운 광경을 보게 될 것이고, 그 즉시 신속하게 여러분의 입을 다물게 될 것입니다. 그리고 그 날과 그 시간은 여러분이 생각하는 것보다 훨씬 더 빨리 올 것입니다! 여러분이 즐거운 시간들을 좀 더 갖고자 하고, 맛있는 음식들을 좀 더 먹고 마시고자 하며, 세상의 명예나 재물을 좀 더 누리고자 할 때, 여러분에게 할당된 몫이 다 떨어지고, 여러분이 세상의 즐거움들을 누리며 기분 좋고 신나게 지내 온 날들은 다 끝이 나서, 여러분이 마음을 주고 정을 주었던 모든 것들은 다 사라지고, 어느덧 그 날과 그 시간이 여러분에게 찾아올 것입니다. 그리고 여러분이 여러분의 구주를 팔고 여러분의 구원을 팔아서 샀던 모든 것들이 이제 여러분의 곁을 다 떠나고, 여러분에게는 오직 막대한 빚만이 남게 됩니다.

어떤 도둑이 자기가 훔친 돈을 가지고 술집에 가서 흥청망청 먹고 마시며 흥겹게 놀고 있는 동안에, 그 도둑을 잡으려고 사람들이 말을 타고 황급히 달려오고 있는데도, 그 도둑은 아무것도 알지 못하고 거나하게 술에 취해 큰 소리로 떠들며, 온 세상이 자기 것인 양 의기양양해하고 있는 장면을 상상해 보십시오. 여러분이 지금 처해 있는 상황이 바로 그 도둑의 처지와 똑같습니다. 여러분이 세상일들에 골몰하고 있거나, 육신적인 즐거움들에 빠져서, 사실은 여러분이 부끄럽고 창피하게 여겨야 할 것들을 가지고서 즐겁고 유쾌하게 살아가고 있는 동안에, 죽음이 여러분을 붙잡아서, 여러분이 지금은 잘 알지도 못하고 상상하기도 힘든 곳으로 여러분의 영혼을 끌고가서, 여러분이 상상조차 할 수 없을 정도로 큰 고통과 괴로움을 여러분에게 영원토록 안겨 주기 위하여, 황급히 여러분을 향하여 달려오고 있습니다.

여러분이 대담하게 무수한 죄를 밥 먹듯이 지으며 살아가고 있는데, 왕이 보낸 관리가 여러분을 체포해서 여러분의 목숨을 거두기 위해서 파발마를 타고 런던으로부터 황급히 오고 있다고 상상해 보십시오. 그리고 여러분이 그 관리가 여러분에게 오고 있는 것을 직접 보지는 못했을지라도, 어떤 경로를 통해서 그러한 사실을 알게 되었다면, 그 순간부터 여러분의 얼굴에서는 기뻐하고 즐거워하는 모습은 완전히 자취를 감추게 될 것이고, 여러분은 그 관리가 서둘러서 황급히 오고 있다는 것을 알기 때문에, 그 관리가 언제 여러분의 집의 대문을 두드릴지를 노심초사하며 초조하게 기다리느라고, 여러분의 모든 신경은 그 대문에 쏠려 있게 될 것입니다.

여러분은 아직 죽음에 의해서 붙잡힌 것은 아니지만, 죽음이 얼마나 신속하게 여러분에게 다가오고 있는지는 알 수 있습니다. 그 어떤 파발마도 죽음만큼 빠를 수는 없고, 그 어떤 파발꾼도 죽음만큼 확실하게 자신의 임무를 수행할 수 없습니다! 태양이 여러분의 눈에 보이지 않는 밤에는 수억 마일이나 멀리 떨어져 있다가도, 아침이 되면, 바로 여러분 곁에 와 있듯이, 죽음도 아주 신속하게 여러분 곁에 와 있을 것이 분명합니다.

그 때에도, 여러분은 지금처럼 여러분이 좋아하고 즐겨하던 것들을 여전히 좋아하고 즐거워하시겠습니까? 그 때에도, 여러분은 지금처럼 함박웃음을 지으며 아무렇지도 않다는 듯이 태연하고 느긋하게 여전히 그런 것들을 행하시겠습니까? 그 때에도, 여러분은 지금처럼 여러분에게 경고하였던 사람들을 여전히 비웃으며 조롱하시겠습니까? 그 때에도, 여러분은 지금처럼 하나님을 믿는 성도가 되기보다는 육신의 쾌락을 마음껏 즐기고 살아가는 세속적인 사람이 되는 것이 낫다고 여전히 말하시겠습니까? 성경에서 "내가 내 영혼에게 이르되 영혼아 여러 해 쓸 물건을 많이 쌓아 두었으니 평안히 쉬고 먹고 마시고 즐거워하자 하리라 하되 하나님은 이르시되 어리석은 자여 오늘 밤에 네 영혼을 도로 찾으리니 그러면 네 준비한 것이 누구의 것이 되겠느냐 하셨으니 자기를 위하여 재물을 쌓아 두고 하나님께 대하여 부요하지 못한 자가 이와 같으니라"(눅 12:19-21)고 말씀하고 있는 것처럼, 그 때에는 여러분이 평생에 걸쳐서 가득 쌓아 놓은 온갖 좋은 것들이 누구의 것이 되겠습니까?

낮인가 싶으면 어느덧 밤이 되어 있고, 밤이 되었나 싶으면 어느덧 아침이 찾아와서, 밤낮이 너무나 신속하게 교대하여서, 하루하루가 쏜살같이 지나가 버리고, 한 주간과 한 달과 한 해가 어느새 지나가 버리는 것이 여러분의 눈에는 보이지 않습니까? 여러분은 잠을 자지만, 여러분의 "멸망은 잠들지 아니하고" 시시각각 여러분을 향해 달려오고 있으며, 여러분은 꾸물거리고 지체하지만, 여러분에 대한 "심판은 지체하지" 않습니다(벧후 2:3). 여러분은 하나님께서 심판 날에 벌하시기 위하여 보존해 두고 계시는 자들입니다(벧후 2:9). 여러분이 지혜가 있어서 이 사실을 깨닫게 된다면, 여러분은 틀림없이 여러분의 운명이 장차 어떻게 될 것인지에 대해서도 깊이 생각하게 될 것입니다(신 32:29). 그러므로 여러분에게 들을 귀가 있다면, 이 구원의 날에 하나님께서 여러분을 부르시는 음성을 귀 기울여 들으십시오.

오, 지각도 없고 분별력도 없는 죄인들이여! 만일 여러분이 여러분을 향하신 하나님의 사랑을 알았더라면, 얼마나 좋았겠습니까! 그러나 여러분은 지금 그 사랑을 알지 못하기 때문에, 그 사랑에 대하여 감사하기는커녕 도리어 무시하고 있습니다. 만일 여러분이 그리스도께서 여러분을 구원하시기 위하여 흘리신 피가 얼마나 보배롭고 귀한지를 알았더라면, 얼마나 좋았겠습니까! 그러나 여러분은 지금 그 귀한 보혈의 공로를 알지 못하기 때문에, 그리스도께서 여러분을 위해 준비해 놓으신 구원을 받아들이기는커녕 도리어 멸시하고 있습니다. 만일 여러분이 복음의 부요함을 알고, 저 영원한 생명의 확실성과 영광과 복됨을 조금이라도 알았더라면, 얼마나 좋았겠습니까! 그러나 여러분은 지금 그런 것들을 알지 못하기 때문에, 그런 것들에 여러분의 마음을 두고자 하지도 않고, 그런 것들을 여러분이 무엇보다도 가장 먼저 부지런히 찾아야 할 것들이라는 사실도 알지 못합니다(히 11:6; 12:28; 마 6:12).

만일 여러분이 장차 천국에서 하나님과 함께 영원히 사는 삶에 대해서 알았더라면, 여러분은 지금 이렇게 그 삶에 대하여 무관심하지 않았을 것임은 물론이고, 그 즉시 여러분의 죄들을 다 버리고자 하였을 것이고, 여러분이 생각하고 살아가는 것과 여러분의 인생 행로와 여러분이 함께 어울리는 무리가 그 즉시 다 바뀌기를 바랐을 것이며, 여러분의 감정의 물줄기와 여러분이 염려하고 관심을 갖는 것도 그 즉시 다 달라지기를 원하였을 것이고, 지금 여러분을 미혹하고 속여서 멸망 길로 끌고 가고자 하는 온갖 시험들과 유혹들을 비웃으며 아주 단호하게 떨쳐내 버렸을 것이며, 저 지극히 복된 삶을 살아가기 위해서 큰 열심을 가지고 분발하였을 것이고, 하나님께 아주 간절하게 기도하였을 것이며, 부지런히 하나님의 말씀을 듣고 공부하며 연구하고, 진지하게 하나님의 법을 묵상하였을 것이고(시 1:2), 생각이나 말이나 행위로 범죄하는 것을 몹시 두려워하였을 것이며, 하나님을 기쁘시게 해 드리고, 거룩함 가운데서 자라가기 위해서 온 힘을 다하였을 것입니다. 한 마디로 말해서, 만일 여러분이 영생에 대하여 알았더라면, 여러분은 지금 완전히 변화된 사람들이 되어 있었을 것입니다. 여러분을 이 영광스럽고 영원한 것들로 인도해 줄 하나님의 확실한 말씀이 지금 여러분 앞에 있는데도, 도대체 왜 여러분은 그 말씀을 믿고 받아들이지 않는 것입니까?

사실, 솔직히 말하자면, 여러분은 여러분이 거부한 믿음의 삶과 여러분이 선택한 세상적인 삶은 여기 이 땅에서조차도 서로 차이가 난다는 사실을 거의 모르고 있습니다. 여러분이 하나님에 대해서는 거의 생각하지 않고, 오로지 세상 및 육신과 교제를 나누는 데 몰두하고 있는 동안에, 거룩하게 된 사람들은 이 땅에서조차도 하나님과 교제를 나누며 살아가고 있습니다. 여러분이 자신의 배를 신으로 삼고서, 오로지 땅의 일들만을 생각하며, 천국에 대해서는 철저한 외인으로 살아가고 있는 동안에, 거룩하게 된 사람들은 이 땅에서조차도 천국의 시민으로 살아갑니다. "내가 여러 번 너희에게 말하였거니와 이제도 눈물을 흘리며 말하노니 여러 사람들이 그리스도의 십자가의 원수로 행하느니라 그들의 마침은 멸망이요 그들의 신은 배요 그 영광은 그들의 부끄러움에 있고 땅의 일을 생각하는 자라 그러나 우리의 시민권은 하늘에 있는지라 거기로부터 구원하는 자 곧 주 예수 그리스도를 기다리노니"(빌 3:18-20). 여러분이 오로지 이 세상에 속한 것들만을 추구하고 있는 동안에, 거룩하게 된 사람들은 하나님의 얼굴을 구합니다. 여러분이 그림자 같고 덧없이 금방 사라지게 될 세상 것들에 사로잡혀 있는 동안에, 거룩하게 된 사람들은 영원한 생명을 얻어서 천사들과 같게 되기 위하여 온 힘을 다해 애씁니다(눅 20:36).

참된 신자들의 고귀하고 신령한 삶과 비교해 보았을 때, 여러분의 세상적이고 육신적이며 죄악된 삶은 비천하기 짝이 없는 삶입니다. 나는 사람들이 마치 그들에게는 자신들이 마음을 둘 만한 좀 더 고귀하고 중요한 일들이 전혀 없다는 듯이, 무거운 발을 이끌고서 온 세상을 두루 다니면서, 보잘것없는 음식과 의복, 곧 사라져 버릴 재물이나 육신적인 쾌락들, 헛된 명예 같은 아무것도 아닌 것들을 위해서 염려하고 수고하는 데 자신들의 인생을 허비하는 안타깝고 슬픈 모습을 수없이 보아 왔습니다. 아무런 가치도 없는 것들을 위해서 힘들게 일하고 보잘것없는 것들을 먹고 마시며 헛된 명예를 위하여 살다가 죽는 이런 사람들의 삶과 오직 먹고 살기 위해서 생존하다가 결국에는 죽어가는 짐승들의 삶이 도대체 무슨 차이가 있겠습니까? 신자들은 자신의 심령 속에서 하늘에 속한 즐거움들을 맛보며 살아가지만, 그런 사람들은 오로지 땅에 속한 쾌락들만을 알 뿐이고, 하늘에 속한 즐거움들을 알 수도 없고 맛볼 수도 없습니다.

나 같으면, 여러분처럼 땅에 속한 쾌락들과 거짓된 형통함을 누리며 살아가기보다는, 비록 온갖 조롱과 고난을 겪는다고 할지라도, 신자들이 장차 천국에서 받게 될 자신들의 기업을 생각하고 소망하며 누리는 작은 위로 가운데서 살아가는 쪽을 택하겠습니다. 나는 여러분이 겪고 있는 은밀한 괴로움들과 양심의 고통, 그리고 여러분을 계속해서 짓누르고 있는 죽음과 내세에 대한 암울하고 불길한 생각 같은 것들이 단 하나라도 나의 심령 속에 있는 것을 원하지 않습니다. 그런 것들은 세상이 여러분에게 준 것들이거나, 앞으로 줄 것들입니다.

만일 내가 여러분처럼 회심하지 않고 육신적인 상태로 살아가고 있는데, 내가 지금 알고 있는 것을 알고 있고, 내가 지금 믿고 있는 것을 믿고 있다고 가정해 본다면, 내 생각에는 아마도 그런 나의 삶은 지옥을 미리 맛보는 것과 똑같을 것입니다. 그런 경우에, 시시각각 다가오고 있는 저 마지막 날에 나를 심판하실 하나님 앞에 서야 한다는 생각이 시도 때도 없이 내게 엄습해 와서, 그 때마다 나는 너무나 큰 공포감에 사로잡혀서 부들부들 떨며 소스라치게 놀라서 진저리를 치게 될 것이고, 죽음과 지옥은 늘 내 앞에 생생한 현실처럼 펼쳐져 있어서, 낮에도 그 생각뿐이고, 밤에도 거기에 대한 악몽을 꿀 것이며, 내가 회심하기 전에 죽음이 내게 찾아오지는 않을까 하는 걱정에, 자나깨나 두려움에 사로잡혀서 살아가게 될 것입니다.

또한, 나는 내 자신이 저주와 하나님의 진노 아래 있다는 것을 알기 때문에, 내가 향유한 그 어떤 것에서도 별로 행복을 느끼지 못할 것이고, 누구와 어울려도 즐겁지 않을 것이며, 이 세상에 있는 그 무엇 속에서도 기쁨을 느끼지 못할 것입니다. 또한, 나는 "어리석은 자여 오늘 밤에 네 영혼을 도로 찾으리니"(눅 12:20)라는 음성이 내 귀에 들리면 어쩌나 하는 마음에 노심초사하면서 늘 두려움 속에 지내게 될 것입니다. 그리고 이사야 48:22과 57:21에 나오는 하나님의 저 무시무시한 판결이 내 양심 위에 기록될 것입니다: "악인에게는 평강이 없다."

오, 가련한 죄인들이여! 여러분이 진심으로 자원하여 그리스도의 음성에 귀 기울여서, 하나님께로 돌아간다면, 여러분은 기쁨으로 가득한 삶을 살게 될 것입니다. 그 때에는, 여러분은 담대하게 하나님께 가까이 나아가서, 하나님을 여러분의 아버지라고 부르며, 여러분의 몸과 마음을 다하여 안심하고 하나님을 신뢰하고 의지하게 될 것입니다. 또한, 여러분은 성경을 읽다가 하나님의 약속들에 대하여 말하고 있는 대목에서는, "이 약속들은 모두 하나님이 내게 주신 약속들이다"라고 말하게 될 것이고, 저주에 대하여 말하고 있는 대목에서는, "나는 이 저주에서 건짐을 받았다!"라고 소리치게 될 것이며, 율법에 대하여 말하고 있는 대목에서는, 여러분이 율법으로부터 구원받은 것을 알게 될 것이고, 복음에 대하여 말하고 있는 대목에서는, 여러분을 대속하신 주님을 보면서, 그 주님이 거룩한 삶을 사시는 가운데, 여러분을 사랑하셔서 많은 고난들을 겪으시고 시험들을 당하시면서, 통곡과 피로써 여러분을 구원하시기 위한 사역을 이루신 것을 보게 될 것입니다.

또한, 여러분은 주님이 십자가에 못 박혀 죽으셨다가 부활하시고 영광을 받으심으로써, 사망을 이기시고, 여러분 앞에 천국으로 통하는 길을 열어 놓으셨으며, 장차 여러분이 영생으로 부활하여 영화롭게 될 수 있는 길을 마련해 놓으셨다는 것도 알게 될 것입니다. 또한, 여러분은 성도들에 대한 기사들을 읽을 때에는, "이 성도들이 나의 형제들이자 벗들이구나"라고 말하게 될 것이고, 거룩하게 되지 않은 사람들에 대한 기사들을 읽을 때에는, 여러분이 그러한 상태에서 구원받은 것을 생각하고 기뻐하게 될 것입니다. 또한, 여러분은 하늘과 해와 달과 헤아릴 수 없이 많은 별들을 볼 때에는, "하늘에 계신 내 아버지의 얼굴은 이런 것들이 발산하는 빛보다 무한히 더 밝고 영화로운 빛으로 빛나고, 내 아버지 하나님께서 자신의 성도들을 위하여 준비해 놓으신 것들은 이런 것들보다 훨씬 더 영광스러운 것들이기 때문에, 이런 것들은 천국의 바깥뜰에 지나지 않고, 아버지께서 우리에게 약속하신 저 복된 삶은 혈과 육으로는 바라볼 수도 없을 정도로 지극히 고귀하고 영광스러운 것이야"라고 생각하고 말하게 될 것입니다.

또한, 여러분은 무덤에 대하여 생각할 때에는, 여러분을 영화롭게 하실 성령과 여러분의 머리 되시는 살아 계신 주님과 여러분을 끝까지 사랑하시는 아버지 하나님이 모두 다 이제 무덤 속에서 진토로 돌아간 여러분의 육신을 가까이에서 주시하고 계시기 때문에, 무덤 속에 있는 여러분의 육신은 결코 잊혀지거나 방치되지 않을 것이고, 여러분의 육신이 무덤 속에 들어가더라도, 그 뿌리인 영혼은 계속해서 살아 있을 것이고, 여러분의 영혼과 육신의 뿌리이신 그리스도께서 영원히 살아 계시기 때문에, 봄이 되면 나무들과 꽃들이 다시 소생하는 것보다 더 확실하게, 장차 때가 되면 여러분의 육신도 반드시 부활하게 될 것임을 기억하게 될 것입니다. 여러분이 죽는 그 날은 여러분에게 남아 있던 죄와 비탄으로부터 여러분이 건짐을 받게 되는 날이 될 것이고, 여러분이 이 땅에서 살아 오는 동안에 무수히 듣고 믿고 소망하고 기다려 왔던 저 복된 일들을 여러분의 눈으로 직접 목격하고서, 여러분이 "더 좋은 쪽"을 택하여 신실하게 믿는 성도가 된 것이 얼마나 잘한 일이었는지가 생생하게 증명되는 것을 보고 기뻐하게 되는 날이 될 것임을 알기 때문에, 여러분은 모든 두려움들 중에서 가장 큰 두려움인 죽음조차도 기쁨으로 영접하게 될 것입니다.

여러분은 어떻게 생각하십니까? 여러분이 믿는 자로서 죽은 후에는 영원한 멸망으로부터 구원을 받아 천국에서 하나님과 더불어 영원히 복된 삶을 살게 될 것을 확신하는 가운데 죽음을 맞을 준비를 하며 살아가는 것이, 믿지 않는 불경건한 자로서 이 세상에서 살아가는 일들로 많은 염려와 걱정을 하며, 날마다 진탕 먹고 마시며 술 취하는 것으로 세월을 보내다가 부지불식 간에 그 날이 찾아와서 갑자기 죽는 것보다 더 기쁘고 즐거운 삶이 되지 않겠습니까? 그래서 성경은 "너희는 스스로 조심하라 그렇지 않으면 방탕함과 술취함과 생활의 염려로 마음이 둔하여지고 뜻밖에 그 날이 덫과 같이 너희에게 임하리라 … 이러므로 너희는 장차 올 이 모든 일을 능히 피하고 인자 앞에 서도록 항상 기도하며 깨어 있으라"(눅 21:34, 36)고 말씀합니다. 만약 여러분이 천국을 물려받는 상속자가 되었기 때문에, 여러분이 죽어서 이 세상을 떠날 때에 구원받게 될 것임을 확신하게 되었다면, 그 때에는 여러분은 이 땅에서 마음 편히 살아갈 수 있지 않겠습니까? 이제 여러분 자신을 살펴보시고, 여러분이 어떻게 하는 것이 좋을지를 한 번 생각해 보십시오. 이러한 소망들을 가지고 살아갈 수 있는 길이 여러분 앞에 열려 있는데, 여러분이 지금 살고 있는 그 보잘것없고 하찮은 삶을 고집하기 위해서 그 소망들을 내팽개쳐 버리지 마십시오. 육신과 세상은 여러분에게 그러한 소망들과 위로들과 평안을 줄 수 없습니다.

여러분이 회심하고자 하지 않는 것은 온갖 비참한 것들을 여러분 자신에게 자초하는 것일 뿐만 아니라, 다른 사람들에게도 피해를 끼치고 괴로움을 주는 것입니다. 여러분은 이런저런 잘못된 일들을 저질러서, 국법으로 여러분을 다스리고 있는 관리들을 괴롭히고 있습니다. 여러분은 여러분을 진리의 빛으로 인도하고자 애쓰는 사역자들을 괴롭히고 있습니다. 왜냐하면, 여러분의 죄와 그 죄로 인한 여러분의 비참한 모습은 사역자들에게는 이 세상에서 가장 큰 슬픔이고 고통인데, 여러분은 그런 그들을 거부하고 대적함으로써 그들을 더욱 괴롭게 만들고 있기 때문입니다. 여러분은 날마다 이 나라를 괴롭힘으로써, 여러분에 대한 하나님의 심판을 자초하고 있습니다. 교회의 거룩한 평화와 질서를 가장 어지럽히고 있는 것도 여러분이고, 교회의 연합과 개혁을 가장 방해하는 것도 여러분이며, 여러분이 몸 담고 있는 교회들이나 지역들에서 여러분은 골칫거리이자 수치입니다.

오, 주님! 이 나라에서는 하나님의 말씀을 일상적으로 쉽게 배울 수 있고, 사람들이 구원받는 데 필요한 온갖 도움들이 바로 가까이에 마련되어 있을 정도로, 이 나라는 이 세상에 존재하는 그 어떤 나라보다도 복음이 풍성합니다. 그런데 그런 이 나라에서조차도 여러분 같이 회심하지 않은 사람들이 있어서, 여전히 이렇게 하나님의 심판을 자초하며, 다른 사람들을 괴롭히며 살아가고 있다는 것은 정말 가슴 아프고 통탄할 일입니다. 하나님의 심판의 불길이 이 나라의 온 땅을 불사를 때도 있었고, 칼이 벼를 베듯이 우리를 베고 지나간 때도 있었는가 하면, 하나님의 구원이 우리에게 임하여, 너무나 놀랍고 풍성한 은혜 가운데서 사람들이 구름처럼 하나님 앞으로 나아가서 복음을 듣고 거룩한 삶을 살았던 때도 있었습니다. 이 나라에서 이 모든 일들이 벌어졌는데도, 우리의 도회지들과 농촌들에는 거룩하게 되지 않은 사람들이 넘쳐나고, 방탕함과 음란함이 도처에 만연되어 있어서, 우리는 사람들의 그러한 모습을 보고 비탄을 금치 못합니다!

이 모든 진리의 빛과 이 모든 체험, 이 모든 하나님의 심판들과 은혜들로 인해서, 이 나라의 백성들은 일심동체가 되어 한 마음과 한 뜻으로 하나님 께로 돌이켜서, 그들의 경건한 선생들에게 나아와서, 자신들이 이전에 지은 모든 죄들을 애통해하고, 그 선생들과 더불어서 다함께 낮아져서, 자신들의 죄들을 공개적으로 고백하며, 주로부터 오는 죄 사함을 간구하고, 그 선생들로부터 내세에 대한 가르침을 받기를 열망하며, 기꺼이 하나님의 말씀을 따라 안으로는 그들 속에 내주하시는 성령의 다스리심을 받고 밖으로는 그리스도의 사역자들에게 순종하는 것이 마땅하였습니다. 또한, 이 나라의 백성들은 성경 말씀들과 진리의 지식에 대해서 귀에 못이 박힐 정도로 들었고, 하나님으로부터 온갖 은혜의 방편들을 받았으며, 하나님의 자비하신 역사들을 체험하였기 때문에, 우리 중에는 하나님을 믿지 않는 불경건한 사람이 단 한 사람도 남아 있거나, 세상적인 사람이나 술주정뱅이나 자신의 삶을 고치기를 싫어하는 자나 거룩함을 미워하는 자가 우리의 모든 도회지들이나 농촌들에서 단 한 사람도 발견되지 않는 것이 마땅하였습니다. 또한, 우리 모두가 교회의 어떤 예식이나 정치 형태에 대해서는 일치된 생각을 갖지 않는다고 할지라도, 하나님을 경외하고 하나님의 말씀과 사역자들에게 순종하면서, 서로를 사랑하고 화목한 가운데 하늘에 속한 거룩한 삶을 살아가고자 하는 데에는 한 마음과 한 뜻이 되는 것이 마땅하였습니다.

그러나 애통하게도, 이 나라의 백성들은 그런 삶과는 너무나 거리가 먼 삶을 살아가고 있습니다! 이 나라의 도처에서 대부분의 사람들은 먼저 하나님의 나라와 그 의를 구하지 않고, 오로지 땅의 일들에만 마음을 두고 골몰할 뿐이고, 거룩한 삶 같은 것은 쓸데없는 것이라고 생각합니다. 그들의 가정에는 아예 기도가 없거나, 매일 저녁 기도하더라도, 진심으로 간절하게 기도하는 것이 아니라, 단지 마음에도 없는 몇 마디 공허한 말들을 형식적으로 내뱉고 말며, 그런 형식적인 기도도 매일 하기가 귀찮아서 오직 주일 저녁에만 하기도 합니다. 그들은 자신의 자녀들이 유아 세례를 받을 때, 자신의 자녀들을 "오직 주의 교훈과 훈계로" 양육하겠다고 하나님과 사람들 앞에서 굳게 약속해 놓고서도(엡 6:4), 그리스도를 아는 지식과 은혜의 언약을 그들에게 가르치지 않습니다.

그들은 자신의 종들에게 구원에 대하여 가르치지 않고, 종들이 각자에게 맡겨진 일을 제대로 하기만 하면, 그들에게 더 이상 신경 쓰지 않습니다. 그들의 가정에서는 서로의 덕을 세우는 은혜로운 말들보다도 욕설과 폭언이 더 많이 오갑니다. 하나님을 경외하는 가운데, 하나님의 말씀을 공부하고 사역자들에게 가르침을 받아서, 자신의 가정이 어떻게 살아야 하고 무엇을 해야 하는지를 배우고, 그렇게 가르침 받은 것들에 기꺼이 순종하여, 진심으로 영생을 추구하는 삶을 살고 있는 가정은 극히 드뭅니다! 그리고 하나님께서 정말 기뻐하시는 삶을 살고 있는 몇 안 되는 가정들은 이웃 사람들의 조롱거리가 되고 있는 것이 현실입니다.

어떤 사람들은 술주정뱅이로 살아가고, 어떤 사람들은 교만해져서 자신들이 잘난 줄 알고 의기양양하게 지극히 세상적으로 살아가며, 대부분의 사람들은 구원에 대하여 관심이 없습니다. 그들이 왜 그런 식으로 살아가는지, 그 이유가 너무나 분명한데도, 그들은 자신들의 비참한 삶을 거의 깨닫지 못할 뿐만 아니라, 그들이 변화를 받아 회복되는 것은 더더욱 어려운 일입니다. 그래서 우리가 그들을 죄로부터 구원하기 위하여, 우리가 할 수 있는 모든 것을 다 해도, 그들 중 대부분은 조금도 변화되지 않고 여전히 제자리에 있습니다. 그리고 그들이 우리의 모든 권면들을 고집스럽게 거부해서, 우리가 하나님의 법에 따라 그들을 교회로부터 출교시키면, 그들은 자기에게 어떤 심각하고 중대한 죄가 있어서 출교까지 당하게 된 것인지를 생각해서, 그 죄를 철천지원수로 여기고 그 죄와 싸워야 함에도 불구하고, 도리어 우리를 철천지원수로 여기고서 우리에게 분노하고, 그들의 마음은 우리에 대한 앙심으로 가득차서, 하나님을 대적하고 하나님의 법을 대적하며 하나님의 교회를 대적하고 하나님의 종들을 대적합니다. 이것이 이 나라의 암울한 현실입니다.

우리에게는 경건한 삶과 행실을 지지하고 장려하는 관리들이 있고, 우리 앞에는 온 백성이 하나가 되어서 우리의 삶과 행실을 고칠 좋은 기회가 있으며, 하나님의 충성스러운 사역자들은 교회가 바로 세워지고 하나님의 법들과 규례들이 제대로 시행되는 것을 간절히 보고 싶어합니다. 하지만 이 백성 속에 만연되어 있는 죄의 세력이 그 모든 것을 좌절시키고 있습니다. 하나님의 충성스러운 사역자들이 그리스도께서 분명하게 명하신 권징을 제대로 시행할 수 있는 곳은 이 나라에 거의 없고, 심지어 아주 심각하고 중대한 죄악을 범하고도 회개하려고 하지 않는 죄인들을 교회 안에서 이루어지는 성도 간의 교제로부터 쫓아내고 성례전들에 참여하지 못하게 할 수 있는 곳도 거의 없습니다. 도리어, 대부분의 사람들은 그렇게 하고자 하는 사역자들을 욕하고 악담을 퍼붓습니다. 이렇게 이 나라의 너무나 많은 사람들이 무지하고 지각 없는 자들이 되어서, 마치 자기들이 자신들의 선생들이나 하나님 자신보다 더 지혜롭다는 듯이 행동합니다.

그래서 하나님께서 자신의 교회를 개혁하시기 위하여 우리를 부르시고 계시는 더할 나위 없이 좋은 기회가 우리 앞에 있고, 우리의 관리들도 개혁을 바라고, 하나님의 충성스러운 사역자들도 개혁을 바라고 있는데도, 이 나라 백성들의 대다수는 눈이 멀어 있고 완고한 마음을 가지고 있어서 개혁을 바라지 않습니다. 진리의 빛과 구원의 은혜가 이렇게 대낮처럼 부어지고 있는데도, 그들은 빛과 은혜를 고집스럽게 대적하는 원수들이 되어 있어서, 하나님의 부르심에 응답하여 자신들의 어리석음과 우매함을 보려고 하지도 않고, 그들에게 유익하고 복된 것이 무엇인지를 알려고 하지도 않습니다. 우리 주님께서 예루살렘 성을 보시고 우시며, "너도 오늘 평화에 관한 일을 알았더라면 좋을 뻔하였거니와 지금 네 눈에 숨겨졌도다"(눅 19:42)라고 말씀하셨듯이, 지금 하늘에서 이 나라를 보시고 그렇게 말씀하시며 우실 것입니다.

사도 바울이 갈라디아 교회의 신자들의 너무나 어이없는 행동을 보고서는, "어리석도다 갈라디아 사람들아 예수 그리스도께서 십자가에 못 박히신 것이 너희 눈 앞에 밝히 보이거늘 누가 너희를 꾀더냐"(갈 3:1)라고 탄식하였듯이, 나도 "어리석고 가련한 영혼들"인 여러분을 보면서, 그렇게 말하지 않을 수 없습니다. 도대체 누가 여러분을 "꾀어서" 정신 나간 자들로 만들고, 여러분의 마음을 완전히 죽게 만들어서, 여러분으로 하여금 여러분 자신의 원수가 되어 여러분 자신을 파멸로 이끌게 하고, 영원한 멸망을 향하여 고집스럽게 나아가게 만들었기에, 하나님의 말씀으로나 사람들의 이치에 맞는 지혜로운 말들로도 여러분의 마음과 생각을 바꿀 수 없고 멸망을 향하여 나아가는 여러분의 발걸음을 멈출 수 없을 정도로, 여러분은 여러분을 말리는 모든 것을 뿌리치고 멸망으로만 치닫는 구제불능이 되고 만 것입니까!

하지만 죄인들이여, 이 땅에서의 삶이 언제까지나 계속될 것이라고 생각하지 마시고, 하나님께서 언제까지나 여러분을 기다려 주실 것이라고 생각하지 마십시오. 여러분은 여러분을 지으시고 구속하신 하나님을 욕보이고 있고, 하나님의 원수들인 자들을 섬기고 있으며, 여러분의 영혼을 타락시키고 있고, 세상을 괴롭히고 있으며, 교회에 해악을 끼치고 있고, 경건한 자들을 욕먹이고 있으며, 여러분의 선생들을 근심하게 하고 있고, 이 나라와 교회들이 잘못된 것을 고치고 새롭게 되는 것을 방해하고 있는데도, 여러분이 무사할 것이라고 생각하십니까? 여러분은 여러분이 지금까지 행해 온 이 모든 일로 인해서 어떤 대가를 치를 것인지를 아직 잘 모르고 있지만, 여러분이 즉시 제대로 회심하여 하나님의 부르심에 속히 순종함으로써, 영원한 고통이 여러분에게 임하는 것을 막지 않는다면, 의로우신 하나님께서 머지않아 여러분을 친히 호출하셔서 자기 앞에 세우시게 될 때에는, 추상같이 엄한 관리들보다도 훨씬 더 엄격하고 혹독하게, 그리고 아주 진솔한 사역자들보다도 훨씬 더 여러분의 모든 죄악을 명명백백하게 드러내시는 가운데, 여러분을 추궁하시며, 여러분이 저지른 아주 작은 죄악 하나에 대해서까지도 가차없이 책임을 물으시게 될 것임을 곧 알게 될 것입니다. 그러므로 하나님께서 아직 인자하시고 자비로우신 음성으로 여러분을 부르실 때, "들을 귀 있는 자"는 그 음성을 얼른 알아 듣고서 하나님 앞으로 나아가십시오.

나는 많은 불경건한 사람들이 자신의 마음속에서 절대로 놓지 않으려는 듯이 완강하게 붙잡고 있는 한 가지 잘못된 생각이 뿌리 깊게 자리 잡고 있다는 것을 압니다. 이 문제는 내가 다른 곳에서 이미 다루긴 하였지만, 너무 간단하게 다루어서, 여기에서 좀 더 자세하게 살펴보고자 합니다. 그들은 하나님께서는 사람들이 무엇을 생각하고 말하며 행하든지, 그런 것들에는 별 관심이 없으시다고 생각합니다. 그리고 그런 생각을 근거로 해서, 그들 자신도 그들이 무엇을 생각하고 말하며 행하든지, 그런 것들에 대해서 별 관심을 갖지 않습니다. 이것은 우리가 그들에게 설득하고자 하는 것과 반대되는 생각입니다. 그래서 나는 그런 무신론자들에게 그렇지 않다는 것을 확신시키기 위해서, 다음과 같은 몇 가지 질문들을 던지고자 합니다.

(1) 여러분은 하나님께서 여러분이 사람인지 아닌지에 관심을 갖고 계신다고 생각하십니까? 여러분이 그렇게 생각하지 않는다면, 하나님께서는 사람인 여러분에게 아무런 관심도 없으신데, 여러분을 지으시고 여러분에게 필요한 것들을 계속해서 공급해 주시고 여러분을 붙들어 주심으로써 여러분으로 하여금 살아 갈 수 있게 해 주신다는 것입니까? 그리고 하나님께서 사람인 여러분에게 관심을 갖고 계시는 것이라면, 하나님은 여러분이 과연 사람으로서 제대로 살아가고 있는 것인지에 대해서도 관심을 갖고 계시리라는 것도 분명합니다. 어떤 도구를 만들고, 집을 짓거나 배를 건조한 후에, 자기가 만든 것들이 자신이 원래 의도했던 용도에 적합하게 사용되고 있는지 그렇지 않은지에 대해서 아무런 관심도 갖지 않는 그런 어리석은 사람은 없습니다. 그런데 지혜의 하나님께서 그런 어리석은 짓을 하고 계신다고 생각한다면, 그것이 말이 되겠습니까? 여러분은 하나님께서 사람이라는 지극히 고귀한 피조물을 지으시고, 사람에게 지극히 고귀한 재능들을 수여하시고 나서는, 마치 자신이 그렇게 하신 것들이 다 쓸데없는 일들이었다는 듯이, 자기가 지으신 사람이 자신이 지으신 목적과 용도를 따라 제대로 살아 가고 있는지에 대해서 전혀 관심이 없으시다고 말하고 있는 것인데, 그것이 말이 되는 것이겠습니까? 하나님께서 여러분이 하나님을 알고 사랑하든지, 하나님을 모르고 사랑하지 않든지, 그런 것에 아무런 관심도 없다면, 왜 하나님께서는 여러분에게 하나님을 알 수 있는 지성과 하나님을 사랑할 수 있는 마음을 주셨겠습니까? 여러분은 자연과 우주 만물이 하나님께서 창조하신 각각의 목적과 용도에 합당하게 운행되고 있는 것을 아

시지 않습니까? 짐승들은 하나님을 알 수도 없고 사랑할 수도 없습니다. 왜 냐하면, 짐승들은 그런 목적과 용도로 지음 받은 피조물들이 아니기 때문 입니다. 하지만 하나님께서 여러분을 지으실 때에 여러분에게 수여하신 온 갖 능력과 역량들은 여러분이 하나님을 위해 지음 받았고 내세에서의 삶을 위해 지음 받았다는 사실을 잘 보여 줍니다.

(2) 여러분은 하나님께서는 모든 곳에 계시고 무한하시며 모든 것에서 부족함이 없으신 분이시라는 것을 인정하십니까? 이것을 인정하지 않는다 면, 여러분은 하나님을 믿지 않는 것입니다. 하나님께서 자기 자신보다 더 크고 광대하며 복잡한 세상을 창조하셨다고 생각하는 것은 이치에 맞지 않 습니다! 왜냐하면, 그 누구도 자기가 가지고 있는 것보다 더 많은 것을 나누 어 줄 수는 없기 때문입니다. 하나님께서는 어디에나 계시고, 마치 한 사람 만을 돌보아 주시는 것처럼, 각 사람을 전혀 부족함이 없이 돌보아 주신다 는 것을 여러분이 시인할 수밖에 없다면, 하나님께서는 사람들의 마음과 행 실에도 지극한 관심을 가지고 계신다는 것도 여러분은 시인할 수밖에 없습 니다. 왜냐하면, 하나님께서 모든 곳에 계셔서 만물을 부족함이 없이 돌보 고 계시는 것이라면, 여러분의 마음과 행실도 예외일 수 없기 때문입니다. 마치 하나님께서 유한하시고, 어디에나 계시는 것도 아니며, 모든 것에서 부족함이 없으신 것도 아니고, 사람들의 마음과 행실에 관심도 없으신 것 처럼 생각하는 것은 저급하고 불경스러운 것입니다.

(3) 여러분은 하나님께서는 여러분이 병이 들든지 건강하든지, 여러분 이 살든지 죽든지, 여러분의 몸이 어떻게 되든지에 관심을 갖고 계신다고 생각하십니까? 하나님께서 그런 것에 관심이 없으시다면, 여러분의 목숨과 건강을 비롯해서 여러분이 누리는 수많은 은택들은 도대체 어디에서 온 것 입니까? 그것들이 하나님이 아닌 다른 어떤 원천으로부터 온 것이라면, 그

것들이 어디에서 온 것인지를 내게 말해 보십시오. 여러분은 자신의 목숨과 건강을 위해서 하나님께 기도하지 않습니까? 여러분은 하나님께 "나는 하나님을 의지하지 않을 것이고, 하나님 덕분에 또 하루를 살아가고자 하지 않을 것입니다"라고 말하고자 하는 것입니까? 여러분이 그렇게 말한다면, 여러분은 아무것도 모르는 눈먼 무신론자입니다. 하나님께서 여러분의 몸에 대해서 관심을 가지고 계신다는 것을 여러분이 인정한다면, 하나님께서는 여러분의 영혼에 대해서는 더욱더 관심을 가지시리라는 것도 여러분은 인정할 수 있지 않겠습니까? 하나님께서 여러분을 돌보시며 여러분에게 수많은 은택들을 베풀어 주고 계신다면, 하나님께서는 여러분을 돌보시고 수많은 은택들을 베풀어 주고 계시는 하나님을 여러분이 사랑하고 그런 하나님을 위하여 살아가고 있는지에 대해서도 분명히 관심을 가지고 주시하고 계실 것입니다.

(4) 여러분은 하나님께서 세상을 다스리고 계신다는 것을 믿습니까, 믿지 않습니까? 만일 하나님께서 세상을 다스리고 계시지 않는 것이라면, 세상에는 합법적인 정부라는 것은 존재할 수 없게 됩니다. 왜냐하면, 왕이 세우지 않은 치안판사가 합법적인 권한을 지닐 수 없는 것과 마찬가지로, 하나님께서 세우시지 않으신 왕은 합법적인 권한을 지닐 수 없고, 하나님의 다스리심을 받지 않는 세상의 통치자들은 결코 합법적인 통치자가 될 수 없기 때문입니다. 따라서 하나님께서 세상을 다스리신다는 것을 부정하게 되면, 온 세상은 혼돈 속으로 빠져들게 될 것입니다. 따라서 여러분이 하나님께서 세상을 다스리시는 분이시라는 것을 인정할 수밖에 없으면서도, 여전히 하나님은 자신이 다스리시는 사람들의 마음과 행실에 대해서 아무런 관심이 없으시다고 생각한다면, 여러분은 세상을 다스리시는 하나님을 지혜롭지도 못하시고 의롭지도 않으신 통치자로 만들어 버리는 것이 아니고 무

엇이겠습니까! 그것은 하나님을 부정하는 것과 마찬가지입니다.

(5) 만일 하나님께서 우리의 마음속에 무엇이 있는지, 또는 우리가 무엇을 하는지에 대해서 별 관심이 없으시다면, 왜 하나님께서 우리의 마음과 말과 행실을 위한 법을 만드셨겠습니까? 하나님께서 우리에게 별 관심도 없으시다면, 굳이 우리에게 이렇게 하라거나 저렇게 하라고 명하실 필요가 없으셨을 것이 아닙니까? 만일 하나님께서 우리가 죄를 짓든지 말든지, 그런 것에 관심이 없으시다면, 왜 굳이 우리에게 그렇게 엄격하게 죄를 짓지 말라고 명하시겠습니까? 만일 하나님께서 우리가 하나님께 순종하여 거룩한 삶을 살든 말든, 그런 것에 관심이 없으시다면, 왜 굳이 하나님께 순종하여 거룩한 삶을 사는 자들에게는 영생을 주시겠다고 약속하시겠습니까? 만일 하나님께서 우리가 경건하게 살든 말든, 그런 것에 관심이 없으시다면, 왜 굳이 불경건한 자들은 지옥에 던져지게 될 것이라고 경고하시겠습니까? 이런 것들에 대해서, 여러분은 전능하시고 거룩하신 하나님께서 세상을 잘 다스리시기 위하여 거짓말을 하고 계시고, 사람들을 자기에게 순종하게 만드시기 위하여 속임수를 쓰시는 것이라고 감히 말하겠습니까? 이렇게 자연의 법 자체는 우리가 마땅히 행해야 할 것들이 무엇인지를 말해 주는 명령들만이 아니라, 내세와 관련된 소망들과 두려움들도 담고 있는데, 그러한 것들이 없이는 세상은 다스려질 수 없고, 그러한 것들은 결코 속임수가 아닙니다. 무한하신 지혜와 능력과 선하심을 지니신 하나님께서는 바로 그러한 것들을 가지고 세상을 다스리고 계십니다.

(6) 만일 하나님께서 우리의 마음과 삶에 별 관심이 없으셨다면, 왜 온 세상으로 하여금 우리의 종이 되어 우리를 섬기게 하셨겠습니까? 하나님께서 해와 달과 별들과 땅과 모든 피조물을 우리에게 주셔서, 그것들의 생명과 효능들을 가지고서 우리를 섬기게 하셨는데도, 여러분은 하나님이 우

리의 마음이나 우리의 섬김에 아무 관심이 없으시다고 말하시겠습니까? 그것은 하나님께서 온 세상을 헛되이 창조하셨고, 창조하신 후에는 온 세상을 내팽개쳐 버리시고 아무런 관심도 갖지 않으신다고 말하는 것이기 때문에, 어리석은 것일 뿐입니다.

(7) 만일 하나님께서 우리의 마음과 삶이 어떤 모습인지에 대해서 관심이 없으셨다면, 자기 아들을 보내셔서 우리를 속량하시며, 모든 죄에서 우리를 깨끗하게 하시고 거룩하게 하셔서, 자신의 특별한 백성으로 삼고자 하지 않으셨을 것입니다: "그가 우리를 대신하여 자신을 주심은 모든 불법에서 우리를 속량하시고 우리를 깨끗하게 하사 선한 일을 열심히 하는 자기 백성이 되게 하려 하심이라"(딛 2:14). 하나님께서 우리 죄인들을 속량하시기 위하여 놀라운 계획을 세우시고 자기 아들을 속전으로 지불하셨다는 사실은, 하나님은 죄를 결코 가볍게 여기지 않으시고, 거룩을 놀라울 정도로 사랑하신다는 사실을 잘 보여 줍니다.

(8) 만일 하나님께서 우리의 마음과 삶에 관심이 없으셨다면, 우리를 날마다 회개와 거룩한 삶으로 부르는 일을, 자신의 사역자들이 감당해야 할 소임으로 정해 주시거나, 하나님의 말씀으로 죄인들을 일깨워서 하나님께로 돌이키게 하라고 그들에게 명하지도 않으셨을 것이고, 죄인들을 회심시키시기 위하여 자신의 모든 공적이거나 사적인 규례들을 마련해 놓지도 않으셨을 것입니다. 하나님께서 우리에게 아무런 관심도 없으시다면, 이렇게 야단법석을 떠실 이유가 어디 있겠습니까?

(9) 만일 하나님께서 우리가 무엇을 생각하고 행하는지에 대해서 관심이 없으시다면, 불경건한 자들에게 내세에서 지옥에 던져 넣으시는 형벌을 가하시거나, 현세에서 수많은 두려운 심판들을 보내시는 일도 없으실 것입니다. 나는 하나님의 회초리 아래에서 자주 신음하고 있는 사람들은 하나

님께서 그들의 마음과 행실을 주시하고 계신다는 사실을 알아야 한다고 생각합니다.

(10) 만일 하나님께서 우리가 깨끗하든 부정하든, 그런 것에 무관심하시다면, 왜 우리에게 성령을 보내셔서 우리를 거룩하게 하고자 하시겠습니까? 이것에 대해서, 설마 여러분이 성령께서 할 일이 없으셔서 우리에게 오셔서 장난하고 계시는 것이라고 생각하지는 않을 것이라고 나는 믿습니다.

(11) 여러분은 우리를 유혹하고 시험하는 자들인 마귀와 귀신들의 악의를 보면서, 하나님은 거룩하시고 죄악을 미워하시는 분이시라는 것을 깨달을 수 있을 것이라고 나는 생각합니다. 우리가 이 땅에서 죄를 짓게 되면 장차 영원한 형벌을 받게 될 것이라고 하시는 하나님의 말씀은 진리입니다. 성경은 천사들이 타락해서, 그들 중 다수가 자신들의 죄로 인하여 귀신들이 되었으며, 사람들이 구원받는 것을 훼방하는 악의적인 원수들이 되었다는 것을 우리에게 말씀해 줍니다. 여러분은 이것이 진리라는 것을 쉽게 깨달을 수 없습니까? 만일 그런 것이 아니라면, 우리가 너무나 많은 경험들을 통해서 알고 있듯이, 귀신들이 그렇게 끈질기게 사람들을 유혹해서 죄를 짓게 하고자 하는 일이 어떻게 일어날 수 있었겠습니까? 불신자들인 여러분이 이것이 충분한 증거가 될 수 없다고 여긴다면, 귀신들이 사람들을 하나님으로부터 떼어놓아서 어떻게든 구원받지 못하게 하기 위하여 수많은 주술사들과 거래해 온 사실을 여러분은 어떻게 설명하겠으며, 귀신들이 무섭고 끔찍한 모습으로 아주 많은 사람들에게 나타나서, 자신들의 절망적이고 비참한 상태를 그대로 드러내면서, 하나님과 사람들에 대한 자신들의 적대감을 표출하며, 사람들을 죄의 길로 가게 하기 위하여 온갖 짓을 다해 온 사실을 여러분은 어떻게 설명하시겠습니까?

주술사들과 유령들이 실제로 존재하고, 죄를 짓고 하나님의 은총으로부터 쫓겨나서 사람들을 유혹해서 자신들과 똑같은 비참한 상태로 만들기 위해서 모든 수고를 아끼지 않는 악의적인 귀신들이 존재한다는 사실을 믿으려고 하지 않는 불신자들이 있다면, 내게로 와서 나와 그 문제를 가지고 얘기하게 하십시오. 그들이 "우리는 그런 것을 믿지 않기로 작정하였다"고 말하며 고집을 부리지만 않는다면, 나는 귀신들이 존재한다는 것이 사실이라는 것을 부인할 수 없는 확실한 수많은 증거들과 사례들을 그들에게 신속하게 말해 주어서, 그들로 하여금 반박할 말이 전혀 없게 만들 것입니다. 그들이 이성을 완전히 포기하지 않아서, 진리의 빛을 볼 수 있는 여지가 있기만 한다면, 아무리 사악한 무신론자들이나 불신자들이 내게 와도, 나는 그들로 하여금 그 사실을 믿게 할 수 있습니다.

(12) 마지막으로, 여러분이 어디에나 계시면서 세상을 다스리시고 만물을 보존하시는 하나님께서, 사람들이 어떤 모습으로 살아가고 무엇을 하는지, 또는 사람들이 거룩한지 거룩하지 않은지, 또는 하나님의 법에 순종하는지 순종하지 않는지에 대하여 별 관심이 없으시다고 생각한다면, 나는 여러분이나 다른 모든 사람들도 서로에 대하여 관심이 없어야 한다고 생각합니다. 그러므로 나는 여러분에게 두 가지 질문을 던지고자 합니다.

첫째로, 여러분은 사람들이 여러분에 대하여 말하거나 여러분에게 말하는 것들에 대해서 관심이 없습니까? 사람들이 여러분을 비방하고 욕하거나, 여러분의 집이나 마을에 불을 지르거나, 여러분의 가축과 아내와 자녀를 죽이거나, 여러분을 감옥에 집어넣거나 상처를 입히거나 죽여도, 여러분은 그런 것들에 아무런 관심도 갖지 않습니까? 사람들이 여러분에게 해로운 말이나 행동을 하는 것에 대해서 여러분이 큰 문제라고 생각하고 관심을 보이는 것은 잘못된 것입니까? 그것이 잘못된 것이 아니라면, 전능하시고 거룩하신 하나님께서 자신이 지으신 미천한 벌레 같은 사람들이 하나님과 하나님의 종들에게 해로운 말이나 행동을 하는 것에 대하여 큰 문제라고 생각하시고 관심을 보이시는 것도 잘못된 것이 아니지 않겠습니까? 그런데도 하나님께서는 그런 것들에 관심이 없으시다고 말하는 사람이 있다면, 그 사람은 정말 단단히 미친 사람이 아니겠습니까? 여러분이 이기심 때문에 눈멀고 편파적인 사람이 된 것이 아니라면, 사람들이 하나님을 대적하여 범한 한 가지 죄가 어리석은 짓을 행하는 여러분을 대적하여 범한 죄보다 수천만 배는 더 중한 형벌을 받아 마땅하다는 사실을 아실 것입니다. 여러분의 종이 악하든 선하든, 여러분의 자녀가 순종하든 불순종하든, 여러분의 아들이 여러분을 위하여 자기 목숨을 내놓으려고 하든 여러분의 소유인 땅을 차지하기 위하여 여러분이 빨리 죽기만을 바라든, 어떤 사람이 여러분의 신실한 친구이든 철천지원수이든, 그런 것들은 여러분에게 아무 상관도 없고, 여러분은 그런 것들에 아무런 관심도 갖지 않습니까? 여러분이 그런 것들에 아무런 관심도 없다면, 여러분은 인간이 아니라, 인간의 모양을 한 어떤 다른 존재일 것임에 틀림없습니다. 여러분이 그런 것들에 관심을 가지면서도, 저 찬송 받으실 하나님께서는 온 세상보다도 더 하나님을 사랑하는 사람들이든 하나님을 완전히 무시하고 안중에도 없는 사람들이든, 거룩한 영혼이든 거룩하지 않은 영혼이든, 그런 것들에는 아무런 관심이 없으시고, 그 모두를 아무런 차별 없이 다 똑같이 대하실 것이라고 생각한다면, 여러분은 인간 이하의 존재일 것입니다.

둘째로, 여러분은 세상의 통치자들이 사람들이 무슨 말을 하고 무슨 행동을 하는지에 대해서 관심을 갖기를 원하는지 원하지 않는지를, 나는 여러분에게 묻고 싶습니다. 통치자들이 관심을 갖는 것을 여러분이 원하지 않는다면, 여러분은 온 세상이 엉망진창이 되어서, 여러분보다 더 가난한 사람들이 여러분의 재산을 강탈해 가거나, 여러분을 미워하는 사람들이 여러분을 때리고 죽이며, 여러분의 집과 토지와 재물과 가축을 탐내는 사람들이 여러분으로부터 그런 것들을 다 빼앗아가고, 여러분의 아내나 딸들이 그녀들에게 군침을 흘리는 사람들에 의해서 짓밟히고 유린당해도 괜찮다고 생각하는 것입니다. 따라서 우리는 통치자들의 무관심이 사람들을 어떻게 행하도록 이끄는지를 보게 될 것인데, 그것은 곧 무법천지입니다. 반면에, 여러분이 세상이 이렇게 되는 것을 원하지 않기 때문에, 통치자들이 사람들의 행동에 관심을 갖기를 원하면서도, 하나님께서는 사람들의 마음과 행실에 관심을 갖지 않으실 것이라고 생각한다면, 여러분은 앞뒤가 맞지 않게 비이성적으로 생각하는 것입니다. 여러분이 여러분에게 해악을 끼친 사람들은 통치자들에 의해서 교수형을 당하는 것이 마땅하다고 생각하면서, 지극히 크시고 영원하신 하나님께 해악을 끼치고 하나님의 법을 어기는 것은 사람들이 여러분에게 해악을 끼치는 것보다 이루 말할 수 없이 더 큰 중죄임에도 불구하고, 하나님께서는 그런 사람들에 대해서 관심이 없으시기 때문에 그런 사람들을 벌하지도 않으실 것이라고 생각한다면, 여러분은 앞뒤가 맞지 않게 비이성적으로 생각하는 것입니다. 여러분이 경찰관들은 사람들을 처벌하여야 한다고 생각하면서도, 왕들은 그런 데 관심을 가져서는 안 된다고 생각하거나, 왕들은 사람들을 처벌하여야 한다고 생각하면서도 하나님께서는 그런 데 관심을 가지실 리가 없다고 생각한다면, 여러분은 앞뒤가 맞지 않게 비이성적으로 생각하는 것입니다. 왜냐하면, 경찰관들은 왕들보다 훨씬 더 지위가 낮은 사람들이고, 왕들은 만유의 주이신 하나님에 비하면 하찮은 사람들이기 때문입니다.

사실, 악인들은 하나님으로부터 아주 멀리 떠나서 그들 자신만의 왕국 속에서 살아가고 있기 때문에, 그들에게는 오직 그들 자신이 신이고, 그들 자신 외에는 하나님이나 신이 없다고 생각합니다. 그래서 그들은 사람들이 자신들에게 행하는 어떤 해로운 일들이나 이로운 일들에 대해서는 관심을 갖지만, 사람들이 하나님을 대적하여 잘못하고 불순종하는 것에 대해서는 아무런 관심을 갖지 않습니다. 그들은 하나님을 그들 자신처럼 유한한 피조물로 보고서는, 어디에나 계시는 분이 아니라 한 번에 한 곳에만 계실 수 있는 존재라고 여기는 대단히 편협하고 신성모독적인 생각을 지니고 있기 때문에, 마찬가지로 하나님의 섭리에 대해서도 신성모독적인 생각을 지니고서, 하나님은 선이나 악을 구별하는 데도 관심이 없으시고, 경건한 자들을 존귀하게 대하시거나 불경건한 자들을 벌하시는 데에도 관심이 없으시다고 생각하고, 하나님은 눈이 있어도 보지 못하고 귀가 있어도 듣지 못하며 손이 있어도 능력을 행하지 못하는 이방의 우상들과 같은 존재일 뿐이라고 생각합니다. 그러나 하나님께서 하나님을 경외하고 하나님의 이름을 존중히 여기는 사람들의 이름을 기록해 놓으신 "기념책"을 장차 펼치시고서는, 그들에게 "이들은 내 소유이다"라고 말씀하시며, 자신의 보석들로 삼으시고, 사람이 자기를 섬기는 아들을 아끼듯이 그들을 아끼실 때, 그 때에야 악인들은 비로소 제정신이 돌아오게 될 것이고, 의인들은 두려움과 고난에서 벗어나게 될 것이며, 의인들과 악인들, 하나님을 섬기는 사람들과 섬기지 않는 사람들이 구별될 것입니다: "그 때에 여호와를 경외하는 자들이 피차에 말하매 여호와께서 그것을 분명히 들으시고 여호와를 경외하는 자와 그 이름을 존중히 여기는 자를 위하여 여호와 앞에 있는 기념책에 기록하셨느니라 만군의 여호와가 이르노라 나는 내가 정한 날에 그들을 나의 특별한 소유로 삼을 것이요 또 사람이 자기를 섬기는 아들을 아낌 같이 내가 그들을 아끼리니 그 때에 너희가 돌아와서 의인과 악인을 분별하고 하나님을 섬기는 자와 섬기지 아니하는 자를 분별하리라"(말 3:16-18).

나는 특히 최근에 와서 불경건한 자들의 입에서 툭 하면 튀어나오는 또한 가지 항변을 비일비재하게 듣는데, 그것은 그들이 이렇게 말하는 것입니다: "우리는 하나님 없이는 아무것도 할 수 없기 때문에, 하나님께서 우리에게 은혜를 주시고자 하지 않으시면, 우리는 은혜를 받을 수 없고, 하나님께서 우리에게 은혜를 주시고자 하시면, 우리는 그 즉시 은혜를 받고 돌이키게 될 것입니다. 하나님께서 우리가 구원받도록 미리 예정하시고서 우리를 돌이키고자 하지 않으신다면, 우리는 우리 자신의 힘으로 무슨 수로 돌이키거나 구원받을 수 있겠습니까? 우리가 원한다고 해서, 우리에게 구원이 주어지는 것도 아니고, 우리가 구원을 얻기 위하여 달음질친다고 해서, 우리에게 구원이 주어지는 것도 아니지 않습니까?"

그들은 이런 식으로 말하고서는, 자신들의 항변은 아무도 반박할 수 없을 만큼 지극히 합당하기 때문에, 자신들이 돌이켜서 구원을 받든, 자신들이 끝까지 돌이키지 않고 구원을 받지 못하든, 그것은 전적으로 하나님의 책임이고 자신들의 책임이 아니라고 굳게 믿고, 모든 책임을 하나님께 돌리고서는 아무렇지도 않게 태평하게 지냅니다.

나는 이 문제에 대해서 이 책의 앞 부분에서 이미 답변을 하였지만, 여기에서 좀 더 자세하게 말하고자 합니다.

(1) 여러분은 자기 자신을 고칠 수는 없지만, 자기 자신을 해치고 독을 먹일 수는 있습니다. 하나님께서는 여러분의 마음을 거룩하게 하고자 하십니다. 그렇다면, 여러분의 마음을 타락시키고 부패하게 만드는 것은 누구입니까? 바로 여러분 자신입니다. 여러분이 자기 자신을 고칠 수 없다고 해서, 의도적으로 독을 마신다면, 과연 그것이 합당한 일입니까? 그것은 결코 합당하지 않습니다. 도리어, 여러분은 독을 마시지 않기 위해서 더욱더 애

쓰는 것이 마땅합니다. 왜냐하면, 죄가 망가뜨려 놓은 것을 여러분이 고칠 수 없다면, 여러분은 더욱더 죄를 짓지 않기 위해서 애써야 하기 때문입니다.

(2) 하나님께서 여러분에게 특별한 은혜를 주시지 않으시면, 여러분이 회심할 수 없다는 것은 분명한 사실입니다. 하지만 하나님께서는 여러분이 그런 은혜를 받을 수 있도록 여러 가지 거룩한 수단들을 마련해 놓으셨고, 여러분이 그 수단들을 활용하고 사용할 때, 여러분에게 그런 은혜를 주신다는 것을 여러분은 알아야 합니다. 그리고 하나님께서 모든 사람들에게 보편적으로 베풀어 주시는 일반적인 은혜를 통해서, 여러분은 외적으로 중대하고 심각한 죄를 짓지 않을 수 있고, 하나님께서 특별한 은혜를 주시기 위하여 마련해 놓으신 그 거룩한 수단들을 얼마든지 활용하고 사용할 수 있습니다. 여러분은 여러분이 하나님께로 돌이키고 구원받기 위해서, 여러분이 할 수 있는 모든 것을 최선을 다해 다하고 있다고 진심으로 말할 수 있습니까? 여러분은 얼마든지 술집에 들어가지 않을 수도 있고, 얼마든지 여러분으로 하여금 죄를 짓게 만드는 친구들을 사귀지 않을 수도 있지 않습니까? 여러분은 얼마든지 교회에 가서 하나님의 말씀을 들을 수도 있고, 얼마든지 집에 돌아와서는 교회에서 들었던 그 말씀을 묵상해 볼 수도 있으며, 얼마든지 여러분 자신의 영적인 상태와 영원에 속한 일들에 대해서 생각해 볼 수도 있지 않습니까? 여러분은 얼마든지 날마다, 또는 적어도 주일 날에는 좋은 경건 서적들을 읽거나, 하나님을 경외하는 사람들과 대화를 나눌 수도 있지 않습니까? 따라서 사실은 여러분은 여러분이 하나님께로 돌이켜서 구원받기 위하여 할 수 있는 모든 것을 최선을 다해 다하였다고 말할 수 없습니다.

(3) 하나님의 특별한 은혜 없이는, 여러분이 하나님께로 돌이킬 수 없다

는 것은 사실입니다. 그러나 여러분이 죄를 지음으로써, 그리고 하나님이 마련해 놓으신 저 거룩한 수단들을 소홀히 하거나 무시함으로써, 하나님의 은혜와 도우심을 얻을 수 있는 기회를 놓칠 수 있다는 것도 아울러 알아야 합니다. 여러분이 하나님의 특별한 은혜를 받기 위해서 여러분 자신이 얼마든지 할 수 있는 것들을 소홀히 하거나 하려고 하지 않는다면, 하나님께서 그런 여러분에게 자신의 특별한 은혜를 주시지 않으시는 것은 합당합니다.

(4) 하나님께서는 여러분에게 특별한 은혜를 주셔서 여러분을 구원하고자 하시고, 그러한 목적을 이루시기 위하여 여러분으로 하여금 그 특별한 은혜를 얻을 수 있는 저 거룩한 수단들을 마련해 놓으셨는데, 여러분은 여기에서 "목적"과 "수단"이 서로 따로 분리되어 있는 것이 아니라, 서로 결합되어 있다는 것을 알아야 합니다. 다시 말해서, 여러분은 하나님께서 모든 사람들에게 베풀어 주시는 일반적인 은혜를 의지해서 저 거룩한 "수단"을 사용해서, 하나님께서 여러분에게 주시고자 하시는 저 특별한 은혜라는 "목적"을 이룰 수 있다는 것입니다. 하나님의 뜻은 저 거룩한 "수단"을 통해 자신의 특별한 은혜를 받아서 거룩하게 된 사람들만을 구원하시고, 저 거룩한 "수단"을 무시함으로써 거룩하게 되지 못한 사람들을 영원한 멸망에 처하시는 것입니다. 여러분이 구원받게 될 것인지, 아니면 구원받지 못하게 될 것인지가 하나님의 뜻에 의해서 결정되어 있는 것과 마찬가지로, 여러분의 올해 농사가 풍작일지 아니면 흉작일지, 그리고 여러분이 이 세상에서 얼마나 오래 살게 될 것인지 같은 것들도 하나님의 뜻에 의해서 이미 결정되어 있다는 것은 사실입니다. 그러나 어떤 사람이 "내 밭에서 곡식이 나는 것이 하나님의 뜻이라면, 내가 밭을 갈고 씨를 뿌리든, 그렇게 하지 않든, 내 밭에서는 곡식이 날 것이다"라고 말하고서는 밭을 갈지도 않고 씨를

뿌리지도 않거나, "내가 살아 있는 것이 하나님의 뜻이라면, 내가 먹든 안 먹든, 나는 살아 있게 될 것이고, 내가 죽는 것이 하나님의 뜻이라면, 내가 먹더라도 나는 살지 못할 것이다"라고 말하고서는 아무것도 먹지 않고 있다면, 여러분은 그 사람을 바보라고 생각할 것입니다.

여러분은 그런 사람에게 무엇이라고 말해 주어야 하는지를 알고 있습니까, 아니면 모르고 있습니까? 여러분이 그 사람에게 무슨 말을 해 주어야 하는지를 알고 있다면, 여러분은 여러분 자신에게 무슨 말을 해 주어야 하는지도 알고 있는 것입니다. 왜냐하면, 하나님께서는 여러분의 영혼에 대해서만 자신의 뜻을 정해 놓으신 것이 아니라, 여러분의 육신에 대해서도 똑같이 자신의 뜻을 정해 놓으셨기 때문입니다. 그리고 여러분의 영혼과 육신에 대한 하나님의 뜻은 결코 변할 수 없습니다. 반면에, 여러분이 그 사람에게 무슨 말을 해 주어야 하는지를 알지 못한다면, 여러분의 영혼과 관련해서 시험을 해 보기 전에, 먼저 여러분의 육신과 관련된 시험을 해 보십시오. 즉, 여러분이 아무것도 먹지 않았는데도, 하나님께서 여러분을 계속해서 살아 있게 하시는지, 그리고 여러분이 밭을 갈지도 않고 씨를 뿌리지도 않았는데도, 하나님께서 여러분의 밭에서 곡식이 나게 하시는지, 그리고 여러분이 한 발걸음도 옮기지 않았는데도, 하나님께서 여러분이 가고자 하는 목적지에 여러분을 데려다 놓으시는지를 먼저 확인해 보십시오. 여러분이 이런 시험들을 해 보았는데, 과연 그렇게 되었습니까? 그렇다면, 여러분은 이제 여러분이 하나님께서 여러분을 위해 마련해 놓으신 저 거룩한 수단들을 하나도 사용하지 않고, "나는 내 자신의 힘으로 거룩하게 될 수 없습니다"라고 말하는 가운데 가만히 앉아 있었는데도, 과연 하나님께서 여러분을 천국에 데려다 주시는지를 시험해 보십시오.

여러분 가운데서 끊임없이 논쟁거리가 되고 있는 자유의지라는 문제와 관련해서는, 여러분이 생각하는 것과는 달리, 신학자들 간에 그렇게 의견이 분분한 것이 결코 아닙니다. 아우구스티누스(Augustine)이든 펠라기우스(Pelagius)이든, 칼빈(Calvin)이든 아르미니우스(Arminius)이든, 도미니쿠스 수도회(the Dominicans)이든 예수회(the Jesuits)이든, 그들은 모두 인간에게 자유의지가 주어져 있다는 데 대해서 원론적으로는 의견이 일치합니다. 정통주의(the orthodox)는 자유의지가 부패해서 악에 이끌리는 성향을 지니고 있다고 말합니다. 에피파니우스(Epiphanius)는 인간이 하나님의 형상을 상실하였다고 말한 오리게네스(Origen)를 단죄하고, 그러한 주장을 이단사설로 규정하였습니다. 하지만 인간이 하나님의 형상을 상실하였다고 말하는 것도 일리가 있고, 인간의 하나님의 형상을 상실하지 않았다고 말하는 것도 일리가 있습니다. 왜냐하면, 인간에게는 두 종류의 하나님의 형상이 있기 때문입니다. 그 중 하나는 우리의 이성과 자유의지 같은 본성적인 것으로서, 인간은 그러한 하나님의 형상은 상실하지 않았습니다. 다른 하나는 우리의 거룩함 같은 질적이고 윤리적인 것으로서, 인간은 그러한 하나님의 형상은 상실하였고, 이 형상은 은혜로만 회복될 수 있습니다. 생각이 있는 사람이라면, 인간에게는 본성적으로 자유로운 의지가 있다는 것을 부정할 수 없습니다. 인간의 의지는 외부로부터의 강제적인 힘으로부터 자유로운 가운데 스스로 결정할 수 있기는 하지만, 내부의 악한 성향으로부터는 자유로울 수 없기 때문에, 하나님과 거룩함을 본능적이고 습관적으로 몹시 싫어하고, 세상적이고 육신적인 것들에 끌리고, 죄악된 편견의 노예입니다.

나는 그리스도인인 사람들은 그 누구도 이 사실을 부인하지 않을 것이고, 불신자들 중에서도 이 세상을 살 만큼 산 나이 드신 분들은 이 사실을 부인하지 못할 것이라고 생각합니다. 안타깝게도, 여러분은 악이 아니라 선에 이끌리는 성향과 자원해서 선을 행하고자 하는 의지를 의미하는 영적이고 도덕적인 자유의지를 가지고 있지 않다는 것을 우리는 여러분에게 쉽게 시인할 수 있습니다. 만일 여러분이 악한 성향으로부터 자유로운 의지를 갖고 있다면, 나는 회심은 여러분의 구원이 달려 있는 문제이기 때문에, 여러분이 자원해서 기꺼이 회심하고자 하여야 한다는 것을 설득하기 위하여, 이런 책들을 굳이 쓸 필요가 없을 것입니다. 하지만 안타깝고 슬프게도, 실제로 불경건한 사람들에게는 그러한 영적인 자유의지가 없다는 것을, 우리는 많은 사람들을 권면하고 많이 설교하면서 저절로 알게 됩니다. 이렇게 여러분에게는 선을 행하고자 하는 의지와 선에 이끌리는 성향이 없기 때문에, 그런 것이 여러분에게 없다는 것은 여러분의 죄를 합리화하거나 정당화할 수 있는 근거가 될 수 없습니다. 따라서 여러분이 자신은 죄를 안 지을 수 없다는 것을 구실로 삼아서 더욱 의도적으로 죄를 짓는다면, 장차 여러분에게는 더욱더 무거운 형벌이 내려지게 될 것입니다. 왜냐하면, 하나님께서는 여러분이 우리 사역자들의 설교들과 권면들을 경청하고 묵상함으로써 하나님으로부터 능력을 덧입어서 진정으로 회심하고자 하는 도덕적인 자유의지를 얻을 수 있도록 정하셨기 때문입니다.

이제 나는 여러분에게 세 가지 부탁을 드리고자 합니다.

(1) 나의 첫 번째 부탁은 이 작은 책을 끝까지 진지하게 읽으시라는 것입니다. 만약 여러분이 자신의 가족에게 이 책을 여러 번 반복해서 읽어 줄 필요가 있다고 느껴서 그렇게 하거나, 하나님을 경외하는 사람들이 하나님에 대해서 알지 못하는 이웃들을 가끔씩 찾아가서, 이 책이나 회심을 주제로 한 다른 책을 읽어 준다면, 여러분과 그들의 그러한 수고는 영혼들을 얻는 수단으로 쓰임 받게 될 것입니다. 하지만 우리와 여러분이 이웃들을 구원하고자 하는 마음으로 그들을 찾아가서, 이런 책을 읽어 주는 작은 수고

를 하려고 하지 않는다면, 그 사람들이 스스로 구원에 대하여 관심을 갖고 하나님을 찾고자 하는 것은 거의 불가능하기 때문에, 그 사람들 중 거의 대부분은 결국 멸망하게 되고 말 것입니다.

(2) 나의 두 번째 부탁은, 이 책을 다 읽고 난 후에는 혼자 조용한 곳으로 가서, 여러분이 읽은 것들을 다시 한 번 깊이 묵상하시라는 것입니다. 이 책에서 말하고 있는 것들이 과연 하나님이 보시기에 참된 것인지, 그렇지 않은지를 묵상하시고, 여러분의 심령이 어떤 반응을 보이고 있는지를 묵상하시고, 여러분 자신을 진지하게 돌아볼 때가 된 것은 아닌지를 묵상하십시오. 또한, 하나님 앞에서 무릎을 꿇고서, 하나님께서 여러분의 눈을 열어 주셔서 진리를 깨닫게 해 주시고, 여러분의 마음을 돌이키셔서 하나님의 사랑을 바라보게 하시며, 여러분이 지금까지 너무나 오랜 세월 동안 무시해 왔던 저 구원의 은혜를 베풀어 주시라고 간구하십시오. 그리고 여러분의 마음이 변화를 받게 될 때까지, 날마다 이렇게 기도하십시오. 아울러, 여러분이 다니고 있는 교회나, 여러분이 살고 있는 곳에 있는 교회의 사역자들을 찾아가서, 여러분의 영적인 상태를 알리고서, 여러분이 어떻게 해야 할지에 대해서 지도해 줄 것을 요청해 주십시오. 여러분의 동네에 있는 의사들이 여러분의 육신의 건강을 위해 존재하듯이, 교회의 사역자들은 여러분의 영혼의 건강과 안전을 돌보아 주기 위한 목적으로 하나님에 의해서 세우심을 받은 사람들이기 때문에, 여러분은 그들로부터 유익한 조언과 목회적인 도움을 받을 수 있을 것입니다. 만약 여러분이 살고 있는 곳에 충성스러운 사역자가 없고, 여러분에게 사역자의 도움이 절실하게 필요한 경우에는 다른 지역의 사역자를 찾아가십시오.

(3) 나의 세 번째 부탁은, 여러분이 이 책을 읽고 깊이 묵상하며 기도하는 가운데 사역자의 도움을 받아서, 여러분의 죄와 비참한 상태, 그리고 여

러분이 고침 받기 위해서 해야 할 일들을 알게 되었다면, 더 이상 미루지 말고 즉시 여러분의 죄악된 삶을 버리고, 여러분이 지금까지 같이 어울렸던 무리들을 떠나서, 하나님께로 돌이키고 하나님의 부르심에 순종하시라는 것입니다. 여러분이 자신의 영혼을 사랑해서, 저 마지막 날에 여러분의 영혼이 심판을 받아, 소돔과 고모라 사람들보다도 더 비참한 나락으로 떨어지는 일이 일어나지 않게 하려면, 여러분은 하나님이 여러분을 저렇게 큰 소리로 부르시는 음성에 계속해서 귀를 막거나, 여러분 자신이 알고 있는 것과 여러분의 양심이 여러분에게 말해 주는 것을 계속해서 거슬러 행하지 않도록 조심하십시오.

여러분은 이 모든 것의 진실을 기꺼이 알고자 하는 자세로 하나님께 진심을 담아 물으시고, 자신의 마음과 생각을 의도적으로 속이고서 겉으로만 진리를 구하는 체하는 자세로 하나님께 묻지 않도록 주의하십시오. 날마다 성경을 뒤적거려서, 내가 이 책을 통해서 여러분에게 들려주는 것들이 과연 사실인지를 확인하십시오. 천국을 믿는 것과 세상을 믿는 것 중에서 어느 쪽이 더 안전한 것인지, 그리고 하나님을 따르는 것과 사람을 따르는 것 중에서 어느 쪽이 더 나은 것인지, 그리고 성령을 따라 행하는 것과 육신을 따라 행하는 것 중에서 어느 쪽이 더 나은 것인지, 그리고 거룩함 가운데서 살아가는 것과 죄 가운데서 살아가는 것 중에서 어느 쪽이 더 나은 것인지, 그리고 거룩하게 되지 않은 상태 속에 하루라도 더 머무는 것이 여러분에게 과연 안전한 것인지를 아무런 편견 없이 공정하게 시험해 보시고, 그렇게 해서 어느 쪽이 좋은지가 확연하게 드러났다면, 더 이상 미루거나 주저하지 말고, 그 좋은 쪽을 선택하십시오.

여러분이 자신의 영혼에 대하여 진실한 자가 되고자 하고, 여러분 자신이 장차 영원한 고통을 받게 되는 것을 꼭 원하는 것이 아니라면, 나는 하나님을 대신해서, 여러분이 이 이치에 합당한 조언을 반드시 받아들이시기를 간곡히 부탁드립니다. 우리의 이웃들이 그들에게 꼭 필요한 이 조언을 받아들여서 그대로만 행해 준다면, 이 나라의 도회지들과 농촌들은 물론이고, 이 나라 전체가 얼마나 복되고 행복한 곳으로 변하겠습니까! 하나님의 충성스러운 사역자들이 이 나라의 백성들이 진정으로 하늘에 속한 거룩한 삶을 살아가는 모습을 볼 수만 있다면, 얼마나 기뻐하고 즐거워하겠습니까! 그렇게만 된다면, 우리의 교회들은 서로 연합하여 하나가 되어서, 평화롭고 안전하며 영광스러운 교회들로 존재하게 될 것이고, 우리의 이웃들의 얼굴에서는 행복이 넘쳐날 것이며, 우리들의 영혼은 참된 평안을 누리게 될 것입니다. 그 때에는 우리 사역자들은 만면에 희색을 띠고서 여러분에게 죄사함과 평안을 전하고, 여러분에게 성례전들을 베풀어서 그 평안을 인치게 될 것입니다. 우리 사역자들은 평소에는 사랑과 기쁨이 충만한 가운데 여러분 가운데서 여러분과 더불어 살게 될 것이고, 여러분의 임종 때에는 우리 곁을 떠나가는 여러분의 영혼을 큰 확신 가운데서 진심으로 복을 빌어 주고 위로해 주게 될 것이며, 여러분을 무덤에 안치할 때에는 여러분의 영혼을 천국에서 만나게 될 것과 여러분의 육신이 장차 영광으로 부활하게 될 것을 기대하면서, 여러분을 무덤에 홀로 남겨두고서, 아무런 걱정 없이 평안한 마음으로 집으로 돌아오게 될 것입니다.

하지만 여러분 중에서 대부분이 진리를 알지 못하고 지각 없이 육신적이고 세상적이며 불경건한 삶을 계속해서 살아가고, 여러분을 하나님께로 돌이키게 하고자 하는 우리의 모든 열망들과 수고들이 다 수포로 돌아가서, 여러분이 계속해서 고집스럽게 멸망을 향하여 달려가는 것을 막지 못한다고 할지라도, 우리 주님께서 유대 땅에 계실 때, 헤아릴 수 없이 많은 사람들이 하나님에 관한 주님의 말씀을 듣고도, 그들 중에서 대부분이 자신들이 가던 길을 돌이키지 않고 계속해서 영원한 멸망을 향하여 나아갔지만, 소수의 보석 같은 제자들이 자기와 함께 하게 된 것을 기뻐하시고, 장차 하나님의 나라를 유업으로 받게 된 작은 양 무리를 보시고 기뻐하셨듯이, 우리도 주님과 같은 마음으로 기뻐할 것입니다. 자연에서 탁월한 것들은 소수만이 존재하고, 세상에는 해나 달이 많이 존재하는 것이 아닙니다. 땅 속에 있는 금이나 은도 소량밖에 되지 않습니다. 사람들 가운데서도 단지 소수만이 왕들이나 귀족들이고, 이 세상에서 학식 있거나 지혜로운 자도 그리 많지 않습니다. 마찬가지로, 영생으로 인도하는 문은 좁고 그 길이 협착하기 때문에, 구원받는 사람들의 수도 소수일 수밖에 없습니다. 하지만 하나님께서는 이 소수를 기뻐하시고 이 소수 안에서 영광을 받으실 것입니다. 그래서 성경에서는 이렇게 말씀합니다: "너희로 환난을 받게 하는 자들에게는 환난으로 갚으시고 환난을 받는 너희에게는 우리와 함께 안식으로 갚으시는 것이 하나님의 공의시니 주 예수께서 자기의 능력의 천사들과 함께 하늘로부터 불꽃 가운데에 나타나실 때에 하나님을 모르는 자들과 우리 주 예수의 복음에 복종하지 않는 자들에게 형벌을 내리시리니 이런 자들은 주의 얼굴과 그의 힘의 영광을 떠나 영원한 멸망의 형벌을 받으리로다 그 날에 그가 강림하사 그의 성도들에게서 영광을 받으시고 모든 믿는 자들에게서 놀랍게 여김을 얻으시리니"(살후 1:6-10).

우리가 하나님께로 돌이켜서 구원을 받게 하려고 그토록 애쓰고 수고하였지만, 그럼에도 불구하고 끝까지 하나님의 은혜를 받아들이기를 거절한 나머지 사람들에 대해서는, 비록 그들이 성령의 거룩하게 하시는 역사를 거부하고 마지막까지 멸망의 길에서 돌이키지 않았다고 할지라도, 하나님 우리 아버지께서는 그들을 지으신 것을 후회하지 않으셨을 뿐만 아니라, 하나님의 아들께서는 그들의 죄로 인한 형벌을 대신 짊어지시고 십자가 위에서 죽으시는 것을 마다하지 않으셨고, 그들을 위하여 자신이 받으신 그러한 고난들을 헛된 것으로 여기지 않으셨듯이, 비록 그들이 하나님께로 모여와서 하나님의 양 무리 중에 포함되지 못하였다고 하여도, 하나님의 사역자들인 우리는 우리의 수고가 전적으로 헛된 것이었다고 생각하지 않을 것입니다. 그래서 선지자 이사야는 이렇게 말합니다: "이제 여호와께서 말씀하시나니 그는 태에서부터 나를 그의 종으로 지으신 이시요 야곱을 그에게로 돌아오게 하시는 이시니 이스라엘이 그에게로 모이는도다 그러므로 내가 여호와 보시기에 영화롭게 되었으며 나의 하나님은 나의 힘이 되셨도다"(사 49:5).

여러분이 이 책을 다 정독하기를 마쳤다면, 나는 여러분에게 내가 해야 할 일을 다하였습니다. 하지만 여러분이 지은 죄들은 여러분에게 해야 할 일을 아직 다하지 않았습니다. 어떤 죄들은 여러분이 아주 오래 전에 지은 것들이기 때문에, 여러분은 그런 죄들은 이미 다 잊혀졌을 것이라고 생각할지 모르겠지만, 여러분이 기억조차 못할 정도로 오래 전에 지은 죄들조차도 여러분에게 해야 할 일을 아직 다하지 못하여서, 그 일을 다하기 위하여 벼르고 있습니다. 또한, 여러분은 지금 여러분의 눈으로 사탄을 볼 수 없지만, 사탄도 여러분에게 해야 할 일을 아직 다하지 않았습니다. 마찬가지로, 하나님께서도 여러분에게 해야 할 일을 아직 다하지 못하셨습니다. 왜냐하면, 여러분은 여러분을 다스리고 있는 저 치명적인 죄에 대해서 해야 할 일을 아직 하지 않고 있기 때문입니다.

나는 이 책에서 내가 말한 것들이 현실로 존재하는 또 다른 세상으로 가고 있는 사람이고, 여러분도 머지않아 그 다른 세상으로 오게 될 것임을 알고 있기 때문에, 여러분이 거기에서 우리를 지으신 하나님 앞에서 평안한 마음으로 나를 만날 수 있게 해 주고, 하나님이 우리를 위해 준비하신 구원을 끝까지 무시하는 자들과, 성령으로 말미암아 거룩하게 되지 않은 모든 자들과, 거룩한 보편 교회의 지체가 되어서 성도 가운데서 교제하는 것을 좋아하지 않는 자들을 위해 준비된 영원한 형벌을 피할 수 있게 해 주기 위해서 펜을 들어 이 책을 썼습니다.

여러분이 심판주이신 그리스도의 얼굴과 하나님 아버지의 위엄을 평안한 마음으로 보고자 하고, 여러분이 이 세상에서 걸쳤던 모든 것들을 벗어 버리게 되었을 때, 하나님이 우리를 위해 준비해 두신 영광 속으로 들어가고자 한다면, 나는 여러분에게 여러분을 부르시는 하나님의 음성을 들을 때에 즉시 순종하셔서, 단호하게 하나님께로 돌이켜서 영원히 사는 길을 택하시기를 간곡히 부탁함과 동시에 엄히 명합니다. 내가 이렇게 부탁하고 명하는데도, 여러분이 합당한 이유나 근거도 없이, 단지 그렇게 하고 싶지 않다는 이유만으로 하나님께 돌이키고자 하지 않는다면, 나는 여러분을 하나님의 심판대 앞으로 소환해서, 여러분이 왜 그렇게 하였는지에 대하여 심문을 받게 할 것이고, 거기에서 여러분으로 하여금 내가 분명히 여러분에게 경고하였다는 사실을 증언하게 함으로써, 하나님의 사역자들이 여러분에게 하나님께로 돌이켜서 살라고 외치는 음성을 여러분이 듣지 못하였기 때문이 아니라, 그 음성을 믿으려 하지도 않고 청종하려고 하지도 않았기 때문에, 여러분이 하나님 앞에서 단죄된 것임을 아주 분명하게 밝힐 것입니다. 따라서 이 책은 여러분이 하나님과 하나님의 말씀을 믿으려 하지도 않았고 순종하고자 하지도 않았다는 사실을 증언해 주는 또 하나의 증인이 될 것입니다.

들어가는 말

···

"너는 그들에게 말하라 주 여호와의 말씀이니라 나의 삶을 두고 맹세하노니 나는 악인이 죽는 것을 기뻐하지 아니하고 악인이 그의 길에서 돌이켜 떠나 사는 것을 기뻐하노라 이스라엘 족속아 돌이키고 돌이키라 너희 악한 길에서 떠나라 어찌 죽고자 하느냐 하셨다 하라."(에스겔서 33장 11절)

나를 비롯해서 많은 사람들이 성경을 읽을 때에 깜짝 놀라고 기이하게 여기게 되는 일이 한 가지 있는데, 그것은 성경은 구원받을 자들이 소수일 것이고, 심지어 부르심을 받은 사람들 중에서도 거의 대부분은 영원히 천국에 들어가지 못하고, 지옥의 영원한 불못 속에서 악한 영들과 함께 고통을 당하게 될 것이라고 말씀하고 있다는 것입니다. 불신자들은 성경을 읽으면서 그러한 말씀을 믿지 않습니다. 그렇기 때문에, 그들은 지옥에 던져져서 영원히 고통을 맛보게 될 것임에 틀림없습니다. 반면에, 그러한 말씀을 믿는 사람들은 옛적에 바울이 그랬듯이, "깊도다 하나님의 지혜와 지식의 풍성함이여, 그의 판단은 헤아리지 못할 것이며 그의 길은 찾지 못할 것이로다"(롬 11:33)라고 소리치지 않을 수 없게 됩니다.

우리의 본성은, 어떤 사람이 악한 일을 하였을 때, 그 악한 일에 대한 모든 책임이 그 일을 행한 사람에게 있다고 가르칩니다. 그래서 우리는 어떤 극악무도한 일이 행해진 것을 본 경우에는, 공의의 법칙을 따라서 그 일을 행한 사람을 찾아내어서, 그 일로 인한 해악을 그 사람에게 되갚아 주어서 그 사람으로 하여금 수치를 당하게 합니다. 우리는 어떤 사람이 살해되어서 그 시신이 갈기갈기 찢겨 있는 것을 보았다면, 그 즉시 "도대체 누가 이런 잔인한 짓을 했지?"라고 물을 것이고, 한 마을이 어떤 사람의 의도적인 방화로 불에 타고 있는 광경을 보았다면, 그 즉시 "어떤 사악한 자가 이런 짓을 했지?"라고 물을 것입니다. 마찬가지로, 우리가 성경에서 대부분의 사람들이 지옥 불 속에 던져져서 영원토록 고통을 당하게 될 것이라는 말씀을 읽었다면, 우리는 당연히 이렇게 물어보아야 합니다: "어떻게 해서 그런 일이 일어나게 되는 것인가? 도대체 어떤 사람들이 그런 일을 당하게 되는 것인가? 그런 일을 당해야 할 정도로 극악무도한 짓을 저지른 사람들은 도대체 누구인가?"

그리고 우리가 이렇게 물으면, 허다하게 많은 사람들 중에서 소수의 사람들이 앞으로 걸어나와서는, 자기는 장차 그런 일을 당하는 것이 마땅할 정도로 큰 죄를 지었다고 시인하고 고백하는 것을 보게 됩니다. 대부분의 사람들은 이 모든 일의 원인은 사탄이라고 말하면서, 이 모든 것이 사탄 때문에 벌어진 일이라고 분개합니다. 그러나 사탄은 이 모든 일의 일차적인 원인이 아니기 때문에, 우리의 의문은 여전히 풀린 것이 아닙니다. 사탄은 사람들로 하여금 강제적으로 죄를 짓게 하는 것이 아니라, 죄를 짓도록 사람들을 유혹할 뿐이고, 죄를 지을 것인지, 아니면 짓지 않을 것인지는 각 사람의 의지에 맡겨 둡니다.

사탄은 사람들을 강제로 술집으로 데려가서, 그들의 입에 강제로 술을 들이붓지도 않고, 사람들을 꽉 붙잡고 놓아주지 않아서 하나님을 예배하러 갈 수 없게 만들지도 않으며, 사람들의 마음을 강제해서 거룩한 생각을 품지 못하게 하지도 않습니다. 따라서 이 모든 일의 원인은 하나님이거나 죄인 자신일 것입니다. 사탄이 일차적인 원인이 아니라는 것은 이미 밝혀졌고, 그 원인이 될 만한 다른 존재는 없기 때문에, 하나님과 죄인, 이 둘 중에서 어느 한 쪽이 이 모든 참상의 일차적인 원인일 것임에 틀림없습니다. 하나님께서는 자기는 이 모든 일의 일차적인 원인이 아니기 때문에, 이 모든 일로 인한 책임도 지지 않으시겠다고 선언하십니다. 또한, 악인들도 일반적으로 자신들이 이 모든 일의 일차적인 원인이라는 것을 부인하고, 거기에 대한 책임을 지려고 하지 않습니다. 내가 여기에 제시한 본문은 바로 그러한 논쟁과 다툼을 다루고 있습니다.

하나님께서는 이스라엘 백성에 대하여 탄식하시고, 이스라엘 백성은 이 모든 것이 하나님의 탓이라고 생각합니다. 이것과 동일한 논쟁은 에스겔서 18:25에서도 다루어지고 있습니다. 거기에서 사람들은 "주의 길이 공평하지 아니하다"라고 분명하게 항의하고, 하나님께서는 "내 길이 어찌 공평하지 아니하냐 너희 길이 공평하지 아니한 것이 아니냐"고 반박하십니다. 마찬가지로, 우리가 지금 살펴보고 있는 본문의 바로 앞에서도, 이스라엘 백성은 "우리의 허물과 죄가 이미 우리에게 있어 우리로 그 가운데에서 쇠퇴하게 하니 어찌 능히 살리요"(겔 33:10)라고 말하는데, 이것은 "하나님께서 우리를 죽이려고 작정하시고 이런 식으로 궁지로 밀어부치시는데, 우리가 무슨 힘으로 거기에서 빠져나와서 살아날 수 있겠는가"라고 말한 것과 같은 것이고, 이 모든 것이 그들의 책임이 아니라 하나님의 책임이라고 말하고 있는 것입니다.

그러나 우리의 본문에서 하나님께서는 이 모든 것에 대하여 자기에게는 전혀 책임이 없다고 분명하게 선언하시면서, 그들이 살고자 하기만 한다면,

그들이 살 길은 얼마든지 열려 있다고 말씀하시고, 그들에게 그 살 길을 붙잡으라고 설득하십니다. 아울러, 하나님께서는 만약 그들이 자신의 말을 청종하지 않고, 자기가 그들에게 가르쳐 준 살 길을 붙잡지 않는 경우에는, 모든 책임은 그들에게 있다는 것을 알려 주시고서는, 끝까지 그들이 돌이켜서 살 길로 나아가지 않을 때에는, 자기가 그들을 반드시 벌하시겠다고 경고하십니다. 그들을 판단하시고 심판하실 이는 하나님이시고, 하나님께서는 그들의 행실에 합당한 판결을 그들에게 내리실 것입니다. 그들은 하나님을 판단하거나 그들 자신을 판단할 수 있는 재판관들이 아닙니다. 그들에게는 그렇게 할 수 있는 권한도 주어져 있지 않을 뿐만 아니라, 그렇게 할 만한 지혜나 공평함도 갖추고 있지 않습니다. 또한, 그들이 하나님을 비방해 보아야, 그런 것은 그들이 돌이키는 데 아무런 도움이 되지 못하고, 그들이 자신들에게 재판과 판결이 불공평하고 엉터리라고 불평해 보아야, 그런 것은 그들에 대한 공평한 재판과 판결이 엄격하게 행해지는 것을 막을 수 없습니다.

이 본문 말씀은 다음과 같은 내용들을 담고 있습니다:

(1) 하나님께서는 그들이 멸망한다고 해도, 그것은 자기와는 무관하고 자신의 책임이나 탓이 아니라는 것을 분명히 밝히십니다. 하지만 하나님께서는 자신의 법에 따라서 그들을 심판하시고, 거기에서 선고된 형벌을 집행하심으로써, 그들을 영원한 멸망에 처하실 것임을 부인하시거나, 그들에게 자신의 법을 집행하지 않고, 그들의 죄를 눈감아 줄 가능성을 시사하시는 것이 아니라, 자기가 진정으로 원하는 것은 그들이 죽는 것이 아니라 돌이켜서 살게 되는 것이라고 분명하게 공언하시면서, 자신의 그러한 공언을

맹세로써 확증하십니다.

(2) 하나님께서는 그들에게 회심하고 돌아오라고 분명하게 명령하실 뿐만 아니라, 자신을 낮추시고 그들에게로 가까이 다가가셔서, 그들에게 왜 죽으려고 하느냐고 반문하시면서, 그들이 죽으려고 할 이유가 없고, 지금이라도 돌이키기만 하면 살게 될 것이라고, 하나하나 이치를 따져 그들을 설득하십니다. 하나님께서 이렇게 그들을 붙잡고 설득하시는 직접적인 목적은 그들로 하여금 돌이켜서 살게 하시기 위한 것입니다. 하지만 거기에 함축되어 있는 부차적인 목적은 다음 두 가지입니다. 첫 번째는, 하나님께서 그들을 돌이키게 하시기 위하여 모든 수단들을 다 사용하셨는데도, 그들이 하나님의 말씀을 청종하지 않아서 멸망하게 된다면, 그것은 하나님의 책임이 아니라는 것을 깨우쳐 주시기 위한 것이고, 두 번째는, 하나님께서 이렇게 온갖 방법들을 다 동원하셔서 그들에게 명령하고 설득하셨는데도 불구하고, 그들이 고집을 부리며 하나님의 그 모든 명령들과 설득의 말씀들을 다 거부해서 멸망에 이르게 된다면, 그것은 전적으로 그들 자신의 책임이고, 그들이 죽기를 원하여서 죽은 것임을 깨우쳐 주시기 위한 것입니다.

우리가 살펴보고 있는 에스겔서 본문이 우리에게 주는 교훈들은 다음과 같은 것들입니다.

첫 번째는, 악인들은 하나님께로 돌이켜야 하고, 그렇게 하지 않으면 반드시 죽게 되어 있는데, 이것은 하나님의 불변의 법이라는 것입니다.

두 번째는, 악인들일지라도 하나님께로 돌이키기만 하면, 반드시 살 것인데, 이것은 하나님의 약속이라는 것입니다.

세 번째는, 하나님께서는 사람들이 회심하여 구원을 얻게 되는 것을 기뻐하시고, 그들이 죽거나 멸망하는 것을 기뻐하지 않으시기 때문에, 그들이 돌이키지 않아서 죽게 되는 것보다 돌이켜서 살게 되기를 원하신다는 것입니다.

네 번째는, 하나님께서는 이것이 지극히 확실한 진리라는 것을 사람들이 의심하지 않도록 하시기 위하여, 이러한 진리를 사람들에게 맹세로써 엄숙하게 확증해 주셨다는 것입니다.

다섯 번째는, 하나님께서는 악인들에게 돌이키라고 명령하실 뿐만 아니라, 간곡하게 설득하심으로써, 그들이 돌이키기를 자기가 간절히 원하신다는 것을 더욱 분명하게 보여 주셨다는 것입니다.

여섯 번째는, 하나님께서는 고압적으로 그들에게 명령하시는 것이 아니라, 자신을 낮추시고 그들의 눈높이로 내려오셔서, 이 문제를 놓고 이치를 따져서 그들과 얘기를 나누시고, 왜 죽고자 하느냐고 반문하신다는 것입니다.

일곱 번째는, 하나님께서 이렇게 자신이 하실 수 있는 모든 수단들을 다 동원하셔서 그들을 설득하셨는데도, 그들이 돌이키지 않고 멸망하게 된다면, 그것은 하나님의 책임이 아니라 그들 자신의 책임이라는 것입니다. 왜냐하면, 그들 앞에는 분명히 살 길이 열려 있고, 하나님께서는 그 길로 가라고 그들에게 간곡하게 부탁하였는데도, 그들이 고집을 부리고 하나님의 말씀을 청종하지 않아서, 그들 자신의 멸망을 초래한 것이고, 결국 그들이 죽기를 원해서 죽게 된 것이기 때문입니다.

나는 본문 속에 나와 있는 교훈들을 이렇게 단순명료한 명제들로 여러분 앞에 제시하였기 때문에, 이제부터는 각각의 교훈들을 순서대로 간략하게 살펴보고자 합니다.

첫 번째 교훈

회심하지 않으면 죽는다는 것이
하나님의 불변의 법이다

"악인들은 하나님께로 돌이켜야 하고, 그렇게 하지 않으면 반드시 죽게 되어 있는데, 이것은 하나님의 불변의 법이다."

여러분이 하나님을 믿는다면, 모든 악인들에게는 회심이냐 멸망이냐, 이 두 가지 길 중에서 오직 하나만이 있을 뿐이라는 진리를 믿으십시오. 이 말을 들었을 때, 거의 모든 악인들은 이것이 진리라는 것도 믿지 않고, 하나님이 그들에게 이런 식으로 두 가지 길을 들이대시며 양자택일 하라고 말씀하시는 것도 잘못된 것이라고 말할 것임을 나는 알고 있습니다. 하나님께서 이렇게 자신의 법을 악인들에게 들이대셨을 때, 그들이 하나님의 법에 대하여 시비를 걸고 트집을 잡는 것은 전혀 이상한 일이 아닙니다. 자기가 원하지 않는 것이 참이라는 것을 믿고자 하는 사람은 소수이고, 자기가 잘못되었다고 말하는 말을 그대로 받아들여서 그 말이 맞다고 하는 사람은 더더욱 소수입니다. 그러나 하나님은 악인들을 심판하실 재판장이 되시고, 하나님의 법은 악인들의 행실을 판단할 때에 그 기준이 될 것임은 결코 변할

수 없는 사실이기 때문에, 하나님이나 하나님의 법에 대하여 시비를 걸고 트집을 잡는 것은 악인들이 구원을 받는 데 전혀 도움이 되지 않고, 도리어 하나님의 법을 믿고 존중하는 것만이 그들의 죽음과 멸망을 막아줄 수 있습니다. 그런데도 하나님의 법을 부정하고 비난한다면, 그것은 그들의 죽음과 멸망을 재촉하는 짓이 될 뿐입니다.

만일 그렇지 않고, 악인들이 자기가 하나님의 법을 반대하는 이유를 얼마든지 제시할 수 있고, 그렇게 제시된 이유들이 다 받아들여진다면, 모든 악인들은 각자 그럴듯한 이유를 제시할 것이고, 오직 하나님만이 온통 악인들에게 둘러싸이셔서 땀을 뻘뻘 흘리시면서, 자신의 법이 옳고 합당하다고 주장하시는 웃지 못할 광경이 벌어지게 될 것입니다. 또한, 이 세상에서는 통치자들이 자기 백성들에게 이치에 합당한 법들을 반포하고서, 그 법들을 지켜 행하라고 명령하였는데도, 백성들이 자신들의 통치자들의 명령이나 그 법들에 복종할 생각은 하지 않고, 도리어 그 명령과 법들을 지키지 않은 자신들이 왜 벌을 받아서는 안 되는지, 그 이유만을 제시해서, 벌을 면제받고자 하는 광경이 벌어지게 될 것입니다. 그러나 실제로는 그런 일은 벌어지지 않습니다. 왜냐하면, 여러분에게는 하나님의 법을 판단해서 폐기 처분할 권한이 없는 까닭에, 여러분은 오로지 하나님의 법에 의해서 통치를 받고 판단을 받게 될 뿐이기 때문입니다.

그런데도 여러분이 완전히 눈이 멀어 있어서, 하나님의 이 법이 참되다는 것과 의롭다는 것을 보지 못하고, 거기에 대해서 의문을 제기한다면, 나는 이 두 가지 모두에 대해서, 이성이 있는 사람이라면 누구나 다 수긍할 수밖에 없는 확실한 증거를 여러분에게 간단하게 제시하고자 합니다.

첫째, 여러분이 이 교훈이 과연 하나님의 말씀인지를 의심하신다면, 성경에 나오는 수많은 본문들을 굳이 다 인용할 필요도 없이, 다음과 같은 몇몇 본문들 만으로도, 여러분의 의심은 깨끗이 사라질 것입니다: "진실로 너희에게 이르노 니 너희가 돌이켜 어린 아이들과 같이 되지 아니하면 결단코 천국에 들어 가지 못하리라"(마 18:3). "예수께서 대답하여 이르시되 진실로 진실로 네게 이르노니 사람이 거듭나지 아니하면 하나님의 나라를 볼 수 없느니라"(요 3:3). "누구든지 그리스도 안에 있으면 새로운 피조물이라 이전 것은 지나갔 으니 보라 새 것이 되었도다"(고후 5:17). "너희가 … 옛 사람과 그 행위를 벗 어 버리고 새 사람을 입었으니 이는 자기를 창조하신 이의 형상을 따라 지 식에까지 새롭게 하심을 입은 자니라"(골 3:9-10). "모든 사람과 더불어 화평 함과 거룩함을 따르라 이것이 없이는 아무도 주를 보지 못하리라"(히 12:14). "육신에 있는 자들은 하나님을 기쁘시게 할 수 없느니라 만일 너희 속에 하 나님의 영이 거하시면 너희가 육신에 있지 아니하고 영에 있나니 누구든지 그리스도의 영이 없으면 그리스도의 사람이 아니라"(롬 8:8-9). "할례나 무할 례가 아무 것도 아니로되 오직 새로 지으심을 받는 것만이 중요하니라"(갈 6:15). "우리 주 예수 그리스도의 아버지 하나님을 찬송하리로다 그의 많으 신 긍휼대로 예수 그리스도를 죽은 자 가운데서 부활하게 하심으로 말미암 아 우리를 거듭나게 하사 산 소망이 있게 하시며"(벧전 1:3). "너희가 거듭난 것은 썩어질 씨로 된 것이 아니요 썩지 아니할 씨로 된 것이니 살아 있고 항 상 있는 하나님의 말씀으로 되었느니라"(벧전 1:23). "그러므로 모든 악독과 모든 기만과 외식과 시기와 모든 비방하는 말을 버리고 갓난 아기들 같이 순전하고 신령한 젖을 사모하라 이는 그로 말미암아 너희로 구원에 이르도 록 자라게 하려 함이라"(벧전 2:1-2). "악인들이 스올로 돌아감이여 하나님을 잊어버린 모든 이방 나라들이 그리하리로다"(시 9:17). "여호와는 의인을 감 찰하시고 악인과 폭력을 좋아하는 자를 마음에 미워하시도다"(시 11:5).

나는 그 의미가 너무나 분명한 이러한 본문들을 설명하려고 시간을 들일 필요도 없고, 동일한 것을 말씀하고 있는 성경의 수많은 본문들을 여기에 더 추가할 필요도 없을 것이라고 생각합니다. 여러분이 하나님의 말씀을 믿는 사람이라면, 여러분은 내가 여기에 인용한 말씀들을 통해서, 악인들은 회심하지 않으면 반드시 심판을 받게 되어 있다는 것이 진리라는 것을 이미 충분히 알 수 있습니다. 따라서 여러분은 이 교훈이 하나님의 말씀이라는 것을 이미 알았기 때문에, 이제 여러분에게 남아 있는 것은 이 교훈이 참되다는 것을 인정하거나, 아니면 여러분이 하나님의 말씀을 믿지 않는다고 솔직하게 고백하는 것입니다. 여러분이 하나님의 말씀을 믿지 않는 길로 들어선다면, 여러분에게는 소망이 별로 남아 있지 않습니다.

여러분 자신의 상태가 어떠한지를 최대한 주의 깊게 살펴보십시오. 왜냐하면, 그 길로 들어선 여러분은 지옥에 아주 가까이 다가가 있을 가능성이 높고, 여러분에게 거짓말을 하라고 시키고 있는 사탄의 품속으로 달려가 안길 준비가 거의 되어 있을 가능성이 높기 때문입니다. 그런데도 여러분은 아직까지도 감히 하나님께 거짓말을 늘어 놓으려고 하는 것입니까? 여러분이 하나님을 믿지 않는다고 솔직하게 말한다면, 하나님께서 더 이상 여러분에게 경고하지도 않으시고, 여러분을 버리셔서 아무런 소망이 없는 자로 살도록 내버려 두신다고 하셔도, 그것은 하나님의 책임이 아니라 전적으로 여러분 자신의 책임이기 때문에, 여러분은 그것을 하나님의 탓으로 돌리지 마십시오. 여러분이 하나님도 믿지 않고 하나님의 말씀도 믿지 않는데, 하나님께서 여러분에게 경고해 보아야 무슨 소용이 있겠습니까?

만일 하나님께서 하늘로부터 여러분에게 천사를 보내셔서 말씀을 전하게 하신다고 할지라도, 여러분은 그 말씀을 믿으려 하지 않을 것입니다. 왜냐하면, 그 천사는 여러분에게 오로지 하나님의 말씀만을 전할 것이기 때문입니다. 만일 천사가 여러분에게 "다른 복음"을 전한다면, 그 천사는 저주를 받게 될 것이고, 여러분은 그런 복음을 받아들여서는 안 됩니다(갈 1:8). 이렇게 하늘로부터 온 천사들은, 우리가 하나님의 아들로부터 들은 복음만을 전하게 되어 있기 때문에, 여러분은 굳이 하늘로부터 온 천사들을 만날 필요가 없고, 오직 하늘에 계신 아버지 하나님으로부터 우리에게 이 구원의 복음을 전하도록 보내심을 받으신 하나님의 아들이 우리에게 들려 주는 복음만을 들으면 됩니다. 그러므로 여러분이 하나님의 아들이 들려 주는 복음을 믿으려고 하지 않는다면, 하늘에 있는 모든 천사들이 다 총동원되어서 여러분을 찾아와 복음을 전한다고 하여도, 여러분은 복음을 믿으려 하지 않을 것입니다.

여러분이 이런 식으로 계속해서 하나님과 대치하는 상태를 고수한다면, 하나님께서 자신의 섭리를 통해서 여러분을 다루셔서 좀 더 확실하게 깨우쳐 주시고 준비시키실 때까지, 나는 여러분을 두고 볼 수밖에 없습니다. 여러분은 지금 귀를 막고서, 여러분을 부르시는 하나님의 음성을 들으려고 하지 않지만, 언젠가는 듣고 싶지 않아도 어쩔 수 없이 하나님의 음성을 들을 수밖에 없습니다. 왜냐하면, 하나님께서는 지금은 여러분에게 복음을 청종하라고 은혜로우신 음성으로 간곡히 부탁하고 계시지만, 여러분이 끝까지 그 음성을 거부하는 경우에는, 결국 그 부탁하시는 음성을 거두시고서, 여러분을 단죄하셔서 여러분에게 영원한 멸망을 선고하시는 음성을 여러분으로 하여금 듣게 하실 것이기 때문입니다. 우리는 여러분이 원하지 않으면 여러분의 뜻을 꺾고 강제로 여러분으로 하여금 하나님을 믿게 만들 수 없지만, 장차 하나님께서는 여러분이 아무리 원하지 않더라도, 여러분이 하나님의 부르시는 음성을 거절하고 고집을 부리며 산 인생의 대가가 무엇인지를 여러분의 존재 전체로 뼛속 깊이 느끼게 해 주실 것입니다.

하나님께서는 악인들은 회심하지 않으면 반드시 심판을 받게 될 것이라고 분명하게 말씀하시는데도, 여러분은 왜 하나님의 그러한 말씀을 믿으려하지 않는 것인지, 우리는 그 이유를 알아야 하겠습니다. 사실, 나는 그 이유를 아는데, 그것은 여러분이 하나님께서 그렇게 무자비하신 분이실 리가 없다고 생각하기 때문이고, 하나님이 정말 사람들이 이 땅에서 사는 동안에 죄악된 삶을 살았다는 사소한 이유로 인해서, 사람들을 지옥 불에 던지셔서 영원히 고통당할 수밖에 없게 하는 벌을 내리신다면, 그것은 너무나 잔인한 일이어서, 하나님께서는 절대로 그렇게 하실 리가 없다고 생각하기 때문입니다. 그렇기 때문에, 이제 두 번째로, 우리는 하나님의 법과 악인들에 대한 하나님의 심판이 과연 의롭고 공평한지를 살펴보지 않으면 안 됩니다.

(1) 먼저, 나는 우리 인간의 영혼은 영원히 죽지 않는 불멸의 존재이기 때문에, 그런 우리의 영혼이, 한편으로는 영원한 상급을 약속하고 있고, 다른 한편으로는 영원토록 끝없이 이어질 형벌을 경고하고 있는 하나님의 법에 의해서 규율받는 것이 지극히 합당하고 적절하다는 것은 여러분도 결코 부인하지 않을 것이라고 생각합니다. 따라서 만일 하나님의 법이 영원토록 지속될 어떤 것들에 대한 소망이나 경고를 규정하고 있지 않고, 단지 일시적이거나 한시적인 어떤 것들을 상벌로 규정하고 있다면, 그러한 법으로는 영원불멸의 존재인 인간의 영혼들을 다스리거나 규율할 수 없을 것이기 때문에, 그런 법은 인간의 영혼들에 대한 법으로는 합당하지도 않고 적절하지도 않을 것입니다. 이러한 원리는 이 세상의 법과 거기에서 규정하고 있는 형벌에도 그대로 적용됩니다. 어떤 법이 가장 극악무도한 죄들을 저지른 자들에게는 백년 동안 감옥에 가두어 두는 형벌을 내려야 한다고 규정하고 있다면, 그 법은 오늘날 우리 같이 백 년을 살 수 없는 사회에서는 충분한 효과를 거둘 수 있기 때문에 합당하고 적절한 법이 될 것입니다. 그

러나 만일 사람들의 수명이 팔백 년 또는 구백 년에 달하였던 대홍수 이전의 사회에서 이 법이 그 사회에서 시행되었다면, 사람들은 극악무도한 범죄들을 저지르고 감옥에 갇혀서 백 년을 산 후에 출소해도, 칠백 년이나 팔백 년을 자유롭게 더 살 수 있을 것이라고 생각하고서는, 이 법이 규정한 형벌을 별로 두려워하지 않았을 것이기 때문에, 이 법은 그들을 다스리고 규율하는 데 전혀 합당하지도 않고 적절하지도 않은 유명무실한 법이 되고 말았을 것입니다. 그리고 우리가 지금 살펴보고 있는 하나님의 법에 대해서도, 우리는 똑같은 말을 할 수 있습니다.

(2) 나는 하나님께서 사람들에게 인간이 상상할 수 없는 무한한 영광을 약속하신 것이, 하나님의 지혜로 보나, 하나님이 인간을 창조하신 목적으로 보나, 결코 부적절한 것이 아니라는 것을 여러분도 인정하실 것이라고 생각합니다. 따라서 그런 논리의 연장선상에서, 하나님께서 사람들이 그들을 창조하신 하나님의 목적에 합당하게 살지 않는 경우에는, 이루 말할 수 없이 비참한 형벌을 영원무궁토록 맛보게 될 것이라고 경고하시는 것도 마찬가지로 적절할 것인데도, 왜 여러분은 하나님이 그러한 벌을 사람들에게 내리시는 것은 합당하지 않다고 여기시는 것입니까?

(3) 하나님께서 자신의 말씀들을 기록한 성경 속에서, 이것은 이러하고, 저것은 장차 저러할 것이라고 말씀하고 계시는 것을 여러분이 발견하고서는, 그런 말씀들을 정면으로 반박하는 것이 여러분에게 합당하고 적절한 일이라고 생각하십니까? 여러분은 하나님이 여러분에게 하신 말씀들이 거짓이라고 단정하고서, 여러분을 지으신 조물주이신 하나님을 여러분의 법정에 세워서 심문하고 단죄하려고 하는 것입니까? 여러분은 하나님을 피고석에 세워 놓고, 여러분 자신이 재판장이 되어서, 여러분이 자신의 머릿속에서 제멋대로 생각해 낸 거짓된 법으로 하나님을 재판하려고 하는 것입니

까? 여러분이 하나님보다 더 지혜롭고 더 선하며 더 의로우십니까? 하늘의 하나님께서 여러분에게 와서 여러분에게서 지혜를 배워야 하는 것입니까? 무한한 지혜를 지니신 분이 어리석고 우매하기 짝이 없는 자에게서 배워야 하는 것입니까? 무한히 거룩하신 분이 단 한 시간도 거룩할 수 없는 이기적인 죄인에게 교정을 받아야 하는 것입니까? 전능하신 하나님이 벌레 같은 자들의 법정에 서야 하는 것입니까?

오, 지각 없는 티끌에 지나지 않는 자들의 소름끼칠 정도로 끔찍한 오만 방자함이여! 두더지나 흙덩어리나 거름더미가 태양 빛이 왜 이렇게 어둡냐고 비난하면서, 차라리 자기가 온 세상을 비추겠다고 나선다면, 그것이 말이 되겠습니까? 전능자께서 영원 전에 이러한 법들을 만드셨을 때, 여러분은 어디에 계셨습니까? 분명한 것은 하나님께서 이러한 법들을 만드셨을 때에는, 여러분은 이 세상에 존재하지도 않았기 때문에, 하나님이 여러분을 자신의 궁정으로 부르셔서, 여러분의 조언을 구하고 싶으셨어도, 그렇게 하실 수 없으셨다는 것입니다. 여러분은 하나님의 이러한 법들이 반포되고 나서 까마득하게 오랜 세월이 지난 후에야 이 땅에 태어났고, 그런 여러분이 이러한 법들을 뒤집거나 무효로 만드는 것은 불가능합니다.

만일 여러분이 그런 식으로 하나님의 법들을 다 뒤집어 버리고 무효로 만들 수 있다면, 여러분은 자신이 아무것도 할 수 없는 존재라는 오명을 벗어 던져 버릴 수 있을 것이고, 이 땅에 오신 그리스도께서 하신 말씀들이나 그 이전에 활동하였던 모세가 전한 하나님의 말씀들이 다 틀렸다는 것을 증명할 수 있을 것이며, 아담과 그의 죄악된 자손들을 하나님이 그들에게 경고하신 사망으로부터 구원해 냄으로써, 그리스도는 필요하지 않다는 것을 증명할 수 있을 것입니다! 하지만 그것은 현실이 아니라 어디까지나 가정이고, 실제로 그렇게 되는 것은 불가능합니다. 현실을 직시하십시오. 여러분이 하나님의 말씀에 대하여 시비를 걸고 트집을 잡고 있는 사이에, 여러분에 대하여 오래 참아 오신 하나님께서 여러분에 대한 인내를 이제 그만 거두시고서, 여러분을 지옥에 던져 버리신다면, 여러분은 어쩌려고 그러시는 것입니까? 여러분은 그렇게 되어서도, 지옥이 있다는 것을 믿지 않으실 것입니까?

(4) 하나님의 아들 예수 그리스도께서는 아무 죄도 없으신데도 불구하고, 오로지 우리의 죄를 속하시기 위하여, 이 땅에 오셔서 많은 고난을 받으시고, 결국에는 십자가 위에서 못 박히시고 피 흘려 돌아가셔야 하셨을 정도로, 우리 인간의 죄가 이루 말할 수 없이 극악무도하고 흉악하기 짝이 없는 것이었다면, 우리가 이 땅에서 저지른 온갖 죄악으로 인하여, 하나님이 경고하신 영원한 형벌을 받아 영원토록 고통을 당한다고 해도, 그것은 전혀 이상한 일이 아닙니다.

(5) 하나님께서 자기에게 범죄한 악한 영들을 장차 그들의 죄로 인하여 영원한 형벌에 처하시고 영원토록 고통당하게 하실 것이라면, 하나님이 인간의 죄에 대해서도 똑같이 벌하시지 않을 이유가 어디 있겠습니까?

(6) 인간의 죄에 대하여 어떠한 형벌이 합당한지를 제대로 알고 정할 수 있는 유능한 재판관이 되는 것은 가장 선한 사람들에게도 불가능한 일인데, 하물며 악인들이 그런 재판관이 될 수 있을 것이라고 생각하는 사람이 있다면, 그 사람은 정신 나간 사람임에 틀림없습니다. 그런데도 여러분이 악인들도 얼마든지 제대로 재판할 수 있다고 주장하지는 않을 것이라고 나는 생각합니다. 안타깝고 슬프게도, 선인이든 악인이든, 우리 인간은 다 눈 멀어서, 그 어떤 것도 똑똑히 볼 수 없는 자들이고, 우리는 다 편파적이고 치우쳐 있어서, 그 어떤 것도 제대로 판단할 수 없는 자들입니다. 여러분은 죄가 지닌 악을 제대로 알기 전에는, 절대로 죄에 합당한 형벌을 제대로 알 수

없습니다. 그리고 여러분은 다음과 같은 것들을 제대로 알기 전에는, 절대로 죄가 지닌 악을 제대로 알 수 없습니다: a. 죄가 흉측하게 일그러뜨려 놓기 이전의 우리 영혼의 탁월하고 지극히 아름다운 모습. b. 죄로 인해서 훼손되기 이전의 거룩함이 지닌 탁월함. c. 죄가 파괴해 버리기 이전의 율법이 지닌 놀라운 이치와 탁월함. d. 죄가 멸시하는 저 영광이 지닌 탁월함. e. 죄가 짓밟아 버리기 이전의 인간 속에 있던 이성의 탁월함. f. 우리 인간이 죄를 지음으로써 훼손하고 있는 하나님의 무한한 탁월하심과 전능하심과 거룩하심. 여러분은 이 모든 것을 충분히 제대로 알게 되었을 때에야, 비로소 우리 인간이 저지른 죄에 대하여 어떠한 형벌을 받는 것이 합당한 것인지를 제대로 알 수 있게 됩니다.

게다가, 범죄자는 이미 편파적이 되어 있기 때문에, 법이나 재판관이나 재판 절차에 대해서 제대로 공정하게 판단할 수 없다는 것을 여러분은 잘 알고 있습니다. 우리는 감정에 따라 판단하고, 감정은 우리의 이성을 눈 멀게 만듭니다. 우리는 일상 생활 속에서나 세상적인 온갖 일들과 관련해서, 대부분의 사람들이 자기에게 이익이 되는 것들은 다 옳은 것들이고, 자기에게 손해가 되는 것들은 다 틀린 것들이라고 판단한다는 것을 알고 있습니다. 가장 지혜로운 친구들이나, 의롭고 공평한 친구들이 그런 사람들을 설득해서, 자신의 이익이나 손해와는 상관없이 옳은 것은 옳다고 말하고 틀린 것은 틀리다고 말하라고 아무리 권하고 부탁해도, 그들의 그 모든 수고는 다 아무 소용이 없을 것입니다. 아버지가 회초리로 자기 자녀들을 때려서 훈계하는데도, 그 자녀들이 자기 아버지는 자비하시고 온유하신 분이라고 생각하기는 극히 어렵습니다. 어떤 사람들이 지독하게 사악해서, 교회가 어쩔 수 없이 그 사람들을 출교시켰다고 할지라도, 그들 중 거의 전부는 자신들이 잘못했다고는 생각하지 않고, 도리어 교회가 자기에게 몹쓸 짓을 했고 무자비하게 행하였다고 생각할 것이고, 자기 자신의 잘못을 인정하고, 자신에 대한 교회의 출교는 정당하고 의로운 조치였다고 생각할 사람은 거의 없습니다. 또한, 강도나 살인을 저질러서 재판에서 사형 선고를 받고 교수형에 처해지게 되면, 그 사형수들 중 거의 전부는 법이 잘못되었고, 재판관이 잔인하다고 비난할 것이고, 자신의 잘못을 깨끗이 인정하는 사람은 거의 없을 것입니다.

(7) 여러분은 거룩하지 않은 영혼들이 천국에서 잘 살아갈 수 있을 것이라고 생각하십니까? 안타깝고 애석하게도, 절대로 그럴 수가 없습니다. 하나님께서 그들을 천국에서 살게 해 주셔도, 그들은 거기에서 하나님을 사랑할 수도 없고, 하나님이 기쁘게 받으실 수 있는 예배를 드릴 수도 없습니다. 모든 면에서 그들은 하나님과 정반대입니다. 하나님께서 가장 사랑하시는 것을 그들은 가장 싫어하고, 하나님께서 가장 싫어하시는 것을 그들은 가장 사랑합니다. 성도들은 지금 이 땅에서조차도 불완전하게나마 하나님과의 교제를 맛보며 살아가고 있지만, 거룩하지 않은 영혼들은 천국에 몸담고 있을지라도 하나님과의 교제를 전혀 맛볼 수 없습니다. 사정이 이러한데, 그들이 하나님을 온전히 사랑하는 가운데 기쁨으로 충만하여 하나님과 교제하는 천국의 복된 삶을 어떻게 누릴 수 있겠습니까? 여러분은 여러분의 원수들을 여러분의 친밀한 조언자로 삼지 않는다고 해서, 여러분 자신을 무자비한 자라고 비난하거나 욕하지 않습니다. 그런데도 여러분은 하나님께서 회심하지 않은 자들을 단죄하셔서 영원한 멸망에 처하신다고 해서, 온 세계를 창조하시고 다스리시는 주권자이시고, 지극히 지혜로우시고 은혜가 풍성하신 절대자이신 하나님을 비난하거나 욕하고자 하는 것입니까?

나는 이제 여러분에게, 여러분이 진정으로 여러분의 영혼을 사랑하신다면, 하나님이나 하나님의 말씀을 상대로 시비를 걸고 트집을 잡는 것을 이제라도 그만두고, 즉시 하나님과 그 말씀 앞에서 여러분 자신을 낮추고서, 그 말씀을 여러분의 유익을 위하여 사용하시기를 간곡히 부탁드립니다. 여기 모이신 분들 가운데서 지금까지도 회심하지 않은 모든 사람들은, 내가 지금 여러분에게 드리는 말씀을 의심할 여지 없이 확실한 하나님의 진리로 받아들이십시오. 여러분은 지금 즉시 회심하지 않으면, 머지않아 심판을 받고 멸망에 처해지게 될 것입니다. "돌이키느냐, 아니면 죽느냐," 이 둘 중의 하나만이 있을 뿐이고, 다른 길은 없습니다. 거짓말을 하실 수 없으신 하나님께서 여러분에게 이렇게 말씀하고 계시고, 여러분이 온 세계와 만물의 창조주이시자 심판주이신 하나님으로부터 그런 말씀을 듣고 있을 때가, 들을 귀 있는 자들이 들어야 할 때입니다.

지금쯤이면, 이제 여러분은 여러분이 무엇을 믿고 신뢰하고 의지해야 하는지를 알고 있을 것입니다. 여러분은 회심하기 전까지는 죽은 사람들이고 영원한 멸망에 처해지게 되어 있는 사람들입니다. 만일 내가 이렇게 말하지 않는다면, 나는 거짓말을 하여 여러분을 속이는 것입니다. 만일 내가 이 사실을 여러분에게 숨긴다면, 나는 여러분이 멸망하도록 내버려 둔 책임을 피할 수 없게 됩니다. 왜냐하면, 우리가 지금 살펴보고 있는 본문보다 조금 앞에서, 하나님께서는 "가령 내가 악인에게 이르기를 악인아 너는 반드시 죽으리라 하였다 하자 네가 그 악인에게 말로 경고하여 그의 길에서 떠나게 하지 아니하면 그 악인은 자기 죄악으로 말미암아 죽으려니와 내가 그의 피를 네 손에서 찾으리라"(겔 33:8)고 말씀하고 계시기 때문입니다. 여러분이 보시다시피, 이것은 듣기도 싫고 영 내키지도 않는 말씀이지만, 우리 사역자들이 반드시 전하여야 하고, 여러분이 반드시 들어야 하는 말씀입니다. 나중에 지옥에 떨어져서 온 몸으로 지옥의 고통을 맛보는 것보다는, 지금 듣기 싫고 내키지 않아도 지옥에 대해서 듣는 것이 훨씬 더 좋지 않겠습니까?

만일 여러분이 무슨 일이 있어도 이 말씀을 반드시 들어야 하는 것이 아니라면, 우리 사역자들은 이렇게 귀에 거슬려서 듣기 싫고 부담스럽게 느껴지는 진리들을 여러분에게 전하여 여러분의 귀를 괴롭게 하지 않을 것입니다. 우리가 이 말씀을 반드시 전하고, 여러분이 이 말씀을 반드시 들어야 하는 이유는, 많은 사람들이 지옥에 대하여 듣고서, 자신의 영적인 상태를 곰곰이 생각하여 알게 된다면, 지옥이 그래도 조금은 한산해질 것이기 때문입니다. 대부분의 사람들은 이 땅에서 살아가는 동안에, 회심이라는 좁은 문으로 들어가려고 힘쓰지도 않고, 거룩함의 협착한 길로 가려고 힘쓰지도 않기 때문에 지옥에 떨어집니다. 그런데 그들이 그렇게 힘쓰지 않는 이유는, 그들이 영적으로 깨어 있지 않아서, 자신들이 어떤 위험에 처해 있는 것인지를 생생하게 느끼지 못하기 때문입니다. 그리고 그들이 영적으로 깨어 있지 않은 이유는, 그 위험에 대해서 듣거나 생각하기를 싫어하기 때문입니다. 그리고 그들이 그 위험에 대해서 듣거나 생각하기를 싫어하는 이유는, 한편으로는 가혹하고 끔찍한 것을 싫어하고 부드러운 것을 좋아하는 어리석음과 어떻게든 자기를 보호하고자 하는 자기애라는 육신의 소욕 때문이고, 다른 한편으로는 그 위험을 경고하시는 하나님의 말씀을 믿으려고 하지 않는 불신앙 때문입니다.

하지만 여러분이 이 진리를 믿으려 하지 않는다고 하여도, 이 진리는 여러분의 심령을 짓눌러서, 여러분으로 하여금 이 진리를 생각하지 않으려고 해도 생각할 수밖에 없게 만들 것이고, 여러분이 회심할 때까지 여러분을 계속해서 따라다니며, 여러분으로 하여금 안식할 수 없게 만들 것입니다.

여러분이 천사의 음성을 통해서 "네가 회심하지 않으면 반드시 심판을 받아 멸망하게 될 것이고, 돌이키지 않으면 반드시 죽게 될 것이다"라는 말씀을 단 한 번이라도 들었다면, 이 말씀은 여러분의 심령 속에 박혀서, 밤이고 낮이고 여러분을 쫓아다니며 괴롭히게 될 것이기 때문에, 여러분이 죄를 지으면, 여러분의 뇌리 속에서 이 말씀이 떠오르고, 여러분의 귀에는 "돌이키라, 그렇지 않으면 죽으리라"는 말씀이 들리는 것 같을 것입니다. 이렇게 이 말씀이 여러분의 심령 속에 박혀서 결코 잊을 수 없게 되고, 여러분의 마음을 끊임없이 괴롭혀서, 결국 여러분으로 하여금 하나님 앞으로 나아갈 수밖에 없게 만든다면, 그것은 여러분의 영혼에 얼마나 복된 일이겠습니까!

　반면에, 여러분이 여러분의 완악한 마음과 불신앙으로 인하여 이 말씀을 여러분의 심령으로부터 몰아내고 잊어버린다면, 이 말씀이 어떻게 여러분의 심령을 괴롭혀서 여러분으로 하여금 회심하고 구원받게 할 수 있겠습니까? 여러분이 이 말씀을 여러분의 심령으로부터는 몰아낼 수 있을지라도, 성경으로부터 몰아내는 것은 불가능합니다. 이 말씀은 여전히 성경 속에서 확고한 진리로 서 있을 것이고, 여러분은 장차 내세에서 영원무궁토록 직접 이 말씀을 경험함으로써, 이 말씀이 진리라는 것을 알게 될 것입니다. 돌이키느냐, 아니면 죽느냐, 이 두 길 외에 다른 길은 없습니다. 그러므로 여러분에게 이 말씀이 듣기 싫고 불쾌하고 괴롭더라도, 이 말씀을 받아들이십시오.

　이렇게 심각하고 중대한 진리를 듣고도 죄인들의 마음이 찔림을 받지 않는다면, 그것이 말이 되겠습니까! 이제 모든 회심하지 않은 영혼들은 이 말씀을 듣고서 마음에 찔림을 받아, "아, 이것이 나를 두고 하신 말씀이로구나"라고 속으로 생각하고서는, 회심하게 될 때까지는 결코 평안하게 지내서는 안 됩니다. 그럼에도 불구하고, 여러분이 계속해서 여전히 영적으로 잠을 자거나 조는 상태로 살아가고자 한다고 할지라도, 그러한 상태는 결국에는 머지않아 끝나게 될 것입니다. 여러분이 회심을 하든, 아니면 심판을 받아 멸망에 처해지든, 여러분은 영적인 잠에서 깨어나서 마침내 모든 것을 똑똑히 보게 되고 알게 될 것입니다.

나는 머지않아 여러분에게 벌어질 일을, 마치 내 눈으로 직접 본 것처럼, 아주 확실하게 미리 말해 줄 수 있는데, 그것은 여러분은 머지않아 은혜나 지옥 중에서 어느 하나를 체험하게 될 것이고, 그 때에 모든 상황이 다 종료된 것을 보고서, 이렇게 말하게 되리라는 것입니다: "내가 도대체 무슨 짓을 한 거야? 내가 세상에 사는 동안에 이렇게 어리석고 악한 삶을 살았단 말인가?" 이 세상에서 죄인들이 영적인 잠에 빠져서 멍한 상태가 되어서, 하나님과 하나님의 말씀을 비웃고 조롱하며 어리석고 우매하게 살아갈 수 있는 기간은 아주 짧습니다. 그들이 돌이키거나 죽으면, 그 즉시 그 주제넘고 오만방자하고 의기양양했던 그 꿈 속의 미망의 삶은 끝이 나서, 그들은 제정신을 회복하게 되고 제대로 된 지각을 되찾게 됩니다.

나는 우리의 본문 가운데 나오는 "악인"이라는 단어와 "돌이키라"는 단어에 대한 오해가 회심하지 않은 사람들의 마음을 완악하게 하여, 그 악한 길에서 벗어날 수 없게 만들고, 나의 모든 수고를 헛되게 만들 수 있을 것이라고 생각합니다. 어떤 사람들은 속으로 이렇게 생각할 것입니다: "악인이 돌이키지 않으면 죽을 것이라는 말씀은 옳다. 그러나 그 말씀이 나와 무슨 상관이 있는가? 모든 사람들이 그렇듯이, 나도 죄인이다. 하지만 나는 악인은 아니다."

그리고 어떤 사람들은 이렇게 생각할 것입니다: "우리가 악한 길에서 돌이켜야 한다는 것은 옳다. 그러나 나는 벌써 오래 전에 돌이켰기 때문에, 이 말씀은 지금의 내게는 해당되지 않는다."

이렇게 악인들이 자신들은 악인이 아니라고 생각하거나, 자신들이 이미 회심하였다고 생각하는 동안에는, 그들을 설득해서 돌이키게 하고자 하는 우리의 모든 수고는 아무 소용이 없게 됩니다. 따라서 나는 다른 무엇보다도 먼저, 이 본문이 말하고 있는 "악인," 즉 돌이키지 않으면 반드시 죽게 되어 있는 "악인"은 어떤 사람들을 가리키고, "돌이킨다"는 것은 무엇을 의미하며, 어떤 사람들이 진정으로 회심한 사람들인가 하는 것을 살펴보고자 합니다. 사실, 나는 내가 이 책을 쓰는 목적에 적합한 서술방법을 따르느라고, 이러한 것들을 설명하는 것을 지금까지 일부러 보류해 왔습니다.

여러분은 이 본문 속에서 "악인"과 "회심한 사람"이 서로 반대되는 개념으로 사용되고 있다는 것을 금방 알 수 있을 것입니다. 회심한 사람은 악인이 아니고, 악인은 회심한 사람이 아닙니다. 따라서 악인이라는 것과 회심하지 않은 사람이라는 것은 완전히 동일한 의미입니다. 그러므로 우리가 이 반대되는 두 개념 중에서 어느 하나를 설명한다면, 둘 모두를 설명하는 셈이 될 것입니다.

우리는 "악"이나 "회심"에 대해서 말하기 전에, 이 문제의 근원으로 내려가서, 밑바닥부터 철저하게 파헤쳐 보지 않으면 안 됩니다.

만유를 창조하신 크신 하나님께서는 자신의 기쁘신 뜻을 따라 세 부류의 생명체, 즉 천사와 짐승과 인간을 지으셨습니다. 하나님은 육신은 없고 오직 영만 있는 천사들을 지으셔서, 이 땅이 아니라 하늘에서 살게 하셨는데, 그것은 천사들은 하늘에서 살기에 적합한 존재로 지음을 받았기 때문입니다. 그리고 하나님은 육신은 있지만 영원히 죽지 않는 영혼은 없는 짐승들을 지으셔서, 하늘이 아니라 이 땅에 살게 하셨는데, 그것은 짐승들은 땅에서 살기에 적합한 존재로 지음을 받았기 때문입니다. 그리고 하나님은 천사와 짐승의 중간에 위치한 존재로서 육신과 영을 둘 다 지니고 있는 인간을 지으시고 이 땅에서 살게 하셨지만, 처음부터 인간의 육신이 영혼을 섬기도록 지으시고서는, 인간으로 하여금 이 땅을 자신의 본향이나 참된 복을 누릴 곳으로 여기지 못하게 하시고, 단지 이 땅에 살면서 하늘을 향하여 나아가게 하셨습니다. 왜냐하면, 하나님께서 인간을 지으신 목적은, 인간으로 하여금 거룩한 천사들과 함께 하나님의 영광스러운 위엄을 바라보는 가운데, 영원토록 하나님을 찬송하고, 하나님을 사랑하며, 하나님의 사랑으로 충만한 저 지극히 복된 상태로 살아가게 하기 위한 것이었기 때문입니다. 그리고 하나님께서는 인간으로 하여금 그러한 원래의 목적을 이룰 수 있게 해 줄 수단들도 주셨는데, 이 수단들 중에서 중요한 것은 두 가지였습니다. 그 중 하나는 "인간의 마음으로 하여금 올바른 성향을 지니게 하신 것"이고, 다른 하나는 "인간으로 하여금 자신의 삶을 올바르게 규율해 나갈 수 있게 해 주신 것"입니다.

첫 번째 수단과 관련해서, 하나님께서는 인간을 지으신 목적에 적합한 마음의 성향을 인간에게 주셔서, 인간에게 합당한 수준에서 하나님을 알게 하시고, 인간의 마음이 거룩한 사랑 가운데서 하나님께로 끌리게 하셨습니다. 그러나 하나님께서는 인간의 그러한 상태를 고정시켜 놓으셔서 절대로 거기에서 벗어날 수 없게 하신 것이 아니라, 인간을 자유롭게 생각하고 결정하고 행할 수 있는 존재로 지으시고, 인간에게 자유의지를 주셨습니다.

두 번째 수단과 관련해서, 하나님께서는 자기에게 속한 일을 하셨는데, 그것은 인간에게 완전한 법을 주셔서, 인간이 그 법을 지키기만 하면, 하나님을 늘 사랑하고, 하나님께 온전히 순종하는 가운데 살아갈 수 있게 하셨습니다. 하지만 인간은 이 법을 의도적으로 어김으로써, 영생에 대한 소망을 상실하게 된 것은 물론이고, 인간의 마음이 하나님으로부터 돌아서서, 이 아래세상에 있는 육신적인 것들에 고착되어, 인간의 영혼에 새겨진 하나님의 형상이 지워지고 말았습니다. 이렇게 해서, 인간은 자신의 창조 목적인 하나님의 영광에 이르지 못하게 되었고, 하나님의 영광에 이르게 해 줄 길로부터도 이탈하게 되었는데, 이것은 인간의 마음의 성향이 원래의 궤도에서 이탈되고, 인간의 삶이 원래의 궤도에서 이탈되는 결과를 초래하였습니다.

인간의 영혼은 하나님을 사랑하는 마음과 하나님께 끌리는 성향을 상실해 버리고, 그 대신에 이 땅의 것들을 통해서 자신의 육신 또는 육신적인 자아를 즐겁게 하고 만족시키는 것을 사랑하고 끌리는 성향을 갖게 되어, 점점 더 하나님을 낯설어하고, 피조물과 친숙해지는 쪽으로 변해 가게 되었고, 인간의 마음의 성향은 이 세상에서의 현세적인 삶에 적합한 것이 되었습니다. 인간은 하나님을 위해서가 아니라, 자신의 육신적인 자아를 위해서 살게 되었고, 하나님을 기쁘시게 해 드리는 삶이 아니라, 자신의 육신을 기쁘게 하는 삶을 추구하기 위하여, 하나님이 아니라 피조물을 찾게 되었습니다. 지금 우리는 모두 이러한 부패하고 타락한 본성 또는 성향을 지니고 이 세상에 태어납니다. 그래서 성경에서는 "누가 깨끗한 것을 더러운 것 가운데에서 낼 수 있으리이까 하나도 없나이다"(욥 14:4)라고 말씀합니다.

사자가 자신의 먹잇감을 잔인하게 물어뜯고 뼈를 으스러뜨리는 것은 원래부터 사자에게 그런 잔인하고 난폭한 본성이 있기 때문이고, 독사가 사람이나 다른 짐승을 독 있는 이빨로 물어 죽이는 것은 원래부터 독사에게 그런 독이 있고 독한 본성이 있기 때문인 것과 마찬가지로, 우리 인간은 생각하거나 말하거나 잘못을 저지르기 이전에 이미 아주 어릴 때부터 죄악된 본성이나 성향을 지니고 있고, 우리가 살면서 저지르는 온갖 죄악들은 바로 그 죄악된 본성으로부터 나옵니다. 또한, 우리에게는 그러한 죄악된 본성이 원래부터 있을 뿐만 아니라, 하나님께서 우리에게 은혜를 베푸셔서, 주 예수 그리스도를 이 땅에 보내서서 우리 영혼의 구주가 되게 하셔서, 우리로 하여금 구주를 의지하여 하나님께 다시 돌아와서 모든 것을 고침받고 회복할 수 있는 길을 열어 놓으셨는데도, 우리는 본성적으로 지금의 우리의 상태를 사랑하여, 거기에서 나오기를 몹시 싫어하고, 도리어 하나님께서 우리를 회복시키기 위하여 우리에게 주신 수단들을 못마땅해하고 거부합니다. 그래서 우리는 입으로는 우리에게 베풀어 주신 그리스도의 은혜에 대하여 감사한다고 말하지만, 육신적인 자아는 그리스도께서 우리에게 주신 치료 수단들을 거부하라고 우리를 설득하고, 그리스도께서 우리에게 주시는 치료약들을 받아 먹으라거나, 모든 것을 버리고 그리스도를 따름으로써 하나님께 영광을 돌리라는 말씀을 들으면, 무슨 핑계를 대서라도 거기에서 벗어나라고 우리를 설득합니다.

나는 여러분이 이 장을 다시 한 번 꼼꼼하게 읽어 보시기를 부탁드립니다. 왜냐하면, 이 장에서 내가 한 얼마 안 되는 몇 마디 말 속에서 여러분은 우리 인간의 본성적인 상태에 대한 참된 설명을 발견할 수 있고, 그 설명은 그대로 "악인"에 대한 설명이기도 하기 때문입니다. 즉, 이러한 부패하고 타락한 본성의 상태 가운데 있는 사람은 누구든지 악인이고, 죽은 상태에 있는 사람입니다.

또한, 이것으로써 여러분은 회심한다는 것이 무엇인지를 이해하기 위한 준비를 어느 정도 마쳤다고 할 수 있는데, 거기에 추가적으로 여러분이 알아야 할 것은, 자비로우신 하나님께서는 사람이 자신의 죄 가운데서 멸망하게 되는 것을 원하지 않으셔서, 우리의 부패하고 타락한 본성을 치료할 수 있는 길을 마련해 주셨다는 것입니다. 즉, 하나님께서는 자기 아들을 이 땅에 보내어 우리와 같은 본성을 입게 하셔서, 신성과 인성을 한 인격 안에 갖게 하시고, 하나님과 사람을 이어주는 중보자로 삼으셔서, 우리의 죄를 위하여 십자가 위에서 죽게 하심으로써, 우리를 속량하시고, 하나님의 저주와 마귀의 권세로부터 건져 주신 후에, 그렇게 속량함을 받은 우리를 자기 아들에게 주셔서 그 아들의 소유가 되게 하셨습니다.

이러한 구속 사역을 토대로, 우리의 아버지이신 하나님과 우리의 중보자이신 예수 그리스도께서는 인간을 위한 새로운 법과 언약을 세우셨습니다. 이 법은 하나님께서 인간에게 처음에 주신 법과는 달라서, 첫 번째 법은 모든 것을 완벽하게 지켜 행한 사람에게만 영생을 주고, 단 한 가지라도 죄를 범한 사람에 대해서는 가차 없이 단죄하여 영벌에 처하게 되어 있던 법이었지만, 그리스도께서는 참된 회개를 통해서 그를 믿고 하나님께로 회심한 모든 사람들에게 죄 사함과 영생을 약속하는 은혜의 법을 세우셨습니다. 이것은 왕이 자신에게 반기를 들고 반역한 무리들에게, 왕에게 투항한 후에 무기를 내려놓고 왕 앞으로 나아와서 앞으로 왕에게 충성하겠다고 서약하기만 한다면, 그들의 모든 죄를 사해 주고 장래의 복된 삶을 보장해 주겠다고 하는 내용을 담은 사면령을 반포한 것과 같습니다. 하지만 하나님께서는 자기가 이렇게 인간의 모든 문제를 다 해결될 수 있는 길을 마련해 놓으셨어도, 사람들에게 알아서 하라고 내버려 두시면, 사람들의 마음은 너무나 악해져 있어서 결코 이 치료책을 받아들이려고 하지 않을 것임을 잘 알고 계셨기 때문에, 이 땅에 성령을 보내어 사도들을 성령으로 충만하게 하셔서, 이적들과 기이한 일들을 행하여, 성경의 말씀들이 진리라는 것을 확증하게 하시고, 택함 받은 자들의 심령에 진리의 빛을 비추어 그들로 하여금 회심할 수 있게 하셨습니다.

여러분도 이미 눈치 채셨겠지만, 삼위일체 하나님은 성부와 성자와 성령으로 존재하시고, 각각의 하나님께서는 각자가 고유하게 담당하고 계시는 몇 가지 일들을 행하십니다. 성부께서 하시는 일은, 우리 인간을 지으시고, 이성적인 피조물인 우리 인간을 자연 법칙을 따라 다스리시고 심판하시며, 우리가 타락하였을 때에 우리를 불쌍히 여기셔서 우리를 위한 구속주를 준비해 두셨다가, 때가 되었을 때에 자기 아들을 이 땅에 보내셔서, 우리를 속량하기 위하여 그 아들이 드리는 속전을 받으시는 것입니다.

성자께서 우리를 위하여 하시는 일은, 이 땅에 오셔서 고난받으시고 의를 이루심으로써 우리를 속량하시고, 은혜의 약속 또는 법을 주시며, 구속주로서 은혜 가운데서 이 세상을 다스리시고 심판하시며, 자신의 죽음의 은택이 우리에게 전해지도록 우리를 위하여 중보기도 하시고, 우리에게 성령을 보내 주시는 것입니다. 여기에서 성령을 보내 주시는 것은 성부께서 성자를 통해서 하시는 일이기도 합니다.

성령께서 우리를 위하여 하시는 일은, 선지자들과 사도들에게 감동을 주셔서 성경을 기록하게 하시고, 이적들과 기이한 일들과 은사들을 베푸셔서 하나님의 말씀을 인치시며, 평범한 복음 사역자들에게 빛을 비쳐 주시고 감동을 주시며 능력을 주시고 여러 가지로 도우셔서, 하나님의 말씀을 선포할 수 있게 하시고, 바로 그 말씀을 통해서 사람들의 영혼에 빛을 비쳐 주셔서 회심하게 하십니다. 그러므로 만일 성부께서 여러분을 지으시지 않으셨다면, 여러분은 이성을 지닌 피조물이 될 수 없었을 것이고, 만일 성자께서 여러분을 대속하지 않으셨다면, 여러분은 하나님께로 나아갈 수 없었을 것이며, 만일 성령께서 여러분을 거룩하게 하지 않으신다면, 여러분은 구원을 받아 그리스도 안에 있는 분깃을 얻을 수 없습니다.

따라서 이제 여러분은 인간에게 구원이 가능하게 만들어 준 몇 가지 원인들을 알았을 것입니다. 성부께서는 성자를 이 땅에 보내셨습니다. 성자께서는 우리를 구속하시고서, 은혜의 약속을 주셨습니다. 성령께서는 이 복음을 기록하시고 인치셨습니다. 사도들은 성령의 서기관들이 되어서 성경을 기록하였습니다. 설교자들은 이 복음을 선포하여 사람들로 하여금 복음을 믿고 순종하라고 외치고, 성령께서는 그렇게 복음이 선포될 때에 거기에 역사하셔서, 사람들의 마음을 열어 복음을 영접하게 만듭니다. 이 모든 역사를 통해서, 우리의 영혼에는 하나님의 형상이 복구되고, 우리의 마음은 이제 그동안 연연해하던 피조물과 육신적인 자아에 대하여 반기를 들고서 그것들을 떠나 다시 하나님께로 돌아옵니다. 이렇게 해서, 우리의 삶의 방향은 백팔십도로 바뀌어서, 전에는 이 땅에 붙어서 세상적인 삶을 살아왔던 우리가 이제는 하늘에 속한 신령한 삶을 살아가게 됩니다. 이 모든 변화는 영혼의 의사이신 예수 그리스도를 믿음으로 영접할 때에 일어납니다.

내가 지금까지 설명한 것을 통해서, 이제 여러분은 악하다는 것이 무엇이고, 회심한다는 것이 무엇인지를 알게 되었을 것입니다. 하지만 여러분이 좀 더 분명하게 알 수 있게 하기 위해서, 나는 악인과 회심한 사람이 보여 주는 몇 가지 특징들을 추가적으로 설명하고자 합니다. 우리는 다음과 같은 세 가지 특징을 통해서 악인을 알아 볼 수 있습니다.

악인의 첫 번째 특징은, 자신의 가장 주된 만족을 땅에서 찾는다는 것입니다. 그렇기 때문에, 그는 하나님보다 피조물을 더 사랑하고, 하늘에 속한 지극한 복보다 육신적인 형통을 더 사랑합니다. 그는 육에 속한 것들은 좋아하지만, 영에 속한 것들에는 관심도 없고 흥미도 없습니다. 그가 입으로는 땅보다는 하늘이 더 좋다고 말할지라도, 실제로는 그렇게 생각하지 않습니다. 그는 땅에 속한 것들을 누리는 데 방해가 되는 경우에는 하늘에 속한 것들을 아무런 미련 없이 내팽개쳐 버릴 것이고, 하늘로 가기보다는 할 수만 있다면 어떻게든 이 땅에 머물고자 할 것입니다. 그는 하늘의 하나님 앞에서 영원토록 하나님을 사랑하고 찬송하며 온전히 거룩하게 살라고 하면 시큰둥하며 달가워하지 않겠지만, 이 땅에서 건강과 부와 명예를 누리며 살라고 하면 크게 반기며 무척 좋아할 것입니다. 그가 입으로는 자기가 다른 무엇보다도 하나님을 더 사랑한다고 고백할지라도, 그 고백은 거짓이고, 그는 자신의 내면에서 하나님의 사랑을 단 한 번도 맛보지 못한 사람입니다. 그는 하나님께는 마음이 없기 때문에, 그의 마음은 온통 세상이나 육신적인 즐거움들에 대한 생각으로 꽉 차있습니다. 한 마디로 말해서, 천국보다 세상을 더 사랑하고, 하나님보다 육신적인 형통을 더 사랑하는 사람은 누구든지 회심하지 않은 악인입니다.

반면에, 회심한 사람은 성령의 빛을 받아서, 하나님이 우리가 온 마음을 다하여 사랑할 만한 분이시라는 것을 알기 때문에, 장차 하나님께 함께 하게 될 영광이 자기에게 주어질 것이라는 약속을 믿고서, 그 영광을 이 세상에 있는 그 어떤 것보다도 더 간절하게 사모하며, 자신의 온 마음을 거기에 둡니다. 그는 이 세상의 온갖 부와 즐거움들을 누리며 살아가기보다는, 하늘에서 하나님의 얼굴을 뵈오며, 영원토록 하나님을 사랑하고 찬송하는 가운데 살아가기를 더 원합니다. 그는 하나님을 섬기며 사는 것 외에는 이 세상의 모든 것이 다 헛되다는 것을 알고, 오직 하나님만이 자신의 영혼을 만족시켜 주실 수 있으시다는 것을 알기 때문에, 세상이 어떻게 되든, 그런 것은 상관하지 않고, 다른 모든 것을 다 제쳐두고서, 오직 자신의 보화와 소망을 하늘에 쌓는 일에 전념합니다. 불길은 늘 위쪽으로 치솟고, 나침반은 늘 북쪽을 가리키듯이, 회심한 영혼은 늘 하나님을 향합니다. 하나님 외에는 그 어떤 것도 그를 만족시켜 줄 수 없고, 하나님의 사랑 외에는 그 어떤 것도 그에게 평안과 안식을 줄 수 없습니다. 한 마디로 말해서, 모든 회심한 사람들은 온 세상과 거기에 있는 모든 것들보다 하나님을 더 낫게 여기고 더 사랑합니다. 그리고 그에게는 육신적인 형통보다 하늘에 속한 지극한 복이 더 소중합니다. 여러분은 내가 여기에서 말한 내용들을 다음과 같은 성경 본문들 속에서 찾아볼 수 있습니다: 빌립보서 3:18, 21; 마태복음 6:19-21; 골로새서 3:1-4; 로마서 8:3, 6-9, 18, 23; 시편 73:25-26.

악인의 두 번째 특징은, 세상에서 출세하고 자신의 육신적인 목표들을 성취하는 것을 자신의 인생에서 가장 중요한 일로 삼는다는 것입니다. 그는 하나님의 말씀을 읽기도 하고 듣기도 하며, 신앙의 외적인 의무들을 많이 행하고, 부끄러운 죄들을 짓지 않을 수 있지만, 그런 것들은 모두 부수적인 것들에 지나지 않습니다. 왜냐하면, 그는 자기가 하나님을 기쁘시게 해드리고 영원한 영광에 이르는 것을 절대로 자신의 인생에서 가장 중요한 일로 삼고 있지 않고, 단지 세상에서 자기가 이루고자 하는 일을 위해 바치고 남은 시간과 힘을 하나님을 섬기는 데 사용할 뿐이고, 자신의 육신적인 목표가 방해를 받지 않는 한도 내에서만 하나님을 섬기기 때문입니다. 그는 결코 천국을 위해서 모든 것을 버리려고 하지 않습니다.

반면에, 회심한 사람은 하나님을 기쁘시게 해 드리고 자기가 구원을 받는 것을 자신의 인생에서 가장 중요한 일이자 자신의 온 힘을 쏟아야 할 일로 삼습니다. 그렇기 때문에, 그는 현세의 삶 속에서 자신에게 주어진 모든 복들을 그 자체로 자신의 인생의 목표로 삼는 것이 아니라, 단지 내세에서의 삶을 향하여 한 걸음 한 걸음 나아갈 때에 필요한 노잣돈쯤으로만 여기고, 세상의 모든 피조물들을 오로지 하나님의 뜻을 따라서만 사용합니다.

그는 거룩한 삶을 사랑하고, 더욱 거룩해지기를 갈망합니다. 그는 자기 속에 있는 모든 죄를 미워하고, 자기에게 남아 있는 죄들이 모두 다 제거되기를 간절하게 소망하며, 그렇게 하기 위하여 기도로써 하나님의 도우심을 구하고, 은혜를 의지해서 죄를 짓지 않으려고 애씁니다. 그의 삶의 목적은 하나님이고, 그의 모든 힘은 하나님을 위하여 사용됩니다. 만약 그가 죄를 짓고 넘어졌다면, 그것은 그가 자신의 삶 속에서 온 마음과 온 힘을 쏟아 나아가고자 하는 방향과 반대되는 것이기 때문에, 그는 다시 일어나서, 자기가 지은 죄를 슬퍼하고 애통해하고, 감히 의도적으로 죄를 지으며 살아가지 않습니다. 이 세상에 있는 것들 중에서, 그가 하나님을 위하여 버릴 수 없을 만큼 소중하고 귀한 것은 없기 때문에, 그는 하나님을 위하여, 그리고 영광의 소망을 위하여 모든 것을 버릴 수 있습니다. 여러분은 지금까지 내가 말한 것들을 다음과 같은 성경 본문들 속에서 발견할 수 있습니다: 골로새서 3:1-5; 마태복음 6:20, 33; 누가복음 18: 22-23, 29; 누가복음 14:18, 24, 26-27; 로마서 8:13; 갈라디아서 5:24; 누가복음 12:21.

악인의 세 번째 특징은 악인의 영혼은 구속의 신비를 진정으로 알지도 못하고 맛보지도 않았다는 것입니다. 따라서 그는 하나님께서 우리에게 주신 우리의 구주를 감사함으로 영접한 사람도 아니고, 구속주의 사랑을 받아들인 사람도 아니며, 그리스도를 자신의 영혼의 의사로 받아들여서 기꺼이 그 통치를 받음으로써, 자신의 죄로 인한 죄책과 그 죄의 권세로부터 구원받고 회복되어서 하나님의 백성이 된 사람도 아닙니다. 도리어, 그의 마음은 이러한 이루 말할 수 없이 큰 은택에 대하여 무감각하고, 자신의 영혼을 고쳐서 회복시켜 줄 수단들에 대하여 대단한 반감을 품고 있습니다. 그는 겉으로 보기에는 아무 문제 없이 신앙생활을 하고 있는 것처럼 보일 수 있지만,

사실 내면을 들여다보면, 자신의 영혼을 그리스도께 의탁하거나, 하나님의 말씀과 성령의 인도하심에 의탁한 적이 한 번도 없습니다.

반면에, 회심한 영혼은 자기가 죄로 인해서 하나님과의 화목한 관계나 천국의 소망을 상실하였고, 영원히 멸망할 위험에 처해 있다는 것을 깨닫고서, 구속의 기쁜 소식을 감사함으로 받아들이고, 주 예수를 자신의 유일한 구주로 믿고서, 자기 자신을 그리스도께 의탁함으로써, 그리스도께서 자신의 지혜와 의로움과 거룩함과 구속함이 되게 한 사람입니다. 따라서 그는 그리스도를 영접하여 자신의 영혼의 생명으로 삼고, 그리스도를 의지하여 살아가며, 모든 문제를 그리스도 앞으로 가져가서, 그리스도께서 친히 해결해 주시게 하고, 인간을 구속하신 이 놀랍고 경이로운 역사 속에서 드러난 하나님의 지혜와 사랑을 찬양합니다. 한 마디로 말해서, 그의 믿음으로 말미암아 그의 마음 속에는 그리스도께서 거하시고, 이제 그의 삶은 그를 사랑하셔서 그를 위하여 자기를 버리신 하나님의 아들을 믿는 믿음으로 살아가는 삶입니다. 그렇기 때문에, 이제는 그가 살아가는 것이 아니라, 그의 안에서 그리스도께서 살아가시는 것입니다. 여러분은 내가 지금까지 말한 것들을 다음과 같은 성경 본문들 속에서 발견할 수 있습니다: 요한복음 1:11-12; 3:19-20; 로마서 8:9; 빌립보서 3:7-10; 갈라디아서 2:20; 요한복음 15:2-4; 고린도전서 1:20; 2:2.

이제 여러분은 악인이 누구이고, 회심한 사람이 누구인지를, 하나님의 말씀을 통해서 분명하게 알게 되었을 것입니다. 하지만 이것을 알지 못하는 무지한 사람들은, 어떤 사람이 욕하지도 않고 저주하지도 않으며, 남을 헐뜯지도 않고, 술에 취하지도 않으며, 음행을 저지르지도 않고, 남의 것을 착취하지도 않으며, 다른 사람들에게 손해나 해악을 끼치지도 않으면서, 착실하게 교회에 잘 다니면서, 기도하고, 성찬에 참여하며, 종종 자신의 주머

니를 털어서 가난한 자들을 구제하기도 하면, 그 사람은 절대로 회심하지 않은 사람일 리가 없다고 생각합니다.

또한, 어떤 사람이 자주 술에 취하거나, 욕설을 하거나, 도박을 하거나, 그 밖의 다른 악행을 저지르며 살아오다가, 어느 날 그런 것들을 끊으면, 그 사람은 회심한 사람이라고 생각합니다. 또한, 어떤 사람이 이전에는 신앙을 비웃고 대적하는 원수였다가, 어느 날 신앙을 인정하고, 신앙이 있는 사람들과 어울림으로써, 그것 때문에 악인들로부터 미움을 받는다면, 그 사람은 회심한 사람임에 틀림없다고 생각합니다. 또한, 어떤 사람들은 어리석게도 자기가 침례교나 퀘이커교나 가톨릭교 같은 어떤 분파에 빠져들어서, 신앙과 인생에 대하여 이전과는 다른 생각을 갖게 되었을 때, 자신이 회심하였다고 생각합니다. 또한, 어떤 사람들은 자기가 지옥에 대한 공포를 경험하였다거나, 양심의 가책과 고통을 받고서 자신의 삶을 고치겠다는 결심을 하였다거나, 지금까지의 자신의 행실이 잘못된 것을 깨닫고서 이전의 삶을 청산하고 교회에 다니며 착실한 삶을 살게 되었기 때문에, 자기는 진정으로 회심한 사람이 틀림없다고 생각합니다.

이런 생각들을 지닌 사람들은 회심에 대하여 잘못 알고 있고, 착각 속에서 스스로를 속이고 있는 사람들이기 때문에, 우리가 그들에게 회심하라고 아무리 설득하고 권해도, 아무 소용이 없을 가능성이 큽니다. 왜냐하면, 우리가 그들에게 악인들은 돌이켜야 하고, 그렇지 않으면 죽는다고 말하면, 그들은 자기는 이미 회심해서 악인이 아닌 까닭에, 그 말씀은 자기에게는 해당되지 않는다고 생각하기 때문입니다. 그래서 그리스도께서는 평범한 유대 백성들보다도 훨씬 더 많이 배웠고 교양 있었던 유대 지도자들에게, "내가 진실로 너희에게 이르노니 세리들과 창녀들이 너희보다 먼저 하나님의 나라에 들어가리라"(마 21:31)고 말씀하셨습니다. 이것은 세리들이나 창녀들이 회심 없이도 구원받을 수 있다는 것이 아니라, 유대 지도자들은 자기가 실제로는 회심하지 않았는데도, 마치 이미 회심한 것처럼 생각하여, 스스로를 속이고 있는 반면에, 세리들이나 창녀들 같은 큰 죄인들은 자신들의 죄가 겉으로 너무나 분명하게 드러나 있기 때문에, 자신들의 죄와 비참한 모습을 인정하고서 회개하고 변화를 받기가 더 쉽다는 것입니다.

여러분이여, 회심이라는 것은 대부분의 사람들이 알고 있는 것과는 완전히 다른 것입니다. 회심은 어떤 사람이 지닌 땅에 속한 마음이 하늘로 끌어올려지고, 사람들이 지극히 사랑할 수밖에 없는 하나님의 놀랍고 탁월한 것들을 보게 되어서, 하나님에 대한 영원히 꺼지지 않을 사랑이 그의 마음속에서 타오르게 되고, 죄를 향한 마음을 끊어 버리고, 그리스도께로 피하여 자신의 피난처로 삼고, 감사함으로 그리스도를 자기 영혼의 생명으로 받아들이며, 그의 마음의 성향과 삶의 방향이 완전히 바뀌어서, 지금까지 행복으로 여겨 왔던 것들을 부인하고, 전에는 한 번도 생각해 보지 않았던 것을 행복으로 여기고, 이전과는 완전히 다른 목적과 목표를 가지고서 이 세상에서 살아가게 되는 것이기 때문에, 결코 작은 일이 아닙니다. 한 마디로 말해서, 회심이라는 것은 어떤 사람이 그리스도 안에 있게 됨으로써 새로운 피조물이 되는 것입니다. 그래서 성경에서는 "그런즉 누구든지 그리스도 안에 있으면 새로운 피조물이라 이전 것은 지나갔으니 보라 새 것이 되었도다"(고후 5:17)라고 말씀합니다.

회심한 사람은 새로운 지각, 새로운 의지와 결단, 새로운 슬픔과 갈망과 사랑과 즐거움, 새로운 생각, 새로운 언사, 새로운 친구, 새로운 행실이 생겨납니다. 죄가 전에는 그에게 즐거운 것이었지만, 지금은 너무나 혐오스럽고 끔찍한 것이 되어서, 죄를 보면, 그는 마치 시체를 본 것처럼 화들짝 놀라서 멀리 달아나 버립니다. 세상이 전에는 그에게 그토록 사랑스러운 곳이었지만, 지금은 오직 헛되고 허망하며 괴롭고 고통스러운 곳으로 보일 뿐입니다. 반면에, 그가 전에는 그토록 무시했던 하나님이 지금은 그의 영혼의 유일한 행복입니다. 전에는 하나님은 안중에도 없었고, 오로지 마음과 육신의 온갖 정욕을 따라 살았지만, 지금 그의 마음의 중심에는 하나님께서 자리하고 계시고, 그의 마음은 온통 하나님 곁에서 하나님을 모시고 섬기는 일에만 두어져 있어서, 다른 모든 것들은 다 뒷전으로 밀려나 있습니다. 이제 그는 하나님께서 그 얼굴을 감추시면 슬퍼하고, 하나님이 없는 삶이라는 것은 상상할 수조차 없습니다. 그가 전에는 대수롭지 않게 생각하였던 그리스도가 지금은 그의 유일한 소망이자 피난처가 되었고, 그는 일용할 양식이 없으면 살아갈 수 없듯이, 그리스도 없이는 살아갈 수 없습니다. 그리스도 없이는 기도할 수도 없고, 그리스도 없이는 기뻐할 수도 없으며, 그리스도 없이는 생각하거나 말하거나 행할 수도 없습니다.

천국에 대한 그의 생각도 완전히 바뀌어서, 전에는 그가 이 세상에 더 이상 머물 수 없게 되었을 때, 지옥에 가는 것보다는 천국에 가는 것이 좀 더 나을 것이라고 생각하였지만, 지금의 그에게 천국은 자기가 장차 가게 될 자신의 본향이자 유일한 안식처가 되었기 때문에, 이제 그의 유일한 소망은 하루 속히 그 곳에서 가서, 이 땅에서 이미 열렬히 사모하게 된 하나님을 영영토록 뵈옵고 사랑하며 찬송하게 되는 것입니다.

지옥에 대한 그의 생각도 바뀌어서, 전에는 지옥이라는 곳은 사람들에게 겁을 주고 두렵게 만들어서 죄를 짓지 못하게 하기 위하여 지어낸 이야기 정도로만 생각하였지만, 지금의 그에게 지옥은 엄연히 실재하는 곳이고, 죄를 짓고 회심하지 않은 사람들이 가서 영원토록 고통받게 될 끔찍하고 처참한 곳이기 때문에, 사람들이 농담으로나마 "까짓것, 죄 한 번 짓고 지옥에나 가볼 거나"라고 말해도 좋은 그런 곳이 아니라는 것을 그는 압니다.

전에는 사람이 대충 살면 되지, 그렇게까지 유난을 떨며 살 필요가 있나 하는 생각에서 그토록 지겨워하고 못마땅해 하였던 거룩한 일들이 지금은 그가 기쁘고 즐겁게 자원해서 하고자 하는 일들이 되었고, 그의 평생을 바쳐서 행할 일이 되었습니다. 전에는 다른 책들과 별반 다를 것이 없는 책으로 여겼던 성경이 지금의 그에게는 하나님의 법이 되었고, 하나님께서 천국에서 직접 펜으로 쓰시고서는 그 마지막에 자신의 영원하신 이름으로 서명까지 마치신 후에 그에게 보내 오신 편지가 되었습니다. 성경은 이제 그의 생각과 말과 행위의 규범이 되었습니다. 이제 그에게는 성경에서 하나님이 그에게 명하신 말씀들은 그가 반드시 준행하여야 하는 절대자의 명령들이 되었고, 경고의 말씀들은 그를 두렵게 하며, 약속의 말씀들은 그의 영혼에 생기를 불어 넣어 줍니다. 전에는 하나님을 믿는 신앙인들을 다른 평범한 사람들과 별반 다를 것이 없는 사람들로 여겼지만, 지금의 그는 신앙인들이야말로 이 땅에서 가장 탁월하고 행복한 사람들이라는 것을 압니다. 전에는 그가 함께 어울려서 즐겁게 놀던 악인들이 지금은 그의 슬픔이 되었고, 전에는 그들이 저지르는 죄악들을 웃어넘길 수 있었지만, 지금은 그들의 죄와 그들의 비참한 모습을 보면, 그의 눈에서는 자기도 모르게 하염없이 눈물이 흐릅니다.

성경은 이렇게 말씀합니다: "여호와여 주의 장막에 머무를 자 누구오며 주의 성산에 사는 자 누구오니이까 정직하게 행하며 공의를 실천하며 그의 마음에 진실을 말하며 그의 혀로 남을 허물하지 아니하고 그의 이웃에게 악을 행하지 아니하며 그의 이웃을 비방하지 아니하며 그의 눈은 망령된 자를 멸시하며 여호와를 두려워하는 자들을 존대하며 그의 마음에 서원한 것은 해로울지라도 변하지 아니하며 이자를 받으려고 돈을 꾸어 주지 아니하며 뇌물을 받고 무죄한 자를 해하지 아니하는 자이니 이런 일을 행하는 자는 영원히 흔들리지 아니하리이다"(시 15:1-5). "하나님이여 나를 지켜 주소서 내가 주께 피하나이다 내가 여호와께 아뢰되 주는 나의 주님이시오니 주밖에는 나의 복이 없다 하였나이다 땅에 있는 성도들은 존귀한 자들이니 나의 모든 즐거움이 그들에게 있도다"(시 16:1-3). "내가 여러 번 너희에게 말하였거니와 이제도 눈물을 흘리며 말하노니 여러 사람들이 그리스도의 십자가의 원수로 행하느니라 그들의 마침은 멸망이요 그들의 신은 배요 그 영광은 그들의 부끄러움에 있고 땅의 일을 생각하는 자라 그러나 우리의 시민권은 하늘에 있는지라 거기로부터 구원하는 자 곧 주 예수 그리스도를 기다리노니"(빌 3:18-20).

요컨대, 회심한 사람의 생각 속에는 새로운 목표가 있고, 그의 행실에는 새로운 길이 있기 때문에, 그의 마음과 삶은 새롭습니다. 전에는 자신의 육신적인 자아(carnal self)를 만족시키는 것이 그의 목표였고, 그가 이 세상에서 쾌락과 이익과 명성을 얻는 방향으로 행하는 것이 그의 길이었지만, 지금은 하나님을 섬기고 영원한 영광을 이르는 것이 그의 목표가 되었고, 그리스도와 성령의 인도하심을 받아 하나님의 말씀과 규례들을 지키고, 하나님 앞에서의 거룩하고 의로운 삶과 사람들에게 자비를 베푸는 삶을 살아가는 것이 그의 길이 되었습니다. 전에는 "자아"가 그를 지배하는 최고의 통치자였기 때문에, 하나님의 일들이나 양심도 그 자아 앞에서 굴복하여야 했고 허리를 숙여야 했습니다. 그러나 이제는 그리스도 안에서 성령과 말씀과 사역을 통해 그를 다스리시는 하나님이 그의 최고 통치자이시고, 자아와 자아에 속한 모든 것들이 하나님께 복종합니다. 이렇게 회심이라는 것은 한 사람의 존재 가운데서 한두 가지, 또는 수십 가지가 변화되는 것을 의미하는 것이 아니라, 한 사람의 영혼 전체, 그리고 생각과 감정과 행실을 포함한 한 사람의 삶 전체의 방향과 성향이 완전히 변화되는 것을 의미합니다.

어떤 사람이 이 길로 걸어가다가 거기에서 벗어나 다른 길로 걸어가고, 그런 후에 또 다시 다른 길로 바꾸어서 걸어가더라도, 여전히 동일한 목표를 향하여 동일한 방향으로 계속해서 걸어가는 것과, 어떤 사람이 하나의 목표를 향하여 한 방향으로 한 길로 계속해서 걸어가다가, 백팔십도로 돌아서서 원래 정하였던 목표와 정반대의 방향을 향하여 걸어가는 것은 완전히 다릅니다. 회심도 마찬가지입니다. 어떤 사람이 매일같이 술에 취해 방탕하게 살다가 어느 날 건전하고 단정하며 모범적인 삶으로 돌아오거나, 악인들과 어울려서 부끄럽기 짝이 없는 죄악들을 저지르던 삶을 청산하고서 어느 날 교회에 다니기 시작하면서 겉보기에 별 문제 없는 신앙생활을 하고 있더라도, 그 사람은 여전히 이전과 다름없이 자신의 육신적인 자아를 다른 모든 것보다 더 소중히 여기고서, 그 육신적인 자아로 하여금 자신의 영혼을 지배하게 하는 가운데, 동일한 목표를 향하여 살아가고 있을 수 있는데, 이것이 내가 방금 앞에서 말한 첫 번째 경우, 즉 목표는 바꾸지 않고 단순히 길만을 바꾼 경우에 해당합니다.

반면에, 그 사람이 진정으로 회심하였다면, 그의 육신적인 자아는 부인되고, 그의 영혼을 지배하는 자리에서 물러나서, 하나님 앞에 엎드리게 되고, 그 대신에 하나님께서 그의 영혼을 다스리시는 자리에 좌정하시게 되는데, 이것이 내가 방금 앞에서 말한 두 번째 경우, 즉 단순히 길들만을 바꾸는 것이 아니라 목표를 백팔십도로 바꾼 경우에 해당합니다. 이렇게 회심한 사람은 전에는 오직 자기만을 생각하며 오로지 자신을 위해 살아 왔지만, 이제는 거룩해져서 하나님께 드려져서, 하나님을 위하여 살아갑니다. 전에는 자신의 시간과 재능과 재산으로 자기가 무엇을 해야 하는지를 자기 자신에게 물었고, 그런 것들을 자기 자신을 위해서 사용하였지만, 지금은 그런 것들로 자기가 무엇을 해야 하는지를 하나님께 묻고, 그런 것들을 하나님을 위하여 사용합니다. 전에는 자신의 육신과 육신적인 자아가 크게 싫어하지 않는 범위 내에서만 하나님을 기쁘시게 해드리고자 하였지만, 지금은 자신의 육신과 자아가 아무리 싫어해도, 그런 것을 개의치 않고, 하나님을 기쁘시게 해드리고자 합니다. 이것이 하나님께서 장차 구원받게 될 모든 사람들에게 역사하셔서 만들어 내시는 큰 변화입니다.

여러분은 우리를 거룩하게 하시는 분은 성령이시라고 말합니다. 하지만 여러분은 거룩하게 된다는 것이 무엇인지를 정말 아십니까? 내가 이렇게 묻는 이유는, 지금까지 나는 여러분이 거룩하게 되는 길을 설명해 왔기 때문입니다. 이 세상에서 살아가고 있는 모든 사람들은 남녀노소를 불문하고 반드시 이 길로 들어서서 거룩하게 되지 않으면 안 됩니다. 그렇지 않은 사람들은 하나님의 심판을 받아 영원한 멸망에 처해져서 끝없는 고통을 겪게 될 것입니다. 하나님께로 돌이키지 않으면, 죽습니다.

여러분은 내가 지금까지 말해 온 이 모든 것을 믿습니까, 아니면 믿지 않습니까? 확실한 것은 여러분은 감히 "나는 믿지 않는다"고 말하지는 못하리라는 것입니다. 왜냐하면, 이 모든 것은 의심할 수도 없고 부인할 수도 없는 것이기 때문입니다. 이것들은 가톨릭교도들이나 침례교도들, 그리고 우리 중에서 그리스도인이라는 이름으로 불릴 자격이 있는 모든 교단에 속한 신자들이 모두 동의하는 것들이고, 학식 있고 경건한 사람들이나 이런저런 교파들 사이에서 왈가왈부할 수 있는 논쟁거리가 될 수 없는 것들입니다. 모든 교단들과 교파들에 속한 신자들이 내가 여기에서 말한 이 모든 것을 하나님의 진리로 믿고 있는데도, 여러분이 믿지 않는다고 한다면, 여러분에게는 변명의 여지가 조금도 없습니다.

그리고 여러분이 이 모든 것을 믿는다면, 여러분은 아직도 여전히 회심하지 않은 상태에 있으면서도, 어떻게 그렇게 태연하게 살아갈 수 있는 것입니까? 여러분은 자기가 이미 회심했다고 알고 있는 것입니까? 그렇다면, 여러분은 내가 앞에서 말한 것과 같은 놀라운 변화가 여러분의 영혼 속에서 일어나 있는 것을 발견할 수 있습니까? 여러분은 내가 앞에서 말한 것과 같은 방식으로 거듭났고 새롭게 되었습니까? 아니면, 내가 앞에서 말한 것들은 여러분이 단 한 번도 경험하거나 느껴보지 못한 것들이어서, 여러분에게 너무나 생소하고 낯선 것들인 것은 아닙니까? 여러분이 자신이 변화된 날이나 주간이 언제였다는 것을 말할 수 없거나, 여러분이 어떤 설교를 듣고서 회심하게 된 것인지를 말할 수 없다면, 여러분의 심령 속에서 내가 앞에서 말한 것과 같은 변화가 일어났고, 지금도 그 변화가 여러분 속에 존재한다는 것을 여러분은 어떻게 아십니까?

안타깝고 애석한 일은 대부분의 사람들이 세상적인 일들에 빠져 살아가고 있고, 하나님께로 돌이키는 일에는 별 관심도 없고, 그런 생각을 별로 하지도 않는다는 것입니다. 그들은 단지 추악한 죄악들을 저지르는 것만을 피하고자 하면서, 자기는 매춘을 하지도 않고, 남의 것을 도둑질하지도 않으며, 남을 저주하거나 욕하지도 않고, 술고래도 아니며, 남을 착취하지도 않고, 도리어 착실하게 교회를 다니며 기도생활도 꾸준히 하는 편이기 때문에, 자신은 진정으로 회심한 사람이고, 여느 사람들과 마찬가지로 자기도 장차 구원을 받게 될 것이라고 생각합니다.

하지만 안타깝게도, 여러분이 자기 자신에 대하여 그렇게 생각하는 것은 스스로를 속이는 어리석은 짓입니다. 그것은 하나님께서 우리 인간을 위해 준비해 놓으신 저 무한한 영광을 하찮은 것으로 여겨서 철저하게 무시하고 경멸하는 것이고, 여러분의 영원히 죽지 않을 영혼이 비참한 몰골이 되어 어떤 고통을 당하든, 그런 것에는 전혀 신경쓰지 않겠다는 듯이, 여러분의 영혼을 철저하게 냉대하고 학대하는 것입니다. 여러분이 천국과 지옥을 이렇게 가볍게 여겨도 되는 것입니까? 머지않아 여러분의 육신이 차가운 시신이 되어 땅 속에 묻히고, 천사들이나 귀신들이 와서 여러분의 영혼을 데려가게 되면, 여러분은 단 한 사람도 예외 없이 그 즉시 지금까지와는 전혀 다른 무리들 가운데 있게 되고, 지금까지와는 전혀 다른 처지에 놓이게 될 것입니다. 여러분이 이 땅에 있는 여러분의 집에서 살 수 있는 날도 얼마 남지 않았고, 여러분이 이 땅에 있는 여러분의 일터에서 일할 수 있는 날도 얼마 남지 않았으며, 여러분이 여러분의 자리에 앉아 있거나, 이 땅에 머물러 있을 수 있는 날도 얼마 남지 않았고, 여러분이 눈으로 보고 귀로 듣고 혀로 말할 수 있는 날도 얼마 남지 않았습니다. 저 마지막 부활의 날이 얼마 남지 않았습니다.

그런데도 여러분은 천국이나 지옥 같은 것에 대해서는 굳이 생각할 필요가 없다고 여기고서, 세상일에만 몰두하며 살아갈 수 있겠습니까? 여러분이 머지않아 가게 될 곳은 기쁨이 충만한 곳일까요, 아니면 끝없는 고통이 지속되는 곳일까요? 여러분이 머지않아 보게 될 곳은 천국일까요, 아니면 지옥일까요? 여러분의 마음은 머지않아 이루 말할 수 없는 기쁨으로 충만하게 될까요, 아니면 소름끼치는 공포와 두려움으로 가득하게 될까요? 여러분은 머지않아 성도들 및 천사들과 더불어서 하나님을 찬양하고 있게 될까요, 아니면 악한 영들과 함께 영원토록 꺼지지 않고 타오르는 불못 속에서 비명을 지르고 있게 될까요? 여러분은 정말 이 모든 것을 다 무시해 버리고 살아갈 수 있겠습니까? 이 모든 것은 하나님이 정해 놓으신 것이기 때문에, 결코 변할 수 없고, 일정한 기간 동안만 지속되는 것이 아니라, 영원히 지속될 것입니다. 여러분이 기쁨이 충만한 곳으로 가게 되든, 비탄과 고통이 가득한 곳으로 가게 되든, 그 기쁨이나 비탄은 영원무궁토록 끝없이 지속될 것입니다.

그런데도 여러분은 이 모든 것을 무시해 버리고 살아갈 수 있겠습니까? 이 모든 것은 사실이고, 너무나 확실한 사실입니다. 여러분이 조금만 더 일어서고 앉기를 반복하고, 조금만 더 자고 깨기를 반복하다 보면, 어느샌가 여러분은 죽어서 이 세상에 없게 될 것이고, 이 세상과는 다른 세상으로 가서, 내가 지금 여러분에게 말한 이 모든 것이 다 사실이라는 것을 확인하게 될 것입니다. 그런데도 여러분은 아직도 이 모든 것을 무시하고 살아가시겠습니까? 그 때가 되면, 여러분은 자신이 언제 어디에서 이 설교를 들었는지를 기억하고서는, 내가 이 설교를 통해서 말한 모든 것들을 떠올리며, 이것들이 지금 여러분과 내가 생각했던 것보다도 천 배는 더 심각하고 중요한 일이었다는 것을 알게 될 것입니다. 그런데도 여러분은 이 모든 것을 무시하고 살아가시겠습니까?

사랑하는 여러분, 만일 하나님께서 일찍이 나를 깨우셔서, 이러한 것들을 믿게 하시고 마음에 담아 두게 하시지 않으셨다면, 나는 지금까지도 여전히 어둠 속에서 헤매며 나밖에 모르는 이기적인 자로 살아갈 수밖에 없었을 것이고, 장차 영원한 멸망에 처해지게 될 자로 살아갈 수밖에 없었을 것입니다. 그러나 하나님께서 나로 하여금 이러한 것들을 진정으로 알게 하셨기 때문에, 나는 내 자신을 불쌍히 여기지 않을 수 없게 되었을 뿐만 아니라, 마찬가지로 여러분을 불쌍히 여기지 않을 수 없게 되었습니다. 만일 여러분의 눈이 열려서 지옥을 볼 수 있게 된다면, 여러분은 이 세상에서 정직한 사람들이라고 생각하였던 여러분의 이웃들, 곧 그들 스스로도 자신들이 지옥에 갈 것이라고는 꿈에도 생각하지 않았던 그런 이웃들이 회심하지 않은 자들로 단죄되어 소름끼치는 비명소리를 지르며 지옥으로 끌려오는 광경을 보고서는, 지금 내가 여러분에게 말한 이 모든 것들을 집에 가서 깊이 숙고하고 또 숙고한 후에 밖으로 나와서, 누가복음 16장에서 지옥에 떨어진 부자가 "나사로를 내 아버지의 집에 보내소서 내 형제 다섯이 있으니 그들에게 증언하게 하여 그들로 이 고통 받는 곳에 오지 않게 하소서"(눅 16:27-28)라고 아브라함에게 통사정을 하였듯이, 부지런히 사람들을 찾아다니며, 내가 지금 여러분에게 말한 이 모든 것들로 사람들에게 경고하게 될 것입니다.

믿음은 영혼의 눈으로 보는 것, 즉 육안으로는 보이지 않는 것들을 분명하게 보는 것입니다. 따라서 내가 하나님을 믿는다면, 그것은 하나님을 보는 것입니다. 그러므로 내가 마치 이러한 것들을 본 것처럼 여러분에게 말한다고 할지라도, 나를 용서해 주시기를 부탁드립니다. 만일 내가 내일 죽어서 저 세상에 갔다가 다시 살아난 후에, 내가 거기에서 본 것들을 여러분에게 말한다면, 여러분은 내가 하는 말을 믿고 수긍하며 기꺼이 다 받아들이고자 하지 않겠습니까? 만일 내가 죽어서 내세에서 일어나는 일들을 본후에, 다시 와서 여러분에게 단 한 번만이라도 설교할 수 있다면, 여러분은 만사를 다 제쳐두고 구름처럼 몰려와서, 내가 하는 말들을 한 치의 거짓도 없는 진리라고 여기고서, 마음에 새기고자 하지 않겠습니까? 하지만 그런일은 있을 수 없습니다. 왜냐하면, 하나님께서는 성경과 사역자들을 통해서 여러분을 가르치시기로 정해 놓으셨고, 불신자들이 원한다고 해서, 이미 죽은 사람들을 다시 살려내어 인간 세상에 보내셔서 여러분에게 증언하게 하심으로써, 자신이 정해 놓으신 것을 바꾸시는 일은 없을 것이기 때문입니다.

어떤 사람이 태양이 왜 이렇게 어둡냐고 시비를 걸고 트집을 잡는다고 해서, 만일 하나님께서 그 사람의 비위를 맞추시기 위하여, 태양을 없애시고 더 밝은 광명을 만드신다면, 하나님께서 정해 놓으신 것들 중에서 영원한 것은 단 하나도 없게 될 것입니다. 그러므로 내가 여러분에게 부탁드리는 것은, 지금부터 여러분은 나를 죽은 자들 가운데서 다시 살아 나서 여러분에게 와서 말하고 있는 사람으로 여기고서, 내가 하는 말들을 참된 사실로 받아들이시고, 여러분이 이제 어떻게 해야 할지를 잘 생각해 보시라는 것입니다. 나는 마치 내가 천국과 지옥에 갔다 와서 내 눈으로 모든 것을 직접 다 보고 온 사람처럼, 내가 여러분에게 말하는 모든 것들이 참되다는 온전한 확신을 여러분에게 줄 수 있습니다. 왜냐하면, 죽었다가 다시 살아난 사람도 얼마든지 여러분을 속일 수 있지만, 예수 그리스도께서는 결코 여러분을 속일 수 없으시고, 하나님의 무수한 이적들과 성령의 거룩한 역사들을 통해서 인침을 받은 성경에 기록된 하나님의 말씀은 결코 여러분을 속일 수 없기 때문입니다. 그리스도와 하나님의 말씀만을 믿으시고, 다른 것은 아무것도 믿지 마십시오. 하지만 그리스도와 하나님의 말씀만은 반드시 믿고, 거기에 순종하십시오. 그렇지 않으면, 여러분은 반드시 멸망하고 말 것입니다.

이제 나는 여러분이 하나님의 말씀을 믿는 사람들이고, 여러분의 영혼의 구원에 대하여 관심이 있는 사람들이라는 것을 전제하고서, 여러분에게 이치에 합당한 한 가지 부탁을 하고자 하는데, 여러분이 나의 이 부탁을 꼭 들어 주셨으면 합니다. 내가 부탁하고자 하는 것은, 여러분이 이 자리에서 나가고 난 후에는 조금도 지체 없이 곧바로, 여러분이 이 자리에서 들었던 내용들을 떠올리면서, 여러분의 마음을 진지하게 살피는 가운데, 여러분 자신에게 이렇게 물어 보시라는 것입니다.

"이것이 정말 사실인가? 나는 돌이켜야 하고, 그렇지 않으면 반드시 죽게 되는 것인가? 나는 회심하여야 하고, 그렇지 않으면 반드시 심판을 받아 멸망하게 되는 것인가? 그렇다면, 너무 늦기 전에 지금이라도 내 자신을 살펴보아야 한다. 도대체 왜 나는 지금까지 이 일을 깊이 생각해 보지 않은 것인가? 도대체 왜 나는 이렇게 심각하고 중요한 일을 그 동안 차일피일 미루는 위험천만한 태도를 보여 온 것인가? 나는 영적으로 깨어 있고, 제정신 가운데 있는 것인가?

찬송 받으실 하나님이여, 내가 영생에 대한 확실한 소망을 갖기 전에 내 생명을 거두어 가지 않으시고, 지금까지 이렇게 살려 두시고 내게 기회를 주신 것만 해도, 정말 이루 말할 수 없는 긍휼을 베풀어 주신 것인데, 여전히 내가 이 일을 무시해 버린다면, 그것이 말이 되겠는가. 내 영혼은 지금 어떤 상태에 있는가? 나는 회심한 것인가, 회심하지 않은 것인가? 내 영혼에 회심의 변화가 있은 적이 있는가? 나는 하나님의 말씀과 성령의 빛을 받아서, 내 죄의 가증스러움과 구주의 필요성을 알았고, 그리스도의 사랑과 하나님의 탁월하신 것들을 알았으며, 성도에게 주어질 영광이 지극히 크다는 것을 알았는가? 나의 지난날의 삶으로 인해서 내 마음이 통회하고 있거나 낮아져 있는가? 나는 내 죄를 사하시고 내 영혼에 영원한 생명을 주시기 위하여 자기 자신을 죽음에 내어 주신 예수 그리스도를 감사함으로 나의 구주와 주님으로 영접하였는가? 나는 나의 지난날의 죄악된 삶을 미워하고, 내 안에 남아 있는 모든 죄를 미워하는가? 나는 나의 죄들을 나를 죽이려고 하는 원수들로 여기고서 있는 힘을 다해 피하고 있는가? 나는 하나님께 순종하는 가운데 거룩한 삶을 살아가는 일에 나의 모든 것을 드리고 있는가? 나는 그런 삶을 사랑하고 기뻐하는가? 나는 세상과 육신적인 자아에 대하여는 죽었고, 하나님 및 하나님이 약속하신 영광을 위하여 살아가고 있다고 진심으로 말할 수 있는가? 나는 이 세상보다 천국을 더 귀히 여기고 더 사모하고 있는가? 내 영혼에게 하나님이 가장 소중하고 존귀하신 분이신가? 나는 이전에는 분명히 주로 세상과 육신을 위하여 살았고, 단지 세상과 육신을 위해 바치고 남은 시간과 힘으로 하나님을 형식으로 섬겼을 뿐이었지만, 이제는 내 마음이 완전히 백팔십도로 달라졌는가? 이제 내게는 새로운 목표가 있고, 새로운 계획이 있으며, 새롭고 거룩한 일련의 감정이 있는가? 나는 나의 소망과 마음을 천국에 두고서 살아가고 있는가? 천국에 무사히 잘 다다라서, 하나님의 영광스러운 얼굴을 뵈옵고, 하나님을 영원히 사랑하고 찬송하며 살아가는 것이 이 땅에 나의 마음의 목표이고, 나의 삶의 방향과 성향인가? 내가 죄를 짓는 것은 내 마음의 지배적인 성향과 의도를 거스르는 일인가? 나는 내 안에 있는 모든 심각한 죄들을 다 이기고, 나의 연약함들을 제거하기 위하여 고군분투하고 있는가?

이것이 회심한 영혼의 상태이기 때문에, 나는 반드시 그런 상태에 있어야 하고, 그렇지 않으면, 나는 멸망할 수밖에 없다. 그런데 나는 정말 그러한 상태에 있는 것인가, 그렇지 않은 것인가? 저 무시무시한 심판주께서 이 문제에 대한 판결을 내리시기 전에, 나는 이 의문을 해소하고서, 내가 진정으로 회심한 사람이라는 것을 확실히 알지 않으면 안 된다. 나는 내 자신의 마음과 삶에 대하여 완전히 모르는 것이 아니기 때문에, 내가 진정으로 회심한 것인지, 아니면 회심하지 않은 것인지를 어느 정도는 알 수 있다. 내가 회심한 것이 아니라면, 거짓된 생각들이나 소망들로 내 영혼을 달래는 것은 내게 전혀 유익이 되지 않는다. 그러므로 나는 더 이상 내 자신을 속이지 말고, 내가 회심한 것인지 아닌지를 확실하게 알려고 온 힘을 다해 애를 쓸 것이다. 내가 회심한 것이라면, 나는 그것을 즐거워하며, 내게 은혜를 베풀어 주신 하나님께 모든 영광을 돌리고, 내게 준비된 영광의 면류관을 받게 될 때까지 평안함 가운데서 더욱 더 경건의 일에 힘쓸 것이다. 내가 회심하지 않았다면, 나는 하나님께서 내게 은혜를 주셔서 나를 회심시켜 주실 것을 간구하는 가운데, 더 이상 지체 없이 하나님께로 돌이킬 것이다. 내가 올바른 길에서 벗어나 있는 것을 발견한다면, 나는 그리스도의 도우심을 힘입어서, 그 길에서 돌이켜서 올바른 길로 다시 돌아갈 것이다. 내 마음이 눈멀고 완악해져서 하나님으로부터 버림을 받고 계속해서 어둠 속에서 지내다가 죽음을 맞이하게 된다면, 때는 이미 늦어서, 그 때에는 회개하거나 회심할 기회가 사라져 버린다. 그러므로 나는 바로 지금 회심하여야 하고, 그렇지 않으면 영원히 회심할 수 없다는 것을 안다."

내가 여러분에게 부탁하는 것은, 여러분이 회심하였는지 그렇지 않은지를 알게 될 때까지, 여러분 자신에게 이 질문들을 던지면서, 여러분의 심령 상태를 살펴보시라는 것입니다. 그리고 여러분이 여러 번 그렇게 하려고 애썼는데도, 도저히 자신의 회심 여부를 확인할 수가 없는 경우에는, 신실하고 경험 많은 사역자들을 찾아가서 도움을 청하십시오. 이 일은 아주 중요한 일이기 때문에, 여러분은 사역자들을 찾아가서 이 일과 관련하여 도움을 청하는 것을 부끄러워하거나 주저해서도 안 되고, 내가 부탁한 대로 해 보았는데도 잘 안 된다고 해서 포기해 버리고 더 이상 신경을 쓰지 않겠다고 생각해서도 안 됩니다. 의사들이 여러분의 육신의 병을 치료해서 여러분을 도와 주기 위하여 있는 것처럼, 사역자들은 여러분의 영혼의 병을 치유하고 구원하는 일과 관련해서 여러분을 돕기 위하여 있는 사람들입니다.

교회에 다니는 사람들 중에는, 실제로는 구원의 길을 가고 있지 않는데도, 자기가 구원의 길로 가고 있다고 생각하거나, 실제로는 회심하지 않았는데도, 자기가 회심하였다고 생각하는 사람들이 많습니다. 그래서 우리가 그런 사람들에게 회심에 대하여 말하면, 그들은 회심은 자신들과는 이제 상관없는 일이라고 생각해서, 아예 들을 생각조차 하지 않고 뒤돌아서서 가 버립니다. 왜냐하면, 그들은 자신들은 이미 회심해서 구원의 길을 걷고 있는 까닭에, 지금 자신들이 발을 딛고 있는 그 길에서 실족하여 크게 넘어지지만 않고 무난히 걸어 가기만 한다면, 반드시 천국에 다다르게 될 것이라는 잘못된 확신과 소망 속에서 살아가고 있기 때문입니다.

그런데 안타깝게도 그들의 확신이나 소망과는 반대로, 실제로 그들은 하나님과 영생에 대해서는 아무것도 알지 못한 채로, 천국으로 통하는 길에서 완전히 벗어나서, 오로지 세상과 육신을 위하여 살아가고 있습니다. 그들이 그런 잘못된 확신 가운데서 멸망의 길로 가고 있는 것도 문제이지만, 우리가 그들에게 그들의 영적인 상태를 단 몇 시간만이라도 진지하게 생각해 보라고 아무리 설득해도, 그들은 자신들의 잘못된 확신으로 인해서 우리의 말을 전혀 들으려고 하지 않는다는 것이 더욱 더 심각한 문제입니다. 오늘 내가 전하는 이 말씀을 듣고 계시는 분들 중에는, 그런 잘못된 확신에 빠져서 지금까지 일평생을 살아 와서, 자신의 영혼이 어떤 상태에 있는지를 살펴보거나, 자신이 진정으로 회심한 것인지 그렇지 않은지를 진지하게 생각해 보는 일에 단 한 시간도 투자한 적이 없는 가련한 사람들이 많을 것입니다.

오, 자비와 긍휼이 풍성하신 하나님, 그들 자신이 이미 회심하였다는 잘못된 확신에 빠져서 회심에 대해서는 생각조차 하지 않으려고 하는 자들이 내가 전하는 이 말씀을 듣고서 자신의 회심에 대하여 진지하게 생각해 볼 수 있게 도와 주시고, 그들 자신이 이미 지옥에서 빠져나와 천국으로 가고 있다고 믿는 잘못된 확신에 빠져서, 자기가 지옥으로 가고 있는 것도 모르고 있는 자들이 내가 전하는 이 말씀을 듣고서 자신의 실상을 깨달아서 지옥에서 건짐을 받고 천국으로 가는 길로 돌이킬 수 있게 도와 주십시오!

자신들은 천국으로 가고 있다고 확신하고 있는 그들이 사실은 지옥으로 가고 있는 것임을 알기만 하여도, 그들은 감히 더 이상은 계속해서 그 길로 가지 못하게 될 것입니다. 여러분을 영원한 멸망으로 이끌고자 하는 마귀가 가장 바라는 것은, 멸망의 길을 가고 있는 여러분의 눈을 계속해서 잘 가려서, 여러분으로 하여금 자신의 상태를 알지 못하게 하고, 자기가 천국으로 가는 길을 아무런 문제 없이 잘 걸어가고 있다고 믿게 만들어서, 그 길에서 돌이키지 못하게 하는 것입니다. 여러분이 지금 천국으로 가는 길에서 벗어나 있어서, 지금 이대로 죽는다면, 영원한 멸망에 처해져서 끝없는 고통을 겪을 수밖에 없다는 것을 안다면, 현재 여러분이 처해 있는 그런 상태에서 여러분은 잠이 오겠습니까? 그런 상태에서 여러분은 단 하룻밤이라도 편히 잘 수 있겠으며, 단 하루라도 편히 살아갈 수 있겠습니까? 그런 상태에서 여러분은 단 한 번이라도 마음 편히 웃거나 즐거워할 수 있겠습니까? 결코 그렇게 할 수 없습니다. 여러분은 지금부터 한 시간 후에는 지옥에 자리를 펴고 있을지도 모르는데, 어떻게 여러분이 그럴 수 있겠습니까? 여러분은 자신의 상태를 안 그 즉시, 여러분이 이제까지 악한 친구들과 함께 어울려 죄악되게 살아 온 삶을 버리고, 성도들과 교제하는 가운데 거룩함을 따르는 삶을 살아야 하겠다고 결심하게 될 것이고, 새로운 마음을 주시라고 하나님께 부르짖게 될 것이며, 여러분에게 적절한 조언을 해 줄 사람들을 찾아가서 도움을 청하게 될 것입니다. 여러분 중에서, 자기가 영원히 멸망할 위험에 처해 있다는 것을 알았는데도, 그런 것에 아랑곳하지 않고 태평하게 가만히 앉아 있을 사람은 아무도 없을 것이 분명합니다.

그렇기 때문에, 나는 여러분에게 즉시 여러분의 마음을 살피는 일을 시작해서, 여러분 자신의 상태를 알게 될 때까지 결코 쉬지 마시라고 부탁드리는 것입니다. 그렇게 해서 여러분이 자기가 회심하였다는 사실을 확인하게 되었다면, 여러분은 그 사실을 기뻐하며, 여러분이 지금까지 걸어 온 길을 계속해서 걸어가면 됩니다. 반면에, 여러분이 회심하지 않았다는 사실이 확인된다면, 여러분은 "돌이키지 않으면 반드시 죽는다"는 하나님의 말씀을 믿고서, 하나님께 돌이키기 위한 일을 시작하면 됩니다.

　자, 이제 여러분은 어떻게 하시겠습니까? 여러분 자신의 영혼을 위해서 온 힘을 다해 그렇게 하겠다고 결심하시고 약속하시겠습니까? 내가 부탁한 대로, 집으로 돌아가서서 여러분 자신을 살펴보시겠습니까? 나의 부탁이 이치에 맞지 않는 부당한 것입니까? 여러분의 양심은 그렇지 않다는 것을 알고 있습니다. 그러므로 여러분의 마음이 또 다시 흔들리기 전에, 그렇게 하겠다고 결심하십시오. 이 일은 여러분의 영혼에 너무나 중요합니다. 여러분은 모두 한 사람도 빠짐없이 머지않아 하나님의 법정에 서게 될 것인데, 거기에서 여러분을 심판하실 하나님께서 여러분에게 명하신 것을 내가 대신해서 여러분에게 부탁하는 것이기 때문에, 나는 여러분이 나의 부탁을 꼭 들어 주시기를 간청합니다. 또한, 나는 여러분의 영혼은 하나님께로 돌이키지 않으면, 영원히 멸망할 수밖에 없다는 것을 생각하셔서, 여러분이 나의 부탁을 거절하지 말아 주시기를 간청합니다. 여러분은 여러분 자신의 영적인 상태를 아는 것을 여러분이 지금 가장 먼저 해야 할 일로 삼으시고서, 확실한 토대와 근거 위에서, 자신이 회심하였는지, 아니면 회심하지 않았는지를 제대로 올바르게 확인하여야 하고, 잘못된 확신이나 불확실한 토대 위에서 자신이 회심하였다고 착각해서 이대로 안일하게 살아가서는 안 된다는 것을 명심하여야 합니다.

　이 대목에서 아마도 여러분은 이렇게 말할 것입니다: "우리가 당신의 말대로 한 결과, 우리 자신이 회심하지 않았다는 것을 발견하게 되었다면, 그때에는 우리가 어떻게 해야 하는가?" 이 질문은 우리의 본문이 우리에게 주는 두 번째 교훈으로 우리를 인도해 줍니다. 우리가 이제 살펴보게 될 이 두 번째 교훈은 이 질문에 대해서 우리에게 많은 대답을 해주게 될 것입니다.

두 번째 교훈

회심하면 산다는 것이 하나님의 약속이다

．．

"하나님께서는 악인들일지라도 거짓 없이 철저하게 돌이키기만 하면, 반드시
살 것이라고 약속하셨습니다."

하나님께서는 이 본문에서 악인들이 돌이켜서 살게 되는 것이야말로 자
기가 진정으로 기뻐하는 것이라고 선언하십니다. 분명한 것은 지옥이 회심
하지 않은 사람들을 위해 만들어진 것과 마찬가지로, 천국은 회심한 사람
들을 위해 만들졌다는 것이고, 돌이키지 않으면 죽는다(turn or die)는 것만큼
이나, 돌이키면 산다(turn and live)는 것도 확실한 진리라는 것입니다. 우리가
죄를 지어서 스스로 파멸하게 되었을 때, 하나님께서는 굳이 우리에게 구
주를 준비해 주시거나, 구원의 문을 열어 주시거나, 회개하고 돌이키라고
부르시거나 하실 이유가 없으셨는데도, 자신의 긍휼과 자비가 어떠한지를
보여 주시기 위하여, 값없이 은혜로 우리의 구원과 관련된 그런 일들을 행
하신 것이었습니다. 이 자리에 계신 여러분 중에서 영원히 멸망당하게 될
죄인들이라도, 내가 전한 말씀을 다 듣고 나서 집에 돌아가서, 내가 여러
분에게 절망을 선포하였다고 말할 사람은 아무도 없을 것입니다. 하나님께

서 여러분에게 긍휼과 자비의 문을 열어 놓으셨는데, 우리 사역자들이 어떻게 여러분에게 그 문을 닫아 버릴 수 있겠습니까? 그리고 여러분도 여러분 자신에게 그 긍휼과 자비의 문을 닫아 버려서는 안 됩니다. 여러분이 돌이켜서 거룩하게 되고자 하는데, 어떻게 우리 사역자들이 하나님께서는 여러분에게 긍휼과 자비를 베푸시지 않으실 것이라고 말할 수 있겠습니까? 하나님의 말씀을 전한다고 하는 사역자들이 그런 식으로 말씀을 전하고 설교하는 것을 여러분은 한 번이라도 들은 적이 있습니까? 복음 사역자들은 여러분을 지옥으로부터 건져내려고 하나님의 말씀을 전하는데도, 여러분은 그 사역자들이 절망을 전한다고 비난하고 욕합니다.

여러분은 사역자들 중에서 단 한 사람이라도 하나님의 말씀을 전하면서, 여러분이 회개하고 회심하여도 여러분에게는 아무런 소망이 없다고 말하는 것을 들어 본 적이 있다면, 어디 내게 말해 보십시오. 정반대로, 우리 사역자들은 하나님께서는 회개하고 믿어서 거듭나고 새로운 피조물이 된 사람은 누구든지 반드시 구원을 받게 될 것이라고 말씀하시고 약속하셨다고 분명하게 선포합니다. 그리고 우리는 여러분으로 하여금 절망하게 하기 위하여 하나님의 이러한 말씀을 전하는 것이 아니라, 여러분이 회심하기만 한다면 반드시 구원을 받게 될 것임을 조금도 의심하지 말라고 권하는 의미에서 이러한 말씀을 전하는 것입니다.

우리 사역자들이 여러분에게 전하는 일차적인 메시지는 죽음이 아니라 생명입니다. 우리가 하나님으로부터 받은 사명은 구원을 전하는 것입니다. 그래서 우리는 여러분 모두에게 확실하고 신속하며 영광스러우며 영원한 구원을 전합니다. 우리는 가장 위대한 군주에게만이 아니라 가장 미천한 거지에게도 구원을 전하고, 여러분 중에서 가장 악한 사람들에 속하는 술주정뱅이들, 욕설을 입에 달고 살아가는 사람들, 지독한 속물들, 남의 것을 강탈하는 강도들에게도 구원을 전하며, 거룩한 구원의 길을 멸시하고 조롱하는 사람들에게도 구원을 전합니다. 우리의 주님이신 예수 그리스도께서는 여러분이 지금이라도 돌이켜서 살 길을 찾기만 한다면, 여러분이 지난날에 지은 모든 죄를 사하여 주시겠다고 약속하셨고, 우리에게 이 약속을 여러분에게 전하라고 명하셨습니다. 또한, 예수 그리스도께서는 우리에게 여러분으로 하여금 이 제안을 받아들여서 돌이킬 것을 부탁하고 간청하라고 명하셨고, 자기가 여러분을 위해서 어떤 것들을 준비해 놓으셨는지, 어떤 긍휼과 자비가 여러분을 기다리고 있는지, 하나님이 여러분에 대해서 얼마나 오래 참고 기다려 주고 계시고, 여러분을 향하여 얼마나 인자하신 생각들을 하고 계시는지, 그리고 여러분이 돌이키기만 한다면, 여러분은 이루 말할 수 없는 확실한 행복을 누리게 될 것임을 여러분에게 말해 주라고 명하셨습니다.

우리 사역자들이 여러분에게 전해야 하는 또 다른 메시지가 있는데, 그것은 진노와 죽음에 관한 메시지, 즉 현세에서 한 번, 내세에서 또 한 번 여러분이 경험하게 될 진노와 죽음에 관한 메시지입니다. 그러한 두 번의 진노나 죽음은 우리가 여러분에게 전하는 주된 메시지가 아닙니다. 우리 사역자들은 여러분이 행위의 율법을 범함으로써, 하나님의 진노가 이미 여러분 위에 있고, 여러분은 태어날 때부터 죽음의 지배를 받고 있다는 사실을 여러분에게 전하지 않으면 안 됩니다. 하지만 우리가 이 메시지를 전하는 목적은 여러분을 절망에 빠뜨리기 위한 것이 아니라, 도리어 여러분이 지금 하나님의 긍휼과 자비가 꼭 필요한 상태에 있다는 것을 보여 주어서, 여러분으로 하여금 하나님 앞으로 나아가서 구속주의 은혜를 감사함으로 받아들이도록 하기 위한 것일 뿐입니다. 이것은 여러분과 관련된 비참하고 끔찍한 사실이지만, 우리가 이것을 전하는 이유는, 이것은 여러분이 꼭 알아야 하고 회피해서는 안 되는 진리이기 때문입니다. 자기가 병들었다는 것을 알지 못하는 사람이 어떻게 의사를 찾아갈 생각을 하겠습니까? 이렇게 우리가 여러분이 처해 있는 비참한 현실을 여러분에게 말해 주는 것은, 여러분을 비참하게 만들려고 하는 것이 아니고, 여러분으로 하여금 여러분 자신에 대한 끔찍한 사실을 알게 해서, 하나님의 긍휼과 자비를 구하기 위하여 발벗고 나서게 하기 위한 것입니다. 현세에서 여러분의 이러한 영적인 죽음을 초래한 장본인은 바로 여러분 자신입니다.

또한, 우리는 여러분에게 또 하나의 죽음에 대해서도 전해야 하는데, 그것은 죽을 때까지 회심하지 않은 사람들에게 임하게 될 내세에서의 죽음입니다. 이 죽음은 여러분이 지금 겪고 있는 현세에서의 죽음보다 훨씬 더 고통스러울 뿐만 아니라, 현세에서의 죽음과는 달리 치료가 불가능합니다. 이 죽음은 엄연한 사실이고, 우리가 여러분에게 반드시 전해야 하는 것이며, 우리가 여러분에게 전해야 할 메시지들 중에서 마지막으로 전해야 하는 가장 서글픈 메시지입니다. 우리가 가장 먼저 여러분에게 전하는 메시지는, 하나님께로 돌이켜서, 하나님이 여러분을 위해 준비해 두신 긍휼과 자비를 얻으라는 메시지를 전합니다. 그런 후에, 우리의 그러한 긍휼의 메시지를 듣고서도 돌이키기를 거부하는 사람들에게는, 우리는 그들이 계속해서 그런 식으로 살아간다면, 영원한 멸망을 피할 수 없을 것임을 미리 알려 주어야 합니다. 그러므로 여러분이 그리스도의 부르심을 듣고, 더 이상 지체함이 없이, 여러분의 죄를 버리고 하나님 앞으로 나아와서 회심하여 새로운 피조물이 된다면, 우리 사역자들이 여러분을 쳐서, 저 끔찍한 진노나 죽음에 관한 메시지를 선포할 이유는 사라지게 됩니다.

나는 이 자리에서 내가 전하는 말씀을 듣고 계시는 여러분 중에서 가장 악한 죄인들이나 아주 오랫동안 죄를 지어 온 사람들을 포함해서 여러분 모두에게, 여러분이 돌이키기만 한다면, 여러분은 하나님의 긍휼을 입어 반드시 구원을 받게 될 것임을 생명의 주이신 하나님의 이름으로 선포합니다. 하나님 안에는 긍휼이 있고, 그리스도 안에는 가장 극악무도한 사람까지도 구원하실 수 있는 충분한 대속의 능력이 있으며, 돌이키기만 하면 살 것이라는 하나님의 구원의 약속은 누구에게나 값없이 주어져 있습니다. 그렇기 때문에, 여러분은 돌이키기만 하면, 영생을 얻을 수 있습니다. 하지만 여러분이 자신의 영혼을 사랑한다면, 성경에서 "돌이키라"고 말씀할 때, 그것이 무엇을 의미하는지를, 여러분은 반드시 올바르게 제대로 알아야 한다는 것을 기억하여야 합니다. "돌이키는" 것, 즉 회심은 단순히 헌 집을 수리하는 것이 아니라, 헌 집을 완전히 다 무너뜨린 후에, 구원의 확실한 "터"이자 "반석"이신 그리스도 위에 새 집을 짓는 것입니다. 회심은 단지 육신적인 삶과 행실을 약간 수정하는 것이 아니라, 육신을 죽이고 성령을 따라 사는 것입니다. 회심은 지난날의 방탕한 삶을 청산하고, 착실하게 신앙생활을 하면서, 사람들이 보기에 추악하고 부끄러운 죄악들을 저지르지 않고, 사람들이 보기에 모범적인 행실을 보이는 등, 좀 더 나은 방식으로 살아가기는 하지만, 본질적으로는 여전히 육신과 세상을 섬기는 것이 아니라, 여러분이 섬기는 주인을 바꾸는 것이고, 여러분의 행실을 바꾸는 것이며, 여러분이 지난날에 걸었던 길에서 완전히 백팔십도로 돌아서서 정반대의 길로 걷는 것이고, 여러분이 여러분의 눈으로 단 한 번도 보지 못한 천국에서의 삶을 얻기 위하여 모든 것을 행하며, 여러분 자신과 여러분이 가진 모든 것을 하나님께 드리는 것입니다. 여러분이 살고자 한다면, 이러한 변화가 여러분에게 반드시 있어야 합니다.

　내가 여러분에게 전하고자 하는 가장 중요한 일차적인 메시지는 영원한 멸망이 아니라 구원이고, 내가 영원한 멸망에 대하여 전한다고 할지라도, 그것은 어디까지나 여러분을 각성시켜서 구원을 얻게 하기 위한 것이라는 사실에 대해서는, 이제 여러분 자신이 증인들입니다. 여러분이 이것을 인정해야만, 우리는 여러분에게 계속해서 말씀을 전할 수 있습니다. 왜냐하면, 여러분이 여전히 우리가 여러분에게 구원이 아니라 멸망을 전하는 것이라고 생각한다면, 우리가 더 이상 말씀을 전해 보아야 쓸데없을 것인 까닭에, 우리는 굳이 그런 메시지로 여러분을 겁주거나 괴롭게 할 필요가 없을 것이기 때문입니다. 그러나 여러분이 이 땅에서 구원받지 못한다면, 그것을 돌이킬 수 있는 길은 더 이상 없기 때문에, 여러분에게는 영원한 멸망이 반드시 임하게 될 것입니다. 여러분 앞에는 생명이냐 죽음이냐 둘 중의 하나만이 놓여 있고, 그 둘 사이에 중간지대는 없습니다.

우리는 여러분을 살 길로 초대하고 있는데, 이제 여기에서는 왜 우리가 그렇게 행하고 있는지, 그 근거들을 여러분에게 보이고자 합니다. 우리는 하나님께서는 자신이 말씀하신 그대로 행하시는 분이시고, 하나님의 약속은 참되며, 다른 사람들에게와 마찬가지로 여러분에게도 해당되고, 천국은 꾸며낸 이야기가 아니라, 엄연히 존재하는 지극히 복된 곳이라는 것을 믿으라고 여러분에게 외칩니다. 그러면, 여러분은 우리가 여러분에게 이런 초대를 할 권한을 도대체 어디에서 받은 것이냐고 물을 수 있습니다. 나는 우리 사역자들이 그렇게 행하는 근거가 되는 수많은 성경 본문들 중에서 몇 구절만을 여러분에게 보여 드리고자 합니다.

먼저, 여러분은 우리가 지금 살펴보고 있는 본문과 그 뒤에 나오는 절들, 그리고 에스겔서 18장에서 아주 분명한 근거를 볼 수 있고, 고린도후서 5:17-21에는 우리 사역자들에게 주어진 사명이 잘 요약되어 있습니다: "그런즉 누구든지 그리스도 안에 있으면 새로운 피조물이라 이전 것은 지나갔으니 보라 새 것이 되었도다 모든 것이 하나님께로서 났으며 그가 그리스도로 말미암아 우리를 자기와 화목하게 하시고 또 우리에게 화목하게 하는 직분을 주셨으니 곧 하나님께서 그리스도 안에 계시사 세상을 자기와 화목하게 하시며 그들의 죄를 그들에게 돌리지 아니하시고 화목하게 하는 말씀을 우리에게 부탁하셨느니라 그러므로 우리가 그리스도를 대신하여 사신이 되어 하나님이 우리를 통하여 너희를 권면하시는 것 같이 그리스도를 대신하여 간청하노니 너희는 하나님과 화목하라 하나님이 죄를 알지도 못하신 이를 우리를 대신하여 죄로 삼으신 것은 우리로 하여금 그 안에서 하나님의 의가 되게 하려 하심이라."

다음으로, 다음과 같은 본문들을 보십시오. "너희는 온 천하에 다니며 만민에게 복음을 전파하라 믿고 세례를 받는 사람은 구원을 얻을 것이요 믿지 않는 사람은 정죄를 받으리라"(막 16:15-16). "이같이 그리스도가 고난을 받고 제삼일에 죽은 자 가운데서 살아날 것과 또 그의 이름으로 죄 사함을 받게 하는 회개가 예루살렘에서 시작하여 모든 족속에게 전파될 것이 기록되었으니 너희는 이 모든 일의 증인이라"(눅 24:46-48). "너희가 나무에 달아 죽인 예수를 우리 조상의 하나님이 살리시고 이스라엘에게 회개함과 죄 사함을 주시려고 그를 오른손으로 높이사 임금과 구주로 삼으셨느니라 우리는 이 일에 증인이요 하나님이 자기에게 순종하는 사람들에게 주신 성령도 그러하니라"(행 5:30-32). "형제들아 너희가 알 것은 이 사람을 힘입어 죄 사함을 너희에게 전하는 이것이며 또 모세의 율법으로 너희가 의롭다 하심을 얻지 못하던 모든 일에도 이 사람을 힘입어 믿는 자마다 의롭다 하심을 얻는 이것이라"(행 13:38-39). "할례나 무할례가 아무 것도 아니로되 오직 새로 지으심을 받는 것만이 중요하니라"(갈 6:15). "어떤 사람이 큰 잔치를 베풀고 많은 사람을 청하였더니 잔치할 시각에 그 청하였던 자들에게 종을 보내어 이르되 오소서 모든 것이 준비되었나이다 하매... 주인이 종에게 이르되 길과 산울타리 가로 나가서 사람을 강권하여 데려다가 내 집을 채우라 내가 너희에게 말하노니 전에 청하였던 그 사람들은 하나도 내 잔치를 맛보지 못하리라 하였다 하시니라"(눅 14:16-17, 23-24).

이제 여러분은 우리가 여러분이 돌이키면 살게 될 것이라는 말씀을 여러분 모두에게 전하여, 여러분을 생명으로 초대하라는 명령을 하나님으로부터 받았다는 사실을 알게 되었을 것입니다.

여러분은 우리의 초대를 믿고, 여러분의 영혼을 안전하게 맡길 수 있습니다. 왜냐하면, 우리의 초대의 원천은 하나님의 사랑이고, 이러한 초대를 가능하게 한 것은 하나님의 아들의 피이기 때문입니다. 성경은 "하나님이 세상을 이처럼 사랑하사 독생자를 주셨으니 이는 그를 믿는 자마다 멸망하지 않고 영생을 얻게 하려 하심이라"(요 3:16)고 말씀합니다. 하나님께서는 신실하시고 참되시기 때문에, 이 약속을 반드시 지키십니다. 그래서 하나님께서는 이 초대가 참되다는 것을 이적들을 통해 인쳐 주었고, 자신의 사역자들을 온 세상에 보내어 이 약속을 널리 전하고 사람들을 초대하게 하셨으며, 이 초대를 받아들이고자 하는 사람들에게 자신의 긍휼을 전하시기 위하여 성례전들을 제정하시고, 그들로 하여금 성례전들에 참여하여 그 긍휼을 받게 하셨으며, 이 땅에 성령을 보내셔서 성례전들에 참여한 사람들의 마음을 열어 이 그 긍휼을 받아들일 수 있게 하셨는데, 성령은 그 자체로 이 초대를 받아 들인 사람들이 장차 천국에서 얻게 될 기업의 보증이자 담보입니다. 그러므로 여러분 중에서 가장 악한 사람을 포함해서 여러분 모두는 단지 회심하기만 하면 구원받게 된다는 것은 논란의 여지가 없는 진실입니다.

여러분이 회심 없이도 구원받을 수 있다고 정녕 믿는다면, 여러분은 거짓을 믿는 것이고, 내가 여러분에게 그런 식으로 설교한다면, 나는 거짓을 설교하는 것입니다. 그런 믿음은 하나님을 믿는 것이 아니라, 마귀를 믿는 것이고, 여러분 자신의 거짓된 마음을 믿는 것입니다. 단지 하나님만이 여러분에게 생명을 주시겠다고 약속하시는 것이 아니라, 마귀도 여러분에게 생명을 주겠다고 약속합니다. 그러나 이 두 약속 간에는 차이가 있습니다. 하나님께서는 "너희가 돌이키면 살리라"고 약속하시는 반면에, 마귀는 "너희가 돌이키든 말든, 너희는 반드시 살리라"고 약속합니다. 내가 이미 여러분에게 보여 주었듯이, 하나님께서는 이렇게 말씀하십니다: "진실로 너희에게 이르노니 너희가 돌이켜 어린 아이들과 같이 되지 아니하면 결단코 천국에 들어가지 못하리라"(마 18:3). "예수께서 대답하여 이르시되 진실로 진실로 네게 이르노니 사람이 거듭나지 아니하면 하나님의 나라를 볼 수 없느니라... 예수께서 대답하시되 진실로 진실로 네게 이르노니 사람이 물과 성령으로 나지 아니하면 하나님의 나라에 들어갈 수 없느니라"(요 3:3, 5). "모든 사람과 더불어 화평함과 거룩함을 따르라 이것이 없이는 아무도 주를 보지 못하리라"(히 12:14).

반면에, 마귀는 이렇게 말합니다: "너희는 거듭나거나 회심하지 않아도 구원받을 수 있고, 거룩함이 없이도 얼마든지 천국에 갈 수 있다. 하나님은 단지 너희에게 겁을 주고자 하시는 것일 뿐이다. 너희는 하나님의 말씀을 들으면 겁이 나겠지만, 하나님은 긍휼이 풍성하신 분이시기 때문에, 절대로 자신이 말씀하신 대로 하지 않으시고, 그 한량없으신 자비하심으로 결국에는 너희를 너그럽게 용서해 주시고 잘 대해 주실 것이다."

그리고 안타깝고 애석한 것은, 우리 인간의 죄와 참상이 세상에 처음으로 들어왔을 때에 아담과 하와가 그랬던 것처럼, 지금도 대부분의 세상 사람들은 하나님의 말씀보다는 마귀의 말을 믿는다는 것입니다. 하나님께서는 우리의 첫 조상들에게 "선악을 알게 하는 나무의 열매는 먹지 말라 네가 먹는 날에는 반드시 죽으리라"(창 2:17)고 말씀하셨습니다. 그런데 마귀는 하나님이 하신 말씀을 정면으로 부정하고서, 우리의 첫 조상들에게 이렇게 말하였습니다: "너희가 단지 하나님께 부르짖어 용서해 달라고 하기만 하면, 결국 하나님께서는 너희에게 긍휼과 자비를 베푸실 것이기 때문에, 너희는 결코 죽지 않을 것이다(창 3:4). 따라서 너희는 실컷 죄를 지으며 살아가다가, 더 이상 힘이 없어서 죄를 지을 수 없게 되었을 때, 죄악된 행위들을 그만두고, 하나님 앞에 나아가 긍휼과 자비를 구하면 된다." 지금도 하나님보다 마귀를 믿는 지독하게 사악한 세상 사람들은, 우리의 첫 조상들과 마찬가지로, 바로 그 말을 믿고 살아갑니다.

하지만 세상 사람들의 사악함은 거기에서 끝나지 않습니다. 그들의 최악의 사악함은, 그들이 원래부터 온통 거짓말만을 하는 마귀의 말을 믿고 마귀를 섬기면서도, 자신들은 하나님의 말씀을 믿고 하나님을 섬긴다고 말하는 신성모독을 저지르고 있다는 것입니다. 그들은 실제로는 자신들이 하나님의 말씀을 거짓이라고 믿고 마귀의 말을 참이라고 믿는 것인데도, 자신들은 하나님을 믿고 신뢰하는 사람들로서, 오로지 하나님의 말씀만을 참이라고 믿고, 오직 그 말씀에 의지해서 구원을 받으려고 한다고 말합니다. 하나님께서 언제 단 한 번이라도, 거듭나지 않은 사람이나 회심하지 않은 사람, 또는 거룩하게 되지 않은 사람도 구원을 받게 될 것이라고 말씀하신 적이 있습니까? 그런 말씀이 성경에 나와 있다면, 어디 한 번 내게 보여 주십시오. 그 말은 마귀가 한 말이고, 그 말을 믿는 것은 마귀를 믿는 것입니다. 그러므로 실제로는 마귀가 한 말을 믿고 마귀를 섬기면서, 마치 하나님의 말씀을 믿고 하나님을 섬기는 체하는 것은, 하나님의 이름을 참칭하는 죄를 범하는 것입니다. 그런데도 여러분은 그렇게 하는 것이 하나님을 믿고 섬기는 것이라고 말하시겠습니까? 하나님의 말씀 속에는 거룩하게 된 사람들의 마음에 위로가 되고 힘이 되는 말씀이 가득하지만, 악인들에게 힘을 주거나, 결코 거룩하게 되지도 않은 사람들에게 장차 구원을 받게 될 것이라는 소망을 조금이라도 주는 말씀은 단 한 글자도 없습니다.

그러나 여러분이 돌이켜서 긍휼과 자비의 길로 나아오고자 하기만 한다면, 하나님의 긍휼과 자비는 여러분을 영접할 준비가 이미 다 되어 있기 때문에, 여러분은 하나님이 여러분을 구원하실 것임을 담대하게 신뢰할 수 있습니다. 왜냐하면, 하나님께서는 이미 자신의 말씀을 통해서 여러분을 구원하시겠다고 약속하셨기 때문입니다. 하나님께서는 오직 자기 자녀들에게만 아버지가 되어 주시고, 오직 세상과 마귀와 육신을 버리고, 자신의 권속 가운데로 들어와서 자기 아들의 지체들이 되어, 자신의 성도들과 함께 교제하는 사람들만을 구원하십니다. 그렇게 하지 않은 사람들이 있다면, 그 모든 책임은 그들 자신에게 있습니다. 하나님의 긍휼과 자비를 얻을 수 있는 길은 누구에게나 열려 있고, 하나님께서는 그 길로 나아오는 자는 누구든지 다 내쫓지 않으시고 반드시 영접하십니다.

하나님은 여러분 중 그 누구에게도, "이제는 때가 너무 늦어서, 네가 회심하였을지라도, 나는 너를 받아줄 수 없다"고 말씀하신 적이 없으십니다. 사실, 하나님께서 여러분 모두에게 그렇게 말씀하셨어도, 그 말씀은 합당하고 의로운 것이었기 때문에, 여러분은 거기에 대해서 단 한 마디의 항변도 할 수 없었을 것입니다. 하지만 하나님은 그렇게 말씀하지 않으셨고, 지금도 그렇게 말씀하지 않으십니다. 여러분이 거짓 없이 온 마음을 다하여 돌이키고자 하기만 한다면, 하나님께서는 여전히 여러분을 기꺼이 영접해 주십니다. 우리가 지금까지 살펴 본 두 번째 교훈이 참되다는 것은, 지금부터 우리가 살펴볼 다음 두 가지 교훈을 통해서 좀 더 분명하게 드러날 것이기 때문에, 나는 두 번째 교훈의 적용에 대해서 말하기 전에, 먼저 다음 두 가지 교훈을 먼저 살펴보고자 합니다.

세 번째 교훈

하나님은 사람들이 회심하여 구원을 얻는 것을 기뻐하신다

"하나님께서는 사람들이 회심하여 구원을 얻게 되는 것을 기뻐하시고, 그들이 죽거나 멸망하는 것을 기뻐하지 않으시기 때문에, 그들이 돌이키지 않아서 죽게 되는 것보다 돌이켜서 살게 되기를 원하신다."

나는 먼저 이 교훈을 어떻게 이해해야 하는지를 여러분에게 말한 후에, 다음으로 이 교훈이 참되다는 것을 여러분에게 증명하고자 합니다.

여러분은 우선 다음과 같은 사실들을 주목할 필요가 있습니다.

(1) 사람의 의지는 먼저 어떤 대상을 인식하자마자, 그것을 원하거나 흡족해 하게 되고, 그런 다음에 그것을 여러 가지 것들과 한데 비교하게 되는데, 이것이 의지의 첫 번째 행위입니다. 그런 후에, 사람은 그러한 비교를 토대로 해서 선택을 하게 되는데, 이것이 의지의 두 번째 행위입니다. 따라서 사람이 어떤 것을 선택하는 행위는 사람이 지각을 사용해서 여러 가지 것들을 실제적으로 비교하는 행위를 전제합니다. 그리고 이 두 가지 행위는 흔히 한 사람 안에서 아무런 상충함이 없이 서로 상반되는 두 대상에 대하

여 행해질 수 있습니다.

(2) 어떤 것을 행하고자 하는 거짓 없는 의지라고 해도, 의지의 정도는 동일하지 않고 다양합니다. 내게 있는 모든 힘을 다 동원해서 이루고자 하는 것들도 있고, 내가 그것들을 이루기 위해서 나의 모든 것을 다 바칠 수는 없지만, 다른 것들을 이루고자 하는 것만큼이나 그것들을 진정으로 이루고자 하는 것들도 있으며, 내가 나의 모든 것을 다 바쳐서 이루고 싶기는 하지만, 여러 가지 이유들로 인해서 그렇게 하지 못하는 것들도 있습니다.

(3) 통치자의 의지는 법들을 제정하고 집행하는 데서 나타나지만, 사람의 의지는 자신의 타고난 역량 가운데서, 또는 한 사람의 절대적인 지배자로서, 어떤 것들을 원하거나 작정하는 데서 나타납니다.

(4) 통치자의 의지는 사람들로 하여금 지키도록 하기 위하여 입법자로서 제정한 법들에서 일차적으로 나타나고, 그런 후에 사람들이 법들을 지키지 않았다는 전제 위에서 재판관으로서 집행하는 온갖 형벌에서 나타납니다. 따라서 재판관으로서의 통치자의 의지는 자신이 제정한 법을 사람들이 지켰다거나 어겼다는 전제 위에서만 나타나고, 그가 거기에 따라 상이나 벌을 결정할 때에 나타납니다.

나는 앞에서 "의지"와 관련해서 필요한 여러 가지 구별들을 제시하였기 때문에, 이제 여기에서는 우리가 지금 다루고 있는 주제에 그러한 구별들을 적용해서, 다음과 같은 명제들로 정리해 보고자 합니다.

(1) 우리는 이 땅에 사는 동안에는 현세에서는 하나님의 말씀인 성경과 피조세계라는 안경을 통해서 하나님을 알 수밖에 없습니다. 따라서 인간의 본성에 비추어 볼 때, 우리는 하나님께도 지성과 의지가 있으시다고 말할 수 있습니다. 물론, 우리의 지성과 의지는 불완전한 것인 반면에, 하나님의

지성과 의지는 완전한 것입니다. 우리가 이렇게 우리의 본성에 비추어서 하나님에 대하여 말할 수밖에 없는 이유는, 우리의 본성보다 더 높은 차원에서 하나님을 인식하는 것은 우리에게 불가능하기 때문입니다.

(2) 하나님께서 행하시는 모든 행위들은 하나님의 본질과 관련해서는 모두 하나이고 동일하지만, 우리는 앞에서 말한 것과 동일한 근거 위에서, 성경에서 그렇게 하고 있듯이, 하나님의 의지에 의한 행위들을, 그 서로 다른 관점이나 목적에 따라서 서로 구별할 수 있습니다.

(3) 우리는 그리스도에 대하여 말할 때에는, 그리스도께서 지니신 인성으로 인해서, 우리가 앞에서 하나님에 대하여 말한 것들이 더욱 더 근거가 있다는 것을 좀 더 담대하게 말할 수 있습니다.

(4) 우리는 하나님이 흡족해 하시거나 원하시거나 사랑하시는 것은, 비록 그 선함의 본질과 정도는 다양할지라도, 어쨌든 본성적으로나 도덕적으로 선한 모든 사람에 대한 것이라고 말할 수 있습니다. 따라서 하나님께서 모든 사람이 회심하여 구원받기를 기뻐하신다고 할지라도, 모든 사람이 회심하여 구원받는 일은 결코 일어나지 않습니다.

(5) 세상의 통치자이시고 입법자이신 하나님께서는, 사람들이 배은망덕함으로 거부하지만 않는다면, 그리스도께서 자신의 피로 이루신 대속의 선물을 사람들에게 값없이 주셔서, 그들의 모든 죄를 사하시고 그들을 구원하셔서 영생을 얻게 하고자 하시는 실제적인 의지를 지니시고서는, 자신의 사자들에게 이 선물을 온 세상에 알려서 받아 가지도록 설득하라고 명하셨습니다. 따라서 하나님께서는 입법자이자 약속을 주시는 자로서 사람들의 구원을 위하여 자기가 할 수 있는 모든 일을 다하셨습니다.

(6) 하지만 하나님께서는 입법자로서 돌이키지 않는 자들은 죽게 될 것이라고 정하셨기 때문에, 은혜의 날이 다한 후에는, 재판관으로서 그 법에

정한 형벌을 집행하실 것입니다.

(7) 이렇게 하나님께서는 결코 회심하지 않을 자들까지도 다 회심하게 되기를 진심으로 원하시지만, 만유의 주로서 지니고 계시는 절대주권을 행사하셔서 어떻게든 모든 사람들을 다 회심하게 하고자 하시는 것도 아니고, 모든 사람들의 회심을 자기가 반드시 이루어야 할 일로 작정하시거나, 자신의 모든 힘을 다 동원해서 이루고자 하시는 것도 아닙니다.

왕에게는, 살인을 할 소지가 있는 어떤 사람에게 감시병을 붙여서, 그 사람이 다른 사람들을 죽여서 교수형을 당하지 않도록 감시하게 할 수 있는 힘이 있지만, 어떤 합당한 이유로 그렇게 하지 않고, 단지 자신의 신민들에게 포고령을 내려서, 살인자가 되지 말라고 경고하고 당부하였다고 할지라도, 우리는 왕이 자신의 신민들이 살인자들이 되어서 교수형에 처해지는 일이 일어나지 않기를 원하고 있는 것이라고 말할 수 있습니다. 왜냐하면, 왕은 자신의 신민들이 살인을 해서 죽게 되는 것이 아니라, 살인을 하지 않고 살게 되는 것을 기뻐하는 것이기 때문입니다. 설령 왕이 어떤 사람들에게는 어떤 특별한 이유에서 이러한 경고와 당부 이외에 다른 추가적인 조치를 행한다고 할지라도, 모든 사람에게 다 그렇게 해야 하는 것은 아니고, 단지 자기 영토에서 살인을 하거나 중죄를 범한 소지가 있는 모든 사람들에게 다음과 같이 말하는 것으로 충분히 자신의 뜻을 그들에게 전한 것이라고 할 수 있습니다: "나는 너희가 죽는 것을 기뻐하지 않고, 도리어 너희가 내 법을 지켜 살게 되기를 바란다. 그러나 너희가 내 법을 지키지 않는다면, 반드시 죽게 될 것인데, 그것이 내가 정한 법이다." 재판관은 강도나 살인자에게 진심으로 다음과 같이 말할 수 있다: "정말 안타까운 일이구나. 나는 너희가 죽는 것을 기뻐하지 않고, 도리어 너희가 법을 지켜서 너희 목숨을 건지기를 진심으로 바랐다. 하지만 너희가 이미 죄를 지었기 때문에, 나는 너희를 단죄하지 않을 수 없습니다. 왜냐하면, 만일 내가 그렇게 하지 않는다면, 나는 불의한 재판관이 되고 말 것이기 때문이다."

마찬가지로, 하나님께서는 한편으로는 여러분이 멸망하는 것을 기뻐하지 않으시고, 여러분이 살게 되는 것을 기뻐하시기 때문에, 여러분에게 돌이켜서 살라고 명하시지만, 다른 한편으로는 자신의 법을 공정하게 집행하셔서, 자신의 공의를 드러내시는 것을 기뻐하시기 때문에, 여러분이 회심하지 않는 경우에는 여러분을 멸망에 처하시기로 작정하신 것입니다. 만일 하나님께서 악인들이 죽는 것을 막으시기 위하여, 자신이 하실 수 있는 모든 것을 다 하시기로 작정하셨다면, 심판을 받아 멸망 받게 될 사람은 아무도 없을 것이지만, 실제로 하나님은 그렇게 작정하지 않으셨고, 그리스도께서도 적은 수의 사람들만이 구원을 받게 될 것이라고 말씀하십니다. 그럼에도 불구하고, 하나님께서는 여러분이 멸망 받게 되는 것을 기뻐하지 않으시고 바라지 않으시기 때문에, 여러분에게 생명과 죽음 중에서 하나를 택하라고 말씀하시면서, 여러분은 돌이켜서 사는 길을 택하여야 한다고 가르치시고 경고하시고, 자신의 사역자들을 여러분에게 보내셔서 영원히 멸망하는 길을 택하지 말고, 하나님의 긍휼을 받아들여서 사는 길을 택하라고 외치고 간청하라고 명하셨습니다.

이렇게 하나님께서는 너무도 분명하게 여러분이 돌이켜서 살기를 바라시는 것이기 때문에, 여러분은 하나님께서 여러분을 구원하시는 것이 아니라 멸망시키기로 작정하셨다고 항변할 여지가 조금도 없습니다. 그러나 여러분이 하나님이 기뻐하시는 대로 행하려고 하지 않고, 여전히 회심하고자 하지 않는다면, 하나님께서는 여러분을 멸망에 처하기로 작정하셨다는 것을 여러분에게 분명히 경고하고 계시고, 우리에게도 하나님의 이름으로 여러분에게 "악인아 너는 반드시 죽으리라"(겔 33:8)고 전하라고 명하셨습니다. 또한, 그리스도께서도 동일한 취지의 말씀을 반복해서 역설하셨습니다: "진실로 너희에게 이르노니 너희가 돌이켜 어린 아이들과 같이 되지 아니 하면 결단코 천국에 들어가지 못하리라"(마 18:3). "진실로 진실로 네게 이르 노니 사람이 거듭나지 아니하면 하나님의 나라를 볼 수 없느니라"(요 3:3). 여기에서 그리스도께서 "결단코 … 못하리라" 또는 "없느니라" 같은 표현 들을 사용하셔서, 여러분이 돌이키거나 거듭나지 않으면, 절대로 천국에 들 어갈 수 없다는 것을 강조하고 계시는 것을 주목하십시오. 회심 없이도 천 국에 갈 수 있다고 생각하거나, 하나님께서 기꺼이 그렇게 해 주실 것이라 고 생각하는 것은 헛된 꿈일 뿐입니다. 왜냐하면, 그런 일은 절대로 있을 수 없는 일이기 때문입니다.

요컨대, 우리가 지금 살펴보고 있는 본문이 우리에게 말하고자 하는 것 은, 세상의 위대한 입법자이신 하나님께서는 악인들이 죽는 것을 기뻐하지 않으시고, 도리어 그들이 돌이켜서 살게 되는 것을 기뻐하시지만, 모든 사 람들이 다 살게 되는 것이 아니라, 오직 돌이키는 사람들만이 살 수 있도록 작정하시고, 돌이키지 않는 사람들에 대해서는 영원한 죽음에 처하는 벌을 내리심으로써, 자신의 공의를 나타내시기를 기뻐하시는데, 이것은 그들이 스스로 영원한 죽음을 자초한 것에 대해서는 안타까워하시지만, 그들이 지 은 죄는 미워하시기 때문이라는 것입니다.

나는 이제 여러분이 하나님께서는 죄인들이 죽는 것을 기뻐하지 않으시 고 돌이켜서 살게 되기를 기뻐하신다는 것을 충분히 알게 되고 믿게 되었 을 것이라고 생각하기 때문에, 그것이 사실임을 보여 주는 증거들에 대해 서는 아주 간단하게만 살펴보고자 합니다.

(1) 하나님이 은혜 베풀기를 좋아하시고 은혜에 풍성하신 분이시라는

사실을 여러분이 분명하게 확인할 수 있다면, 여러분은 하나님께서 여러분이 죽는 것을 기뻐하지 않으신다는 확신을 가질 수 있을 것입니다. 성경에는 은혜가 풍성하신 하나님에 대한 증언들이 많이 나오지만, 여러분은 그중에서 특히 다음 두 구절을 묵상해 보십시오: "나를 사랑하고 내 계명을 지키는 자에게는 천 대까지 은혜를 베푸느니라"(출 20:6). "여호와께서 그의 앞으로 지나시며 선포하시되 여호와라 여호와라 자비롭고 은혜롭고 노하기를 더디하고 인자와 진실이 많은 하나님이라 인자를 천대까지 베풀며 악과 과실과 죄를 용서하리라"(출 34:6-7).

(2) 만일 하나님께서 여러분이 회심하여 살게 되는 것을 기뻐하지 않으시고 여러분이 죽게 되는 것을 기뻐하셨다면, 성경 속에서 그토록 자주 여러분에게 "돌이키라"고 말씀하지 않으셨을 것이고, 여러분이 돌이키기만 한다면 살게 될 것이라는 약속을 여러분에게 주지도 않으셨을 것이며, 여러분에게 무수한 이유들을 제시하시며 돌이키라고 설득하지도 않으셨을 것입니다. 하나님께서 여러분의 죄를 위하여 자기 아들을 이 땅에 보내셔서 그 죽음으로 여러분을 속량하게 하신 "복음"이 하나님이 여러분이 죽게 되는 것을 기뻐하지 않으신다는 것을 너무나 잘 증명해 줍니다.

(3) 하나님께서 복음 사역자들에게 주신 사명만 살펴보아도, 하나님이 여러분이 죽게 되는 것을 기뻐하지 않으신다는 것이 쉽게 증명됩니다. 만일 하나님께서 여러분이 회심하여 구원받는 것보다 멸망하게 되는 것을 더 기뻐하셨다면, 하나님은 결코 우리 사역자들에게 명하셔서, 공적으로나 사적으로나 하나님의 긍휼을 전하게 하시고, 생명의 길을 여러분에게 가르치게 하시며, 여러분에게 돌이켜서 살라고 권하고 간청하게 하시고, 여러분에게 여러분 자신의 죄들을 알게 해 주며, 여러분이 처해 있는 위험에 대해 미리 말해 주게 하시고, 여러분의 회심을 위하여 우리가 할 수 있는 모든 일

을 다 하게 하시며, 여러분이 우리를 미워하거나 괴롭혀서 우리에게 많은 고통을 줄지라도 참고 계속해서 그렇게 행하라고 하시지 않으셨을 것입니다. 만일 하나님께서 여러분이 죽는 것을 기뻐하셨다면, 하나님이 여러분으로 하여금 은혜를 받아 회심할 수 있게 해 줄 여러 수단들을 정해 놓으시고, 우리 사역자들로 하여금 그렇게 여러분을 권하고 설득하도록 명하실 필요는 전혀 없었을 것이 아니겠습니까?

(4) 하나님께서 여러분이 죽는 것을 기뻐하지 않으신다는 것은 하나님의 일련의 섭리에 의해서도 증명됩니다. 만일 하나님께서 여러분이 회심하여 구원받는 것보다 멸망받는 것을 원하신다면, 하나님은 "돌이켜 살라"고 말씀만 하시고서는, 여러분에게 날마다 이런저런 방식으로 역사하시고 권하셔서 여러분이 회심하도록 이끄시거나, 이 세상에서 온갖 은택들과 인자하심을 베푸셔서 여러분이 회개하도록 이끄시거나(롬 2:4, "네가 하나님의 인자하심이 너를 인도하여 회개하게 하심을 알지 못하여 그의 인자하심과 용납하심과 길이 참으심이 풍성함을 멸시하느냐"), 여러분으로 하여금 정신을 차리도록 하시기 위하여 자주 회초리로 여러분을 징계하시지 않으실 것이고, 여러분의 눈 앞에 그토록 많은 본보기들을 보여 주시거나, 날이면 날마다, 그리고 한 해가 가고 또 다른 해가 와도, 여러분을 그토록 오래 참으시고 기다려 주시지도 않으실 것입니다. 이런 것들은 여러분이 죽는 것을 기뻐하는 이가 행하는 일들이 아닙니다.

만일 하나님께서 여러분이 죽는 것을 기뻐하셨다면, 하나님이 여러분을 죽이시는 것은 너무나 쉬운 일이었을 것이기 때문에, 여러분은 벌써 오래 전에 지옥에 던져져서 지금도 불 가운데 끝없는 고통을 당하고 있지 않겠습니까? 여러분이 이전에 여러분의 입으로 저주하거나 거짓맹세를 하거나 거짓말을 하였을 때, 또는 여러분이 하나님을 알지 못하고 교만하게 행하며 방탕하게 지내고 있을 때, 그 때에도 하나님께서는 얼마든지 여러분을 범죄 현장에서 현행범으로 붙잡아서 지옥에 던져 넣을 수 있으셨습니다. 또한, 여러분이 최근에 술에 취해서 죄를 지었거나, 하나님의 길들을 조롱하였을 때, 그 때에도 하나님께서는 얼마든지 여러분에게 재앙을 보내셔서 여러분을 호흡을 거두시고서, 다른 세상으로 보내셔서 정신을 차리게 하실 수 있으셨습니다.

지독하게 불경스러운 말들을 늘어 놓는 사람들의 혀를 다스리시고, 하나님과 그의 복음을 지독하게 악의적으로 박해하는 사람들의 손발을 묶으셔서 꼼짝 못하게 하시며, 하나님의 가장 지독한 원수들의 광분함을 잠잠하게 하시고, 그들로 하여금 자신들이 벌레 같은 존재에 지나지 않는다는 것을 알게 하는 것은 전능자이신 하나님께는 너무나 쉬운 일이 아니겠습니까? 하나님께서 여러분을 보시고 얼굴을 찡그리기만 하시면, 여러분은 그 즉시 무덤 속에 들어가 있게 될 것입니다. 하나님께서 한 천사에게 가서 만 명의 죄인을 멸하라고 명하기만 하시면, 만 명의 죄인들은 그 즉시 멸망받게 될 것입니다. 하나님께서는 여러분을 병들게 하셔서 병상에 누워 시름시름 앓게 하실 수도 있으시고, 여러분을 그 병상에서 너무나 고통스러워서 울부짖게 만들 수도 있으시며, 여러분이 지금까지 하나님의 종들과 말씀과 예배와 거룩한 길을 조롱하고 비웃었을 때에 하였던 그 동일한 말들을, 이제는 역으로 여러분이 다른 사람들로부터 들으며 조롱당하고 비웃음당하게 하실 수도 있으시고, 여러분이 교만하여 멸시해 왔던 하나님의 사람들에게 이제는 도리어 자기를 위하여 기도 좀 해 달라고 사정하게 만드실 수도 있으십니다. 이런 일들은 하나님께는 너무나 쉬운 일들입니다!

또한, 하나님께서는 여러분의 육신에 극심한 괴로움을 주셔서 끙끙거리며 못 살겠다고 신음하게 하실 수도 있으시고, 여러분의 육신을 아주 쇠약하게 하셔서 여러분의 영혼을 그 속에 더 이상 담고 있을 수 없게 만드실 수도 있으시며, 여러분의 육신을 땅의 거름더미나 분뇨보다 더 혐오스러운 것으로 만드실 수도 있으십니다. 여러분은 지금 여러분의 육신이 좋아하는 것이라면, 하나님께서 싫어하시고 육신의 요구를 들어 주어서는 안 된다고 명하시는데도, 다 들어 주고 있고, 먹을 것과 마실 것과 입을 것도 여러분의 육신이 원하는 대로 다 충족시켜 주고 있지만, 하나님께서 한 번 얼굴을 찡그리시면, 여러분의 육신은 그 즉시 싸늘한 시신이 되어 있지 않겠습니까?

여러분이 자신의 죄를 열심히 변호하고, 여러분을 죄에서 건지고자 하는 사람들과 싸우며, 여러분을 책망하는 자들에게 화를 내고, 여러분이 행하고 있는 어둠의 일들이 무엇이 어때서 그러냐고 정당화하고 있을 때, 하나님께서 여러분을 순식간에 낚아채 가셔서, 헤아릴 수 없이 무수하게 많은 영광스러운 천사들이 시립해 있는 저 영광의 보좌와 그 두려운 위엄 앞에 세우시는 것은 얼마나 쉬운 일이겠습니까? 그런 후에, 하나님께서는 여러분에게 회심하지 않고 계속해서 죄를 지으며 살아 온 이유를 추궁하시면서, 이렇게 물으실 것입니다: "아직도 너는 너를 지은 창조주와 그의 진리와 그의 종들과 그의 거룩한 길을 비방하고자 하느냐? 네가 도대체 왜 그렇게 지금까지 나를 비방해 왔는지, 어디 한 번 들어 볼 터이니, 최선을 다해서 네 자신을 변명해 보거라. 너는 네가 저질러 온 죄들을 어떤 식으로 변명할 것이냐? 내가 네게 준 시간들과 네게 베풀어 준 온갖 긍휼들을 네가 세상적이고 육신적인 삶을 사는 데 허비한 이유를 말해 보아라!"

만일 하나님께서 그렇게 여러분을 자신의 법정에 세우시고서, 여러분이 지금 이 땅에서 그토록 악의적으로 비방해 온 하나님이 의로우시고 선하시다는 것을 여러분에게 자세하게 설명해 주셨다면, 여러분의 완악한 마음은 녹아내렸을 것이고, 여러분의 교만한 모습은 사라졌을 것이며, 여러분의 안

색은 창백하게 변하였을 것이고, 여러분의 입에서는 완강하고 고집스러운 말들은 쏙 들어가고 무거운 침묵이나 두려워서 지르는 비명소리가 그 자리를 대신하였을 것입니다. 하나님께서는 언제라도 여러분의 죄악된 영혼을 향해서, "이제 그 육신에서 더 이상 살지 말고, 부활의 때까지 나와 있으라"고 말씀하실 수 있으시고, 여러분의 영혼은 그 말씀을 거역할 수 없습니다. 하나님께서 그렇게 말씀 한 마디만 하시면, 이 세상에서의 여러분의 삶은 그 즉시 끝이 나고, 여러분에게 주어졌던 모든 기능들과 힘들은 그대로 멈춰서 버리게 될 것입니다. 하나님께서 여러분에게 "이 땅에서 더 이상 살지 말라" 또는 "지옥에 가서 살아라"고 말씀하시면, 여러분은 그 말씀을 거역할 수 없습니다.

그러나 하나님께서는 아직 여러분에게 그렇게 하지 않으셨습니다. 도리어, 하나님께서는 여러분을 오래 참고 기다려 주고 계시고, 여러분에게 여전히 긍휼을 베푸셔서 여러분을 붙들어 주고 계시며, 여러분이 하나님을 향하여 숨을 급히 몰아쉬며 씩씩거리고 있는데도, 여전히 그 숨을 거두어 가지 않으시고, 여러분이 하나님으로부터 받은 긍휼들을 여러분의 육신을 위하여 사용하고 있는데도, 여전히 여러분에게 긍휼들을 베풀어 주고 계시며, 여러분이 하나님으로부터 받은 양식들을 자신의 탐욕스러운 목구멍과 배를 위하여 사용하고 있는데도, 여전히 여러분에게 양식을 공급해 주고 계시고, 여러분이 하나님으로부터 받은 시간들을 나태하게 빈둥거리거나 술에 취하거나 세상의 쾌락을 즐기기 위하여 사용하고 있는데도, 아직도 여러분에게 시간들을 주고 계십니다.

하나님의 인내와 긍휼을 보여 주는 이 모든 것은 하나님께서 여러분이 죽는 것을 원하지 않으신다는 것을 너무나 분명하게 증명해 주고 있지 않습니까? 기름도 없는 등불이 환하게 타오를 수는 없지 않겠습니까? 땅이 든

든히 집을 받쳐 주지 않는다면, 어떻게 집이 굳건히 서 있을 수 있겠습니까? 이와 마찬가지로, 하나님이 여러분을 붙들어 주지 않으시면, 여러분은 단 한 시간도 살 수가 없습니다. 따라서 하나님께서 이렇게 오랫동안 여러분을 붙들어 주셔서 살게 하시는 이유는, 여러분이 지금 가고 있는 길이 어리석고 우매한 길임을 깨닫고서 돌이켜 살게 되기를 바라시고, 그 날을 보기를 바라시기 때문입니다. 자기를 대적하는 원수에게 일부러 무기를 주어서 자기를 해치게 하는 사람이 어디 있겠습니까? 자신의 자녀들을 죽이려고 하는 살인자를 도와 주기 위해서 등불을 켜서 환하게 비쳐 주는 사람이 어디 있겠으며, 날이면 날마다 놀거나 잠만 자는 게으른 종에게 마음 놓고 편히 잘 놀거나 자라고 멍석을 깔아 주는 사람이 어디 있겠습니까? 따라서 하나님께서 여러분을 그토록 오랫동안 기다려 주고 계시는 것은 여러분이 결국 돌이켜서 살게 되는 것을 보고자 하시는 것임에 틀림없습니다.

(5) 하나님께서 자기 아들을 이 땅에 보내셔서 고난받고 죽임을 당하게 하신 것은, 하나님께서 악인들이 죽는 것을 기뻐하지 않으신다는 것을 보여 주는 또 하나의 증거입니다. 만일 하나님께서 악인들이 죽는 것을 기뻐하셨다면, 하나님은 그토록 비싼 대가를 치르시고서 악인들을 죽음에서 속량하고자 하지도 않으셨을 것이고, 하나님이 육신을 입으시고서 종의 형체로 이 땅에 오셔서, 한 인격 안에 인성과 신성을 함께 지니신 채로, 사람들로부터 온갖 고초를 당하시고, 흉악범들을 위한 형벌인 십자가 형을 선고받아, 저주받은 죽음을 죽기까지 하실 정도로 자기 자신을 지극히 낮추심으로써, 천사들과 사람들을 깜짝 놀라게 하지도 않으셨을 것이기 때문에, 이 모든 것은 하나님께서 악인들이 죽는 것을 기뻐하지 않으셨음을 보여 주는 증거가 됩니다. 그리스도께서는 부지런히 두루 다니시며 사람들에게 복음을 전하시고 그들의 온갖 병과 약한 것들을 고쳐 주셨고(마 9:35, "예수께서

모든 도시와 마을에 두루 다니사 그들의 회당에서 가르치시며 천국 복음을 전파하시며 모든 병과 모든 약한 것을 고치시니라"), 사십 일 동안이나 금식하셨으며(마 4:2, "사십 일을 밤낮으로 금식하신 후에"), 온 밤을 지새워서 기도하셨고(눅 6:12, "예수께서 기도하시려 산으로 가사 밤이 새도록 하나님께 기도하시고"), 땅방울이 핏방울이 되어 떨어질 정도로 간절하게 기도하셨으며(눅 22:44, "예수께서 힘쓰고 애써 더욱 간절히 기도하시니 땀이 땅에 떨어지는 핏방울 같이 되더라"), 십자가 위에서 저주받은 죽음을 당하심으로써, 자신의 목숨을 우리의 죄를 위한 희생제물로 바치셨는데, 여러분에게는 이 모든 일들이 악인들이 죽는 것을 기뻐하시는 이가 행하는 일들로 보이십니까?

여러분은 그리스도께서는 단지 자기가 택하신 사람들만을 위하여 죽으신 것이라고 말함으로써, 그리스도의 죽음을 폄하해서는 안 됩니다. 왜냐하면, 우리 구속주께서는 여러분의 죄를 짊어지신 것이고, 온 세상의 죄를 짊어지신 것이기 때문입니다. 예수 그리스도께서 자신의 목숨을 바쳐서 드리신 대속의 희생제사는 모든 사람의 죄를 위한 것이기 때문에, 누구든지 회심하기만 하면, 그 효력은 누구에게나 미칩니다. 하지만 믿음과 회개를 통해서 회심하지 않은 사람에게 죄 사함과 구원을 베풀어 주시는 것은 결코 하나님의 뜻이 아닙니다. 그리스도께서는 유대인들이 하나님께 불순종하고 회개하지 않는 모습을 보시고서는 우시며 슬퍼하셨고(눅 19:41-42, "가까이 오사 성을 보시고 우시며 이르시되 너도 오늘 평화에 관한 일을 알았더라면 좋을 뻔하였거니와 지금 네 눈에 숨겨졌도다"), 사람들의 완악함을 보시고 탄식하셨으며(마 23:37, "예루살렘아 예루살렘아 선지자들을 죽이고 네게 파송된 자들을 돌로 치는 자여 암탉이 그 새끼를 날개 아래에 모음 같이 내가 네 자녀를 모으려 한 일이 몇 번이더냐 그러나 너희가 원하지 아니하였도다"), 십자가에 달리신 채로 자기를 박해한 자들을 위해 기도하셨습니다(눅 23:34, "아버지 저들을 사하여 주옵소서 자기들이 하는 것을 알지 못함이니이다").

그런데도 여러분은 하나님께서 악인들이 죽는 것, 즉 그들이 불신앙을 고집하다가 멸망당하는 것을 기뻐하신다고 여전히 의심하실 것입니까? 성경은 "하나님이 세상을 이처럼 사랑하사 독생자를 주셨으니 이는 그를 믿는 자마다 멸망하지 않고 영생을 얻게 하려 하심이라"(요 3:16)고 말씀합니다. 이렇게 사도 요한은 하나님께서는 단지 세상을 "사랑하신" 것이 아니라, "이처럼 사랑하셨다"고 증언하고, 하나님이 자기 아들 예수 그리스도를 우리에게 주신 것이 그 사랑의 증거라고 증언합니다. 나는 하나님께서 이 말씀을 통해서 악한 자들과 악한 영들의 온갖 악의적인 비방을 일축하시고, 자기가 악인들이 죽는 것을 기뻐하지 않으시고, 그들이 돌이켜 살게 되기를 원하신다는 것을 아주 분명하게 증명하셨다고 생각합니다.

(6) 마지막으로, 이 모든 것으로도 여러분이 아직 하나님께서 악인들이 죽는 것을 기뻐하지 않으신다는 것을 확신하지 못하겠다면, 하나님께서 친히 하신 말씀이야말로 하나님의 마음을 가장 잘 드러내 주는 것이기 때문에, 그 말씀을 믿으시고, 그 말씀도 못 믿겠다면, 적어도 하나님이 하신 맹세만이라도 믿으십시오. 이제 우리는 하나님의 맹세를 살펴보기 위해서, 우리의 본문이 우리에게 주는 네 번째 교훈으로 넘어가 보고자 합니다.

네 번째 교훈

하나님은 사람들이 회심하면 살 것임을 맹세로써 확증하셨다

"하나님께서는 이것이 지극히 확실한 진리라는 것을 사람들이 의심하지 않도록 하시기 위하여, 이러한 진리를 사람들에게 맹세로써 엄숙하게 확증해 주셨다."

나는 여러분이 감히 하나님의 말씀을 의심하고 있다고 할지라도, 하나님의 맹세만큼은 의심하지 않으시기를 바랍니다. 그리스도께서 "진실로 너희에게 이르노니 너희가 돌이켜 어린 아이들과 같이 되지 아니하면 결단코 천국에 들어가지 못하리라"(마 18:3)고 말씀하시고, "진실로 진실로 네게 이르노니 사람이 거듭나지 아니하면 하나님의 나라를 볼 수 없느니라"(요 3:3)고 말씀하심으로써, 거듭나지 않은 사람들, 즉 회심하지 않은 사람들은 천국에 들어올 수 없다고, 맹세로써 엄숙하게 선언하신 것처럼, 우리가 지금 살펴보고 있는 본문 속에서 하나님께서도 "나의 삶을 두고 맹세하노니 나는 악인이 죽는 것을 기뻐하지 아니하고 악인이 그의 길에서 돌이켜 떠나 사는 것을 기뻐하노라"(겔 33:11)고 말씀하심으로써, 맹세로써 자신의 말을 확증하셨습니다. "맹세"에 대해서, 사도는 이렇게 말합니다: "하나님이 아브라함에게 약속하실 때에 가리켜 맹세할 자가 자기보다 더 큰 이가 없으므로 자기를 가리켜 맹세하여… 사람들은 자기보다 더 큰 자를 가리켜 맹세하나니 맹세는 그들이 다투는 모든 일의 최후 확정이니라 하나님은 약속을 기업으로 받는 자들에게 그 뜻이 변하지 아니함을 충분히 나타내시려고 그 일을 맹세로 보증하셨나니 이는 하나님이 거짓말을 하실 수 없는 이 두 가지 변하지 못할 사실로 말미암아 앞에 있는 소망을 얻으려고 피난처를 찾은 우리에게 큰 안위를 받게 하려 하심이라"(히 6:13, 16-18).

그런데 여기에서 하나님께서 악인들이 죽는 것을 기뻐하지 않으시고 돌이켜 사는 것을 기뻐하신다는 것을 맹세로써 확증하신 것이, 하나님이 구원받을 자들과 멸망받을 자들을 미리 정해 놓으셨다는 예정론과도 모순되고, 하나님이 악인들을 실제로 영원한 멸망에 처하시는 것과도 모순된다고 생각하는 사람이 있다면, 그것은 전적으로 그 사람의 무지로 인한 것입니다. 하나님께서는 혹시라도 그렇게 생각하는 사람들이 있을 것을 우려하셔서, 이 진리를 맹세로써 확증하심으로써, 그 누구에게도 이 진리에 대하여 의문을 제기하거나 이 진리를 부정할 수 있는 빌미를 주지 않으신 것입니다. 이렇게 이 진리는 하나님의 맹세로 확증된 것이기 때문에, 우리는 하나님의 다른 진리들을 오해해서, 거기에 비추어 이 명백한 진리를 왜곡해서는 안 되고, 도리어 이 명백한 진리에 비추어서 다른 진리들에 대한 오해를 풀어야 하고, 비록 우리의 얄팍한 머리로는 하나님의 모든 진리들이 완벽하게 조화를 이루고 있다는 것을 온전히 깨닫기는 어렵겠지만, 하나님의 다른 확실한 진리들과 이 명백한 진리는 완전히 부합한다는 것을 믿어야 합니다.

(1) 만일 지금 내가 전하는 말씀을 듣고 계시는 여러분이 아직 회심하지 않은 죄인이라면, 나는 여러분에게 내가 앞에서 말한 교훈들을 잠시 숙고해 보시고, 여러분이 죄를 짓고 멸망받게 되는 것을 기뻐할 자가 누구인지를 한 번 생각해 보시기를 부탁드립니다. 분명히 하나님은 아닙니다. 하나님께서는 여러분이 멸망받는 것을 기뻐하지 않으신다고 맹세로써 분명하게 말씀하셨고, 나도 여러분이 죄를 짓고 멸망받고자 한다면, 하나님께서 그것을 기뻐하지 않으실 것임을 압니다. 또한, 여러분도 여러분이 술 마시고 욕하고 거룩한 의무들을 소홀히 하며 성령의 감동을 소멸시켜 버리는 것이 하나님이 기뻐하시는 것이라고 감히 말할 수 없을 것입니다. 왜냐하면, 그것은 여러분이 왕을 비방하고 왕의 법을 어기며 왕이 죽기를 바라면서, 여러분이 행하는 이 모든 일을 왕이 기뻐할 것이라고 말하는 것과 같기 때문입니다.

(2) 그렇다면, 여러분이 죄를 짓고 죽게 되는 것을 기뻐할 자는 누구이겠습니까? 하나님을 닮은 존재들은 하나님과 동일한 마음을 가지고 동일한 생각을 할 것이 틀림없기 때문에, 여러분이 죽는 것을 결코 기뻐할 수 없습니다. 여러분이 여러분을 죽이고자 하는 원수를 섬기고, 여러분이 정신이 나가서, 내세에서의 여러분의 영원한 운명이 결정될 문제를 놓고서 모험을 하며, 의도적으로 지옥의 불 속으로 달려 들어가는 모습을 보는 것이 여러분의 신실한 선생들에게 전혀 기쁜 일이 될 수 없다는 것은 누구보다도 여러분이 더 잘 알 것입니다. 여러분의 영혼이 눈멀고, 여러분의 마음이 완악해지고 지각 없이 주제넘고 뻔뻔스러워져서, 여러분이 악을 고집하고, 하나님의 말씀을 전혀 듣지 않는 가운데 목을 곧게 하여, 생명과 참된 평안의 길에 대적하는 것을 보는 것은, 그들에게 결코 기쁜 일이 될 수 없습니다. 그들은 그러한 것들이 죽음의 징표들이고, 하나님의 진노를 보여 주는

징표들이라는 것을 알고, 하나님께서 그러한 것들의 끝이 무엇이라고 말씀하고 계시는지도 알고 있습니다. 그러므로 자애로운 의사가 자신의 환자에게서 역병의 징후들이 나타나는 것을 보았을 때에 기뻐할 수 없는 것과 마찬가지로, 여러분에게서 그런 징표들을 본 여러분의 선생들도 결코 기뻐할 수가 없습니다.

여러분이 장차 겪게 될 영원한 고통을 미리 내다보면서도, 어떻게 하면 여러분으로 하여금 멸망의 길을 가지 못하게 할 수 있는지, 그 방법을 알지 못하는 것은, 우리 사역자들에게는 정말 안타깝고 서글픈 일입니다. 여러분이 이미 지옥에 아주 가까이 가 있는 것을 보면서도, 여러분으로 하여금 그 사실을 믿고 진지하게 숙고하게 만들 수 없는 것은, 우리 사역자들에게는 정말 안타깝고 서글픈 일입니다. 우리가 여러분을 멸망의 길에서 돌이켜서 기꺼이 회심할 수 있게 만드는 방법을 알기만 한다면, 여러분은 너무나 쉽고 확실하게 영원한 멸망을 피할 수 있을 것임을 알면서도, 그 방법을 알지 못하는 것은, 우리 사역자들에게는 정말 안타깝고 서글픈 일입니다. 여러분이 하나님께로 돌이켜서, 영원한 구원을 이루는 일을 여러분이 일생에 걸쳐 행하여야 할 가장 중요한 일로 여기고서, 최선을 다해 살아가기만 한다면, 여러분은 틀림없이 영원한 구원을 얻게 될 것입니다. 그러나 여러분은 그렇게 하고자 하지 않습니다.

여러분이 영생을 얻느냐 영원한 멸명에 처해지느냐의 여부가 거기에 달려 있는 데도, 우리 사역자들은 여러분을 설득할 힘이 없습니다. 우리는 여러분에게 진실을 깨우치고 여러분을 설득하기 위해서는 우리가 어떻게 말해야 하는지를 밤낮으로 연구하지만, 소용이 없습니다. 우리는 여러분 앞에 하나님의 말씀을 펼쳐 놓고서, 여러분이 회심하지 않으면 구원받을 수 없다는 말씀이 기록된 장절을 여러분에게 보여 주지만, 여러분은 미동도 하지 않기 때문에, 우리는 여러분에게 왔던 그대로 갈 때에도 빈손으로 돌아갈 수밖에 없습니다. 우리는 여러분이 우리를 믿지 않는다고 할지라도, 하나님의 말씀만은 믿기를 바라고, 우리가 전하는 것이 기록된 성경 구절을 여러분에게 보여 드리면, 여러분이 그 구절을 진지하게 숙고해 보기를 바라며, 그렇게 해서 여러분의 마음이 변화를 받아 구원을 얻게 되기를 바라지만, 우리의 그러한 소망과 수고는 헛된 것으로 끝나고 맙니다. 여러분은 우리 사역자들이 이것을 기뻐할 것이라고 생각하십니까? 우리 사역자들은 우리의 그러한 소망과 수고가 헛된 것으로 끝나고 말 때마다, 서글픈 마음과 무거운 발걸음으로 골방으로 돌아와서, 하나님 앞에 탄식하며 이렇게 무수히 기도합니다:

"안타깝고 슬픕니다! 주님, 우리는 주의 이름으로 그들에게 말씀을 전하였지만, 그들은 우리가 전하는 말씀을 거들떠 보지도 않습니다. 우리는 주께서 우리에게 명하신 대로, 회심하지 않은 상태가 얼마나 위험천만한 것인지를 그들에게 알려 주었지만, 그들은 우리가 전하는 말씀을 믿으려 하지 않습니다. 우리는 하나님께서 '악인에게는 평강이 없다'(사 48:22; 57:21)고 경고하셨다는 것을 그들에게 전하였지만, 그들 중에서 가장 악한 자들조차도 자신들이 악하다는 사실을 믿으려 하지 않습니다. 우리는 주께서 '너희가 육신대로 살면 반드시 죽을 것'(롬 8:13)이라고 말씀하셨다는 것을 그들에게 보여 주었지만, 그들은 실제로는 주를 믿지 않으면서도, 자신들이 주를 믿고 있다고 말하고, 실제로는 주의 말씀을 전혀 신뢰하고 있지 않으면서도, 자신들은 주의 말씀을 신뢰하고 있다고 말하며, 실제로는 주의 경고의 말씀들이 거짓이기를 소망하고 있으면서도, 자신들의 그러한 소망을 하나님께 소망을 두고 있는 것이라고 말합니다. 우리는 하나님께서 '악인은 죽을 때에 그 소망이 끊어지나니'(잠 11:7)라고 말씀하셨다는 것을 그들에게 보여 주었지만, 그들이 자신들의 거짓된 소망들을 버리도록 설득할 수는 없었습니다. 우리는 죄가 얼마나 추악하고 무익한 것인지를 그들에게 말해 주지만, 그들은 죄를 사랑하기 때문에, 죄에서 떠나고자 하지 않습니다. 우리는 그들이 세상의 즐거움을 누리기 위해서는 아주 비싼 대가를 치러야 하는데, 그 대가는 영원한 고통을 겪는 것이라고 그들에게 말해 주지만, 그들은 스스로를 축복하면서, 우리의 말을 믿지 않고, 세상의 대부분의 사람들과 다름없이 행합니다. 또한, 그들은 하나님은 긍휼과 자비가 풍성하신 분이시기 때문에, '돌이키지 않으면 반드시 죽으리라'는 식으로 겉으로는 아주 가혹하게 말씀하셨어도, 실제로는 절대로 그렇게 하실 리가 없다고 여기고서는, 하나님이 경고하신 것을 있는 그대로 믿지를 않고, 그들의 영혼의 영원한 운명을 결정하게 될 일을 놓고서 위험천만한 모험을 하고 있습니다.

우리는 그들이 돌이키기만 한다면, 하나님께서는 그들을 아주 반갑게 맞아 주실 것이라고 그들에게 말해 주지만, 도리어 그들은 그런 하나님을 쉽게 보고서는 회개하기를 미루고 더욱 담대하게 죄악을 저지릅니다. 그들 중에서 어떤 사람들은 자신들은 회개하고자 하고 있다고 말하지만, 말만 그렇게 할 뿐, 실제로 변화는 없고, 여전히 이전과 동일한 삶을 살아가고, 어떤 사람들은 자신들의 죄에서 돌아서서 회심하지 않았으면서도, 자신들은 이미 회개하고 있다고 말합니다. 우리는 그들에게 권면하고 간청하며, 그들을 돕겠다고 제안하지만, 그들은 우리의 말을 들으려고 하지 않고, 술에 취해 살아왔던 사람들은 여전히 술에 취해 살아가고 있고, 육신의 향락을 즐기며 방탕하게 살아왔던 사람들은 여전히 그렇게 향락과 방탕에 빠져 살아가고 있으며, 속되게 살아왔던 사람들은 여전히 속되게 살아가고 있고, 하나님을 알지 못한 채 자기 자신을 높이며 교만하게 살아왔던 사람들은 여전히 그렇게 살아가고 있습니다.

　그들 중에서 소수는 자신들의 죄를 보고서 고백하기도 하고, 극소수는 죄를 버리려고 하기도 하지만, 모든 사람은 죄인이기 때문에, 회심한 사람이나 회심하지 않은 사람이나 죄인인 것은 마찬가지라는 점에서, 회심한 것이나 회심하지 않은 것이나 차이가 없다는 식으로 생각해서, 굳이 단단히 결심하고 회심하려고 하지는 않습니다. 어떤 사람들은 우리가 그들을 하나님의 말씀으로 가르치고자 하면, 자신들은 그런 것에 대해서는 이미 알 만큼 충분히 다 알고 있기 때문에, 우리에게서 가르침을 받을 필요가 없다고 생각해서, 우리를 가까이 하지 않으려고 합니다. 일부 사람들은 우리가 해주는 말을 듣고서 그대로 행하려고 하기도 하지만, 대부분의 사람들은 이미 죽은 사람들 같아서 지각이나 감각이 전혀 없어서, 우리가 그 어떤 하나님의 말씀을 전하여도, 아무것도 깨닫지 못하고 느끼지 못하기 때문에, 우리가 그들의 영원한 운명을 결정할 문제들에 대하여 하나님이 말씀하신 것들을 그들에게 들려 주어도, 그들의 마음에는 단 한 마디도 들어가지 못합니다.

　만일 우리 사역자들이 그들의 요구를 들어 주지 않거나, 지독하게 완악한 악인들의 자녀에게 유아세례를 주는 것을 거부하거나, 그들로 하여금 성찬에 참여하지 못하게 하거나, 그들이 우리에게 원하는 것들을 단 하나라도 하지 않아서, 그들의 기분을 상하게 하면, 우리가 그렇게 하는 것들이 단 하나도 하나님의 말씀을 어기는 것이 아니고, 도리어 하나님의 말씀에 순종하기 위해서 그렇게 한 것일지라도, 그들은 우리를 미워하고 헐뜯으며 욕할 것입니다. 그러나 우리가 그들에게 그들의 죄를 시인하고 버림으로써 그들의 영혼을 구원하라고 간곡하게 권면하면, 그들은 그렇게 하려고 하지 않습니다. 그들이 회심하기만 한다면, 우리가 하나님께서 우리에게 자신의 성도들을 섬겨서 행하라고 명하신 것들을 하나도 빠짐 없이 그들을 위해 행할 것이고, 그들의 자녀들에게 유아세례를 주는 것을 거부하거나, 그들에게 성찬에 참여하는 것을 금지하는 일도 없을 것이라고 말하면, 그들은 우리의 말을 들으려고 하지 않습니다. 그들은 우리가 하나님께 불순종하고 우리 자신의 영혼을 멸망에 빠뜨리는 한이 있더라도, 그들을 기쁘게 해 주기를 바라지만, 정작 그들 자신은 하나님께로 돌이켜서 그들 자신의 영혼을 구원하여 하나님을 기쁘시게 해드리고자 하지 않습니다. 그들은 자신들의 모든 선생들보다도 그들 자신이 더 지혜롭다고 여깁니다. 그들은 그들 자신의 생각이 맞다고 확신하고서, 기고만장하여 성난 파도처럼 멸망의 길로 쇄도해 달려가지만, 우리는 그들의 그러한 모습을 뻔히 보면서도 어쩔 수가 없습니다.

주님, 이것이 우리의 비참한 이웃들의 모습이지만, 우리는 그런 그들을 도울 길이 없습니다. 우리는 그들이 지옥으로 떨어지지 직전이라는 것을 알지만, 그들을 그 길에서 돌이키게 할 힘이 없습니다. 우리는 그들이 거짓 없이 돌이키기만 한다면 구원을 받게 되리라는 것을 알고 있지만, 그들을 설득할 수가 없습니다. 우리가 무릎을 꿇고 그들에게 통사정을 해도, 그들은 들은 척도 하지 않습니다. 우리가 눈물을 흘리며 그들에게 간청해도, 우리는 그들을 설득할 수 없습니다. 우리가 이 이상으로 무엇을 더 그들에게 할 수가 있겠습니까?"

이것이 수많은 가련한 사역자들이 골방에서 하나님 앞에 무릎을 꿇고 앉아서 은밀하게 드리는 탄식과 신음의 기도입니다. 여러분은 사역자들이 하나님께 이런 기도를 드리는 것을 기뻐한다고 생각합니까? 여러분이 계속해서 죄악 가운데 살아가는 것을 눈으로 뻔히 보면서도, 그것을 막을 수 없는 것을 사역자들이 기뻐하겠습니까? 여러분이 그토록 비참하고 끔찍한 상태에 있는 것을 보면서도, 여러분으로 하여금 여러분의 그러한 모습을 깨닫게 할 수 없는 것을 사역자들이 기뻐하겠습니까? 여러분이 지옥에서 빠져나와 있는 시간이 단 일 분도 없는데도, 여러분이 태평하게 즐거워하는 모습을 보는 것을 사역자들이 기뻐하겠습니까? 여러분이 돌이키지 않는다면 영원히 고통당하게 될 것임을 알고, 여러분이 영원한 영광의 삶을 의도적으로 멸시하고 내팽개쳐 버리고 있는 것을 아는데, 사역자들이 어떻게 그것을 기뻐할 수 있겠습니까? 여러분의 그러한 모습보다 사역자들의 마음을 더 슬프게 하고 근심하게 할 수 있는 것이 과연 있겠습니까?

(3) 그렇다면, 여러분이 죄를 짓고 죽는 것을 기뻐할 자는 누구이겠습니까? 여러분의 경건한 친구들은 여러분이 그렇게 되는 것을 결코 기뻐할 수 없습니다. 도리어, 여러분의 그러한 비참한 모습을 보는 것은 그들의 영혼에 큰 슬픔이 됩니다. 여러분은 여러분 자신의 모습 때문에 애통해 한 적이 없겠지만, 그들은 여러분을 생각할 때마다 수 없이 많이 애통해 왔고, 여러분은 그런 그들에게 감사할 마음이 조금도 없겠지만, 그들은 지금도 여러분을 위해 애통해 하고 있습니다.

(4) 그렇다면, 여러분이 죄를 짓고 죽는 것을 기뻐할 자는 누구이겠습니까? 그들은 바로 하나님의 세 큰 원수들인 마귀와 악인들과 육신입니다. 여러분은 세례를 받을 때에 그 원수들과의 관계를 끊고, 오직 하나님만 섬기겠다고 서약하였지만, 지금은 은근슬쩍 다시 돌아서서 그 원수들을 섬기고 있습니다.

(a) 마귀는 여러분이 죄를 짓고 죽음에 이르게 되는 것을 정말 기뻐합니다. 왜냐하면, 바로 그것이 마귀가 여러분에게 행하는 모든 시험의 목적이고, 마귀가 밤낮으로 자지도 않고 일을 꾸미고 다니는 이유이기 때문입니

다. 여러분에 대해서 마귀가 가장 기뻐하는 것은, 여러분이 계속해서 죄 가운데서 살면서 끊임없이 죄를 짓는 것입니다. 여러분이 술집으로 들어가거나, 여러 가지 죄악들을 저지르는 것을 보고, 여러분이 다른 사람들을 저주하거나 욕하거나 험담을 하는 것을 들을 때, 마귀는 박수를 치며 기뻐합니다. 여러분을 죄에서 건져내어 구원받을 수 있도록 돕고자 하는 사역자에게 여러분이 욕하는 것을 들을 때, 마귀는 환호성을 지르며 기뻐합니다. 여러분의 그러한 행동들은 마귀의 기쁨입니다.

(b) 악인들도 여러분이 죄를 짓고 죽는 것을 기뻐합니다. 왜냐하면, 그들이 그것을 기뻐하는 이유는 그것이 그들의 본성에 잘 맞기 때문입니다.

(c) 하지만 나는 이 모든 것에도 불구하고, 여러분이 마귀를 기쁘게 해 주고 있을 때조차도, 여러분의 의도는 마귀를 기쁘게 해 주는 것이 아니라는 것을 압니다. 사실, 여러분이 기쁘게 하고자 하는 것은 하나님의 가장 지독하고 위험스러운 원수인 여러분 자신의 "육신"입니다. 제멋대로 방종하게 날뛰고 싶어 하는 것도 육신이고, 먹는 것과 마시는 것과 입는 것을 좋아하는 것도 육신이며, 여러분의 악한 친구들과 어울려 다니는 것과 세상에서 박수갈채와 인정을 받는 것을 좋아하는 것도 육신이고, 유흥과 쾌락과 빈둥거리며 노는 것을 좋아하는 것도 육신입니다. 육신은 모든 것을 집어삼키는 깊고 깊은 구덩이입니다. 육신은 여러분이 섬기는 바로 그 "신"입니다. 왜냐하면, 성경은 "그들의 신은 배요"(빌 3:19)라고 말씀하기 때문입니다. 따라서 나는 여기에서 여러분이 앞으로 나가는 것을 잠시 멈추고서, 다음에서 내가 육신과 관련해서 던지는 세 가지 부류의 질문들을 깊이 묵상해 보시기를 권합니다.

(i) 여러분은 여러분을 지으신 조물주보다 여러분의 육신을 더 기쁘게 해 주어야 하겠습니까? 여러분은 하나님을 진노하시게 하고, 여러분의 선

생들과 여러분의 경건한 친구들을 화나게 하면서까지, 여러분의 짐승 같은 욕망들이나 정욕들을 완전히 만족시켜야 하겠습니까? 여러분은 하나님이 여러분의 육신을 다스리실 자격이 없으시다고 생각하는 것입니까? 여러분이 하나님께 여러분의 육신을 내어드려서 다스리시게 하지 않는다면, 하나님께서는 여러분의 육신을 구원하시지 않으실 것이기 때문에, 여러분은 하나님께서 여러분을 구원해 주실 것이라고 기대할 수 없습니다.

(ii) 여러분의 육신은 여러분이 죄 짓는 것을 기뻐합니다. 그러나 여러분의 양심도 그것을 기뻐합니까? 여러분의 양심은 여러분 속에서 여러분이 죄 짓는 것을 무척 못마땅해 하면서, 여러분이 상당히 잘못되어 있고, 여러분의 상태가 여러분이 생각하는 것과는 달리 안전하지 않다고 종종 여러분에게 경고하지 않습니까? 그리고 여러분은 여러분의 부패하고 타락한 육신보다 여러분의 영혼과 양심을 더 기쁘게 하는 것이 마땅하지 않겠습니까?

(iii) 여러분의 육신은 육신이 좋아하는 것들만이 아니라 좋아하지 않는 것들에 대해서도 대비가 되어 있습니까? 육신은 미끼를 좋아합니다. 그러나 낚싯바늘도 좋아합니까? 육신은 독한 술과 진수성찬을 좋아하고, 편안하고 안락한 것과 유흥과 즐겁게 노는 것을 좋아하며, 돈 많은 것과 사람들로부터 칭송받는 것과 세상에서 출세하는 것을 좋아합니다. 그러나 하나님의 저주도 좋아합니까? 육신은 하나님의 법정 앞에 서서 두려워서 벌벌 떠는 것과 심판을 받아 영원히 꺼지지 않는 불 속으로 던져지는 것도 좋아합니까? 육신은 지옥에 던져져서 영원토록 악한 영들과 함께 고통을 받는 것도 좋아합니까? 여러분의 육신은 이 모든 것을 다 받아들일 준비가 되어 있어야 합니다. 왜냐하면, 여러분이 진심으로 회심하여 믿음을 갖게 되지 않는 한, 죄와 지옥은 꼭 붙어 있고 절대로 떨어질 수 없는 까닭에, 여러분이

죄를 꼭 붙잡았다면, 여러분은 반드시 지옥도 가야할 것이기 때문입니다. 죽음과 지옥이 여러분에게 기쁜 것이라면, 여러분이 계속해서 죄를 짓는다고 해도, 그것은 전혀 이상한 일이 아닙니다. 그러나 여러분이 죽음과 지옥을 기뻐하지 않는다면(나는 여러분이 그럴 것이라고 확신합니다), 결국 죄도 여러분에게 절대로 그리 기쁜 것이 될 수 없습니다. 그런데도 여러분은 영생을 잃는 대가를 치르고서라도 이 땅에서 육신이 좋아하는 죄악된 삶을 꼭 살아야 하겠습니까? 육신이 좋아하는 것들은 약간 더 좋은 것들을 먹고 마시는 것이고, 약간 더 편안하게 지내는 것이며, 여러분의 귀를 잠시 즐겁게 해 주는 죄인들의 거짓된 아부를 듣는 것이 아닙니까? 여러분에게는 이 세상에서 부유하게 사는 것이 천국의 기쁨을 누리는 것보다 더 가치 있는 일이거나, 여러분이 장차 지옥의 불못에 던져져서 영원토록 고통당할 만한 가치가 있는 일입니까?

여러분이 지각이 있고 생각이 있는 사람이고, 여러분의 영혼이 장차 영원한 복락을 누리거나 영원한 고통을 당하게 되거나 둘 중의 하나에 처해지게 될 것이라고 믿는 사람이라면, 여러분은 자신이 지금까지 해 오던 길로 무작정 계속해서 더 나아가기 전에, 일단 멈춰 서서 이러한 질문들을 깊이 묵상해 보아야 합니다.

이렇게 우리가 지금 살펴보고 있는 본문 속에서 하나님께서는 여러분이 죽는 것을 기뻐하지 않으시고, 여러분이 돌이켜서 살게 되는 것을 기뻐하신다는 것을 맹세로써 말씀하고 계십니다. 그런데도 여러분이 돌이키지 않고, 계속해서 이대로 죄악된 삶을 살다가 죽으시겠다면, 여러분이 그렇게 하는 것은 하나님을 기쁘시게 해 드리는 것이 아니라, 세상을 기쁘게 하는 것이고, 여러분 자신을 기쁘게 하는 것임을 기억하십시오. 여러분이 스스로를 기쁘게 하기 위하여 여러분 자신을 멸망에 빠뜨리는 길로 행하고, 자신의 기쁨을 위하여 영원토록 끝없이 고통당할 곳으로 달려가는 것이라고 말도 안 되는 소리를 하고 있는데도, 여러분을 설득해서 그런 짓을 그만두게 할 하나님의 말씀이나 사람들의 조언에 귀 기울이고자 하는 마음이나 지혜나 은혜가 여러분에게 없다면, 여러분이 어떻게 고침을 받을 수 있겠습니까? 여러분은 영원한 멸망을 당할 수밖에 없고, 그 때에는 여러분이 후회해 보아야, 이미 때가 늦어서 아무 소용도 없게 될 것입니다. 나는 이 교훈의 적용에 대해서 말하기 전에, 먼저 다섯 번째 교훈을 살펴보고자 합니다. 그렇게 하면, 우리는 이 교훈에 대한 좀 더 온전한 근거를 얻게 될 것입니다.

다섯 번째 교훈

하나님은 사람들에게 회심하라고
명령하실 뿐만 아니라 간곡하게 설득하신다

"하나님께서는 악인들에게 돌이키라고 명령하실 뿐만 아니라, 간곡하게 설득하심으로써, 그들이 돌이키기를 자기가 간절히 원하신다는 것을 더욱 분명하게 보여 주셨습니다."

이 교훈은 우리가 앞에서 살펴 본 네 번째 교훈을 적용해서 권면하고 있는 내용이기 때문에, 나는 그러한 취지를 충분히 살려서, 이 교훈에 대해 살펴보고자 합니다.

하나님께서 이렇게 간절하고 애타게 말씀하시는데도, 아직도 여전히 회심하고자 하지 않는 죄인이 있습니까? 이 자리에 모인 분들 중에서, 성령의 새롭게 하시고 거룩하게 하시는 역사를 아직도 전혀 모르는 분이 있습니까? 어떤 모임에서 대부분의 사람들이 성령의 그러한 역사를 알고 있다면, 그 모임은 복된 모임입니다. 하지만 여전히 회심하지도 않고, 사람들을 회심시키는 성령의 역사에 대해서도 생소한 분들이 있다면, 여러분을 지으신 창조주의 음성에 귀 기울이셔서, 지체 없이 그리스도를 의지하여 창조주 하나님께로 돌이키십시오. 여러분은 하나님의 뜻을 알고자 하십니까? 여러분이 지금 즉시 돌이키는 것이 바로 하나님의 뜻입니다. 살아 계신 하나님께서 자신의 피조물들에게 이토록 간절한 메시지를 보내고 계시는데, 그 피조물들이 거기에 순종하지 않는다면 말이 되겠습니까? 그러므로 육신을 입고 살아가는 모든 사람들이여, 여러분을 지으신 창조주의 음성에 귀를 기울이십시오. 여러분에게 호흡을 주셔서 살게 하신 주께서 하늘로부터 여러분에게 메시지를 보내셨는데, 그 메시지의 내용은 "돌이키고 돌이키라 어찌 죽고자 하느냐"는 것입니다. 들을 귀 있는 자는 들으십시오.

여러분은 절대주권을 지니신 영원하신 하나님의 음성을 무시하시겠습니까? 하나님께서 단지 멀리서 무시무시한 우렛소리를 발하시기만 하여도, 여러분은 두려워서 벌벌 떨게 될 것인데, 우리가 지금 살펴보고 있는 본문 속에서 울려 퍼지고 있는 하나님의 음성은 여러분에게 아주 가까이 있습니다. 하나님께서 여러분에게 여러분이 내일 반드시 죽게 될 것이라고 말씀하셔도, 여러분은 그 말씀을 무시할 수 없을 것입니다. 하물며 여러분이 영원히 살게 될 것인가, 아니면 죽게 될 것인가를 결정하게 될 하나님의 말씀을 여러분이 무시해 버린다는 것이 말이 되겠습니까? 이 하나님의 말씀은 명령임과 동시에 권면입니다.

여기에서 하나님께서는 여러분에게 이렇게 말씀하신 것과 같습니다: "나는 너의 창조주이고 구속주로서 내게 주어진 권세에 의거해서, 네가 육신과 세상과 마귀를 버리고 내게 돌이켜서 살 길을 찾을 것을 명한다. 네가 너를 지은 나를 사랑하거나 두려워한다면, 그리고 내가 네게 줄 생명, 곧 영원한 생명을 네가 얻고자 한다면, 나는 네게 '돌이켜서 살게' 되기를 이렇게 간청한다. 네가 영원한 형벌과 멸망을 피하고자 한다면, '돌이키고 돌이키라 어찌 죽고자 하느냐.'" 사람은 이성을 부여받은 피조물이기 때문에, 사람 속에는 "마음"이라는 것이 있어서, 하나님의 이러한 명령이나 권면을 거절할 수도 있고 받아들일 수도 있습니다. 이렇게 사람의 마음은 너무나 경이로운 것입니다!

그러므로 여러분이 여러분 자신을 사랑하고, 여러분 속에 여러분의 구원을 소중히 여기는 마음이 있다면, 하나님의 이 말씀에 귀를 기울이십시오. "돌이키고 돌이키라 어찌 죽고자 하느냐"는 메시지는 하나님께서 인생들에게 지금까지 보내신 모든 메시지들 중에서 가장 기쁜 메시지입니다. 여러분은 아직 절망 속에 갇혀서 아무런 소망도 없이 살아가고 있는데, 하나님께서는 여러분에게 긍휼을 베푸셔서, 여러분이 자신의 말씀을 청종하기만 하면 그 절망적인 상태에서 건짐을 받을 수 있다고 말씀하십니다. 그러므로 여러분은 지금 즉시 하나님의 긍휼을 받아들여서, 하나님께로 돌이켜 사는 길을 택하여야 합니다. 사실, 여러분은 정말 뛸 듯이 기뻐하며 환호성을 지르면서 이 기쁜 메시지를 얼른 받아들이는 것이 마땅합니다. 여러분은 이 메시지를 지금 처음으로 듣는 것이 아니라는 것을 나는 압니다. 여러분은 전에는 이 메시지를 어떻게 대하였고, 지금은 어떻게 대하고 있습니까?

모든 무지하고 지각 없는 죄인들인 여러분, 하나님께서 여러분에게 무엇이라고 말씀하시는지를 들으십시오. 세상의 속물들인 여러분, 육신의 쾌락을 좇아 방탕한 삶에 빠져 살아가는 여러분, 닥치는 대로 먹고 마시며 늘 술에 취해 살아가는 여러분, 매춘굴을 뻔질나게 드나드는 여러분, 욕설을 입에 달고 살아가는 여러분, 남을 헐뜯고 중상모략하며 비방하고 거짓말을 밥 먹듯 하는 여러분, 하나님께서 여러분에게 무엇이라고 말씀하시는지를 들으십시오: "돌이키고 돌이키라 어찌 죽고자 하느냐."

그리스도를 믿는 신앙에 대하여 외인으로서 차갑고 냉정하게 살아가고 있는 여러분, 그리스도의 생명에서 떠나 있고, 그리스도의 십자가와 부활의 능력을 전혀 알지 못하며, 그리스도의 사랑으로 인해 그 마음이 단 한 번도 뜨거워진 적이 없고, 그리스도를 자신의 영혼의 힘으로 삼고 살아가고 있지 않은 여러분, 하나님께서 여러분에게 무엇이라고 말씀하시는지를 들으십시오: "돌이키고 돌이키라 어찌 죽고자 하느냐."

하나님의 사랑을 알지 못하여, 그 마음이 하나님을 향해 있거나 영광의 소망에 사로잡혀 있지도 않고, 천국의 기쁨보다는 세상에서의 부귀영화와 세상의 즐거움들에 그 마음이 쏠려 있는 여러분, 신앙생활을 하고 있기는 하지만, 거의 형식적으로 하고 있어서, 자신의 육신의 소욕들을 다 채우고 난 후에 남은 시간이나 힘만을 가지고서 신앙생활을 하며, 자신의 육신적인 자아를 부인하지도 않고, 자신의 영혼을 소중히 여겨서 자신이 갖고 있는 모든 것을 그리스도를 위해서 단호하게 버리지도 않으며, 도리어 세상에 속한 어떤 것이 자신의 마음에 들었을 경우에는, 그리스도께서 그것을 버리라고 명하셔도, 그것을 버리기는커녕 그리스도를 노엽게 만드는 한이 있어도 그것을 손에 넣고야 마는 그런 삶을 살아가고 있는 여러분, 하나님께서 여러분에게 무엇이라고 말씀하시는지를 들으십시오: "돌이키고 돌이키라 어찌 죽고자 하느냐."

나는 오늘 여러분이 돌이키기만 하면 살 것이고, 돌이키지 않으면 반드시 죽게 될 것이라는 하나님의 말씀을 여러분에게 아주 분명하게 전하였기 때문에, 여러분은 이 말씀을 전에는 한 번도 듣지 않았거나 무심코 흘려 버렸다고 할지라도, 이제부터는 이 말씀을 여러분의 귀로 똑똑히 들은 것이라는 사실을 기억하십시오.

이제 여러분은 어떻게 하겠습니까? 여러분은 어떻게 하기로 결심하였습니까? 돌이키겠습니까, 아니면 돌이키지 않겠습니까? 이 둘 사이에서 더 이상 갈팡질팡하지도 마시고, 이 둘 사이에 그대로 멈춰 서 있지도 마십시오. 여러분이 하늘에 계신 만유의 주이신 하나님을 여러분의 하나님으로 인정한다면, 하나님의 말씀을 따르십시오. 여러분의 육신이 여러분의 하나님이라면, 계속해서 여러분의 육신을 섬기십시오. 세상이 주는 즐거움들과 육신적인 즐거움들보다 천국이 더 좋다면, 거기에서 나와서, 더 좋은 나라를 찾아서, 여러분의 보물을 좀이나 동록이 해하지 못하며 도둑이 구멍을 뚫지도 못하고 도둑질도 못하는 하늘에 쌓으시고(마 6:20), 정신을 바짝 차리고서 영원히 요동하지 않고 흔들리지 않는 나라를 찾으십시오(히 12:28). 더 높은 목표를 바라보고 살아 가시고, 지금부터는 여러분의 관심과 수고를 여러분이 이제까지 쏟아 왔던 곳과는 다른 곳에 쏟으십시오. 그러나 세상이 천국보다 더 좋고, 여러분에게 더 많은 유익과 더 많은 행복을 줄 것 같다면, 계속해서 세상을 따라 최선을 다해 살아 보십시오. 여러분은 이제 어떻게 할 것인지를 결심하였습니까? 여러분이 아직도 결심하지 못하였다면, 나는 여러분이 이것과 관련해서 이치에 합당한 결심을 하는 데 도움이 될 만한 몇 가지 것들을 제시하고자 합니다.

〈(1) 먼저, 긍휼에 풍성하신 하나님께서 여러분으로 하여금 구원받도록 하시기 위하여 어떤 준비들을 해 오셨는지를 곰곰이 생각해 보십시오. 하나님께서 이 모든 것들을 심혈을 기울이셔서 다 준비해 놓으셨는데도, 어떤 사람이 멸망받게 된다면, 그것은 얼마나 안타깝고 애석한 일이겠습니까? "두루 도는 불 칼"(창 3:24)이 생명 나무로 가는 길을 지키고 있고, 하나님의 율법의 저주가 여러분을 막고 있어서, 여러분이 온 힘을 다해서 아무리 하나님께로 돌이키고자 하여도, 돌이키는 것 자체가 불가능한 때가 있었습니다. 여러분이 아무리 자신의 죄들을 애통해하고 고치고자 하여도, 여러분을 비롯해서 이 세상에 있는 모든 사람들이 자신의 지난날의 죄를 사함 받을 수 없었던 때가 있었습니다. 그런데 그리스도께서는 자신의 피로 온 인류를 죄에서 속량하심으로써, 그러한 장애물들을 다 제거해 버리셨습니다. 온 인류가 하나님의 율법을 범하고서도, 거기에 합당한 속죄를 할 수 없어서, 하나님과 화목하게 될 수 있는 길이 완전히 봉쇄되어 있던 때가 있었습니다. 그러나 지금은 그리스도께서 온 인류의 죄를 대신 속하셔서, 인류가 하나님께로 나아가 화목하게 될 수 있는 길을 열어 놓으셨기 때문에, 하나님께서는 그리스도가 우리 인류를 위하여 마련해 놓으신 선물들인 죄사함과 영생을 값없이 거저 받으라고 여러분을 초대하시고, 여러분에게 그 선물들을 받으라고 간청하고 계십니다. 그러므로 여러분이 하나님의 말씀을 그대로 받아들이기만 하면, 그 즉시 그 선물들은 여러분의 것이 됩니다. 그래서 성경은 "모든 것이 하나님께로서 났으며 그가 그리스도로 말미암아 우리를 자기와 화목하게 하시고 또 우리에게 화목하게 하는 직분을 주셨으니 곧 하나님께서 그리스도 안에 계시사 세상을 자기와 화목하게 하시며 그들의 죄를 그들에게 돌리지 아니하시고 화목하게 하는 말씀을 우리에게 부탁하셨느니라"(고후 5:18-19)고 말씀합니다.

죄인들이여, 우리 주님께서도 우리 사역자들에게 여러분 모두를 이 잔치에 청하라고 명하셨습니다: "어떤 사람이 큰 잔치를 베풀고 많은 사람을 청하였더니 잔치할 시각에 그 청하였던 자들에게 종을 보내어 이르되 오소서 모든 것이 준비되었나이다 하매 … 주인이 종에게 이르되 길과 산울타리 가로 나가서 사람을 강권하여 데려다가 내 집을 채우라"(눅 14:17, 23). 모든 것이 준비되어 있는데, 여러분은 아직 준비되어 있지 않습니까? 여러분이 하나님의 초대에 응해서 이 잔치 자리로 나아오기만 하면, 하나님께서는 여러분을 반갑게 맞아 주시고, 여러분이 그 동안 하나님을 대적하여 행한 모든 죄악을 다 사하여 주실 것입니다. 여러분이 아무리 오랫동안 죄를 지어 왔고, 의도적으로 범죄해 왔으며, 극악무도한 죄악들을 저질러 왔을지라도, 여러분이 하나님 앞으로 나아오기만 하면, 하나님께서는 여러분의 그 모든 죄를 다 자신의 등 뒤로 던져 버리실 것입니다. 여러분이 하나님으로부터 도망쳐서 아주 오랫동안 방탕한 삶을 살아 온 탕자라고 할지라도, 여러분이 돌이키기만 하면, 하나님께서는 저 멀리서 오고 있는 여러분을 보시자마자 맨발로 뛰어나가 여러분을 두 팔로 끌어안으시고서, 여러분이 회심하여 돌아온 것을 이루 말할 수 없이 기뻐하실 것입니다. 세상에서 둘도 없는 속물들이나, 날이면 날마다 술과 여자에 빠져서 방탕하게 지내 온 사람들도 작심하고 돌이켜서 하나님 앞으로 나아오기만 하면, 하나님께서는 여러분이 이전에 행하였던 모든 추악한 일들을 다 까맣게 잊어 버리시고서, 너무나 반갑게 여러분을 맞아주실 것입니다.

이런 말을 듣는데도, 여러분은 하나님께로 돌이키고 싶은 마음이 들지 않습니까? 오, 죄인들이여, 여러분이 돌 같이 딱딱한 마음이 아니라, 살 같이 부드러운 마음을 지니고 있다면, 여러분의 마음은 이 말을 듣고 녹아내리는 것이 마땅합니다. 하나님께서는 지금까지 하늘에 계신 무한히 크시고 위엄 있으신 하나님을 욕보이거나 완전히 잊고 살아 왔던 여러분이 돌아오기를 간절히 바라시고, 반갑게 맞으실 준비를 이미 다 마치신 가운데 기다리고 계시는데, 여러분은 하나님으로 하여금 여러분이 돌아오기를 더 기다리시게 하는 것이 말이 되겠습니까? 하나님께서는 언제라도 여러분을 심판하시고 단죄하셔서 멸망에 처하심으로써, 자신의 공의를 만천하에 밝히 드러내셔서, 영광을 받으실 수 있으신데도, 여러분이 죄 가운데서 멸망당하는 것이 아니라 돌이켜서 돌아오는 것을 기뻐하시는 까닭에, 이렇게 오랫동안 여러분을 기다려 오신 것인데도, 여러분의 마음은 아직도 녹아 내리지도 않고, 돌아올 준비도 아직 되어 있지 않은 것입니까? 하나님께서 여러분을 반갑게 맞을 모든 준비를 다 마치시고 여러분을 초대하고 계시는데도, 여러분에게는 아직도 하나님 앞으로 나아오지 못할 사정이 여전히 있는 것입니까?

그러나 그것이 전부가 아닙니다. 그리스도께서는 하나님이 여러분을 구원하시기 위하여 명하신 일을 십자가 위에서 다 이루시고서, 여러분이 하나님 아버지께로 나아올 수 있는 길을 열어 놓으셨기 때문에, 이제 여러분이 하나님 앞으로 나아오기만 하면, 하나님께서는 여러분을 반드시 반갑게 맞이하실 것입니다. 그런데도 여러분은 아직 준비가 되어 있지 않다는 말입니까? 또한, 하나님께서는 그리스도의 대속의 공로로 말미암아 복음 안에서 여러분의 모든 죄를 다 사하실 준비를 이미 완벽하게 갖추어 놓고 계십니다. 그런데도 여러분은 아직 준비가 되어 있지 않다는 말입니까? 또한, 복음 사역자들도 여러분을 돕고, 가르치며, 여러분의 영혼에 대하여 죄 사함과 평안의 복음을 전할 모든 준비를 갖추고서 기다리고 있습니다. 우리 사역자들은 여러분을 위해 기도할 준비가 되어 있고, 성례전을 거행함으로써 여러분에 대한 죄 사함을 인칠 준비가 되어 있습니다. 그런데도 여러분은 아직 준비가 되어 있지 않다는 말입니까?

하나님을 경외하는 가운데 여러분의 영원한 운명을 염려하는 모든 사람들도 여러분의 회심을 함께 기뻐하고, 여러분을 성도의 교제 속으로 받아들일 준비가 되어 있습니다. 여러분이 전에 성도의 교제로부터 내쫓긴 적이 있었다고 할지라도, 그들은 여러분의 회심을 진심으로 기뻐하며, 여러분에게 교제의 악수를 청할 것입니다. 여러분이 돌이켜서 회개하고 여러분의 잘못된 삶을 고쳤다는 것이 그들에게 명백하다면, 하나님께서 이미 여러분의 모든 죄를 사하시고 용서해 주셨는데, 그들이 어떻게 감히 여러분을 용서하지 않을 수 있겠습니까! 그들은 하나님께서 여러분의 지난날의 죄로 인하여 여러분을 책망하지 않으신다는 것을 알고 있는데, 어떻게 그들이 감히 여러분이 지난날 그들에게 잘못된 것들을 들먹이며, 여러분을 미워하고 공격할 수 있겠습니까! 여러분이 아무리 흉악한 죄악들을 저질렀거나, 지독하게 잘못했다고 할지라도, 여러분이 진심으로 회심하고서 하나님 앞으로 나아오기만 한다면, 그들은 여러분을 절대로 거절하지 않을 것입니다. 그들이 여러분을 받아준다고 해서, 세상이 그들에 대하여 온갖 비방을 쏟아 놓는다고 하여도, 그들은 그런 것들에 아랑곳하지 않고 여러분을 반갑게 맞아줄 것입니다. 이렇게 모든 성도들이 여러분을 반갑게 맞아줄 준비가 다 되어 있는데도, 여러분은 아직도 하나님께로 돌이켜서 성도의 교제 속으로 들어오고자 하지 않는다는 말입니까?

천국도 여러분을 맞을 준비가 다 되어 있습니다. 여러분이 사악하고 흉악한 짐승 같은 삶을 살았다고 할지라도, 여러분이 회심하여 죄 사함을 받고 깨끗하게 씻음을 받고자 하기만 한다면, 하나님께서는 여러분을 성도의 영광 속으로 받아들이실 것이고, 여러분은 하나님의 보좌 앞에 있는 한 자리를 차지하게 될 것입니다. 하나님의 천사들도 여러분이 거짓 없이 회심할 때, 여러분의 영혼을 호위하여 저 기쁨이 넘치는 곳으로 데려다 주기 위하여, 만반의 준비를 다 갖추고 기다리고 있습니다. 하나님도 준비가 되어 계시고, 그리스도의 희생제사도 준비되어 있으며, 여러분의 구원을 위한 약속도 준비되어 있고, 죄 사함도 준비되어 있습니다. 복음의 사역자들도 준비되어 있고, 하나님의 백성도 준비되어 있으며, 천국도 준비되어 있고, 천사들도 준비되어 있습니다. 이 모든 것들이 다 오직 여러분이 회심하기만을 기다리고 있습니다. 그런데도 여러분은 아직 준비가 되어 있지 않다는 말입니까?

여러분은 이제까지 그토록 오랫동안 죽은 상태로 지내 왔는데도, 아직도 살아날 준비가 되어 있지 않다는 것입니까? 성경에서는 탕자가 돼지나 먹는 쥐엄 열매도 없어서 거의 굶어 죽게 되었을 때에 제정신이 번쩍 들어서, "내 아버지에게는 양식이 풍족한 품꾼이 얼마나 많은가 나는 여기서 주려 죽는구나"(눅 15:17)라고 말하였다고 보도하고 있는데, 여러분은 그토록 오랫동안 정신이 나가서 살아 왔는데도, 아직도 제정신을 차릴 준비가 되어 있지 않다는 것입니까? 여러분은 이대로 있다가는 머지않아 영원한 멸망을 당하게 되어 있는데도, 구원받을 준비는 아직 되어 있지 않다는 것입니까? 여러분은 영원한 멸망 속으로 빠져들기 직전에 있는데도, 여러분을 멸망에서 건져 주실 그리스도를 붙잡을 준비가 아직 되어 있지 않다는 것입니까? 여러분은 지옥의 불구덩이 속으로 던져져서 돌이킬 수 없게 될 날이 코앞에 다가왔는데도, 지옥으로부터 구원받을 준비가 아직 되어 있지 않다는 것입니까? 여러분이 지금 무슨 짓을 하고 있는지를 여러분은 알고 있기나 한 것입니까? 여러분이 지금 회심하지 않은 채로 죽는다면, 여러분은 의심할 여지 없이 지옥에 던져져서 영원히 고통당하게 될 것인데, 여러분이 한 시간 후에도 이 세상에 살아 있을 것이라는 보장이 없습니다. 그런데도 여러분은 아직 돌이켜서 하나님 앞으로 나아갈 준비가 되어 있지 않다는 것입니까?

오, 참으로 비참한 자들이여! 여러분은 충분히 오랫동안 육신과 마귀를 섬겨 오지 않았습니까? 그런데도 여러분에게는 아직도 여러분이 지은 죄로도 충분하지 않은 것입니까? 죄 짓는 것이 여러분에게는 그렇게 좋고 그렇게 유익합니까? 여러분이 계속해서 죄를 짓는다는 것이 무엇을 의미하는지를 여러분은 알고 있습니까? 여러분은 하나님이 여러분을 무수히 반복해서 부르셨고, 여러분에게 수많은 긍휼들을 베풀어 주셨으며, 수없이 징계하셨고, 수많은 본보기들을 보여 주셨으며, 수많은 사람들이 무덤 속으로 들어가는 것을 보아 왔는데도, 아직도 여러분의 죄를 버리고 그리스도께로 나아갈 준비가 되어 있지 않다는 것입니까? 여러분은 그 동안 수없이 자신의 죄악들을 깨달았고, 양심의 가책을 느껴 왔으며, 여러분을 향하신 하나님의 계획과 약속들에 대해서 들어 왔는데도, 아직도 하나님께로 돌이켜서 살 준비가 되어 있지 않다는 것입니까? 나는 여러분의 눈과 마음이 열려서, 하나님께서 우리를 통해서 지금 여러분에게 행하고 계시는 초대와 제안이 얼마나 놀랍고 경이로운 것인지, 그리고 우리가 여러분에게 전하는 하나님의 메시지가 얼마나 기쁜 메시지인지를 알게 되었으면 좋겠습니다. 왜냐하면, 모든 것이 준비되어 있기 때문입니다.

(2) 여러분에게 돌이켜 살라고 하는 부르심이 어떤 부르심인지를 잘 생각해 보십시오. 여러분은 이 부르심이 얼마나 무수히, 얼마나 큰 소리로, 얼마나 간절하게 여러분을 부르는 부르심인지를 생각해 보아야 하고, 그 부르심이 한편으로는 여러분을 두렵게 하는 부르심이면서도, 한편으로는 여러분에게 힘과 기쁨을 주는 부르심이라는 것도 생각해 보아야 합니다.

여러분을 부르시고 초대하시는 분은 일차적으로 하나님이십니다. 하늘과 땅에게 명하시는 바로 그 하나님께서 여러분에게 돌이키라고, 지체 없이 즉시 돌이키라고 명하고 계시는 것입니다. 하나님께서는 태양에게 정해진 궤도를 따라 운행하라고 명하시고, 아침마다 떠올라서 여러분을 비추라고 명하십니다. 태양은 엄청난 빛을 발하는 피조물이고, 지구와는 비교도 할 수 없을 정도로 크지만, 하나님께 순종하고, 하나님이 정해 주신 시간을 단 일 분도 어기지 않습니다. 하나님께서는 하늘에 있는 모든 행성들과 천체들에게 명하시고, 그것들은 모두 하나님께 순종합니다. 하나님께서는 바다에게 밀물 때와 썰물 때를 정해 주시고, 모든 피조물에게 일정한 질서를 정해 주시고서는, 거기에 따르도록 명하시고, 모든 피조물은 하나님께 순종합니다. 성경이 "모든 천사들은 섬기는 영으로서 구원 받을 상속자들을 위하여 섬기라고 보내심이 아니냐"(히 1:14)고 말씀하고 있듯이, 하나님께서는 천사들에게 이 땅에서 어리석은 벌레 같이 살아가는 우리를 섬기라고 명하시고, 하늘의 천사들은 하나님의 뜻과 그 명령에 두말 없이 순종합니다.

하지만 하나님께서 죄인들에게 돌이키라고 명하시지만, 죄인들은 하나님께 순종하고자 하지 않습니다. 죄인들은 자신들이 하나님보다 더 지혜롭다고 생각하기 때문에, 자신들이 죄를 짓는 것은 자신들의 책임이 아니라고 강변하면서, 자신들에게는 아무 잘못이 없다고 스스로 결론을 내리고서는, 자신들의 생각이 옳다고 여기고, 하나님의 말씀에 순종하려고 하지 않습니다. 전능하신 하나님께서 말씀하시면, 하늘과 거기에 있는 모든 것이 그 말씀에 순종합니다. 그러나 하나님께서 술주정뱅이들에게 이제 그만 마시고 술집에서 나오라고 부르시면, 그들은 그 말씀에 순종하려고 하지 않습니다. 하나님께서 세상에 빠져서 육신의 정욕을 따라 살아가고 있는 죄인들에게 그들 자신을 부인하고, 육성을 죽이며, 하늘에 있는 더 나은 유업에 마음을 두라고 부르시면, 그들은 그 말씀에 순종하려고 하지 않습니다.

여러분이 하나님을 사랑하고, 그 음성을 안다면, 여러분은 "이것은 내 아버지께서 나를 부르시는 음성인데, 어떻게 내가 그 음성에 불순종할 마음을 먹을 수 있겠는가"라고 말할 것입니다. 왜냐하면, 성경이 "내 양은 내 음성을 들으며 나는 그들을 알며 그들은 나를 따르느니라 내가 그들에게 영생을 주노니 영원히 멸망하지 아니할 것이요 또 그들을 내 손에서 빼앗을 자가 없느니라"(요 10:27-28)고 말씀하고 있듯이, 그리스도의 양들은 그의 음성을 아는 까닭에, 그 음성을 듣고서 그를 따라가게 되어 있기 때문입니다 (요 10:4). 여러분 속에 영적인 생명과 지각이 있다면, 적어도 여러분은 "이 부르심은 하나님의 두려우신 음성인데, 누가 감히 그 음성에 불순종하겠는가"라고 말할 것입니다. 그래서 옛적에 아모스 선지자도 "사자가 부르짖은즉 누가 두려워하지 아니하겠느냐 주 여호와께서 말씀하신즉 누가 예언하지 아니하겠느냐"(암 3:8)라고 고백하였습니다. 하나님은 사람이 아니시기 때문에, 여러분은 하나님과 함께 노닥거리며 놀려고 해서는 절대로 안 됩니다.

또한, 여러분은 우리 주님께서 자기를 대적하며 그리스도인들을 박해하던 바울에게, "사울아 사울아 네가 어찌하여 나를 박해하느냐 가시채를 뒷발질하기가 네게 고생이니라"(행 26:14)고 말씀하셨다는 사실을 기억하십시오. 그런데도 여러분은 언제까지 하나님의 말씀을 멸시하고, 성령을 거역하며, 하나님의 부르심에 여러분의 귀를 막고 있을 것입니까? 지금 여러분은 이 세상에 있는 그 어떤 사람보다도 가장 큰 잘못을 저지르고 있는 것임을 알고 있습니까? 여러분은 여러분이 지금 불순종하고 있고 싸우고 있는 분이 누구이신지를 알고 있고, 여러분이 도대체 무슨 짓을 하고 있는 것인지를 알고 있습니까? 여러분이 하나님을 상대로 이런 식으로 불순종하고 싸우는 것보다는, 여러분이 가시채와 싸우고, 맨발로 가시채를 차며, 맨주먹으로 가시채를 치거나, 여러분의 머리를 활활 타는 불 속에 집어 넣는 편이 훨씬 더 지혜롭고 쉬운 일일 것입니다.

성경에서는 여러분에게 하나님을 우롱할 수 있다고 착각하지 말라고 말씀합니다(갈 6:7). 여러분이 이 세상에서 가장 지혜로운 사람을 포함해서 모든 사람을 다 우롱할 수 있는 능력이 있다고 할지라도, 하나님을 우롱하는 것은 불가능합니다. 성경에서는 하나님을 모든 것을 태워서 소멸시키시는 불이라고 말씀합니다(히 12:29). 그러므로 여러분이 활활 타오르는 하나님의 진노의 불을 가지고 노는 것보다는, 차라리 여러분의 초가지붕 위에서 불을 가지고 노는 편이 더 나을 것입니다. 여러분은 하나님의 적수가 될 수 없기 때문에, 여러분이 하나님을 상대로 싸우는 것만큼 어리석은 짓이 없습니다. 그래서 성경에서는 "살아 계신 하나님의 손에 빠져 들어가는 것이 무서울진저"(히 10:31)라고 말씀합니다. 이렇게 하나님과 싸우거나 거역하는 것은 두려운 일입니다. 여러분이 자신의 영혼을 사랑한다면, 여러분은 지금 여러분이 무엇을 하고 있는지에 대해서 신경을 쓰고 주의를 기울여야 합니다. 지금 당장 하나님께서 여러분에게 진노하셔서 여러분과 변론하기를 시작하신다면, 여러분은 무엇이라고 말할 것입니까? 지금 당장 하나님께서 여러분을 호출하신다면, 여러분은 어떻게 하실 것입니까? 여러분은 이제까지 하나님의 은혜에 맞서서 싸워 왔듯이, 그런 경우에도 여전히 하나님의 공의와 심판에 맞서서 싸울 것입니까?

이사야서 27:4-5을 보면, 하나님께서는 먼저 "나는 포도원에 대하여 노함이 없나니"라고 말씀합니다. 즉, 여러분을 멸하시는 것은 하나님이 기뻐하시는 일도 아니고, 하나님이 하시고 싶어서 하시는 일도 아니라는 것입니다. 만약 하나님께서 실제로 여러분을 멸하신다면, 그것은 어쩔 수 없어서 그렇게 하시는 것일 뿐이라는 것입니다. 그런 후에, 하나님께서는 바로 이어서 "찔레와 가시가 나를 대적하여 싸운다 하자 내가 그것을 밟고 모아 불사르리라"고 경고하시고서는, 그렇게 되지 않으려 한다면, "내 힘을 의지하고 나와 화친하며 나와 화친할 것이니라"고 권하십니다. "찔레와 가시"가 불과 싸움을 벌이는 것은 승산이 전혀 없는 무모하기 짝이 없는 짓입니다.

여러분은 누가 여러분을 부르시고 설득해서, 여러분으로 하여금 그 부르심에 응답하여 돌이키게 만들고자 하시고 계시는 것인지를 알고 있습니다. 그러므로 여러분은 하나님께서 어떤 도구들을 사용하셔서, 얼마나 자주, 그리고 어느 정도나 간절하게 여러분을 부르고 계시는지를 생각해 볼 필요가 있습니다.

(a) 여러분이 저 복된 하나님의 책을 넘길 때마다, 거기에서는 "돌이키고 살라"고 여러분을 부르시고, "돌이키지 않으면 반드시 죽으리라"고 여러분에게 외치시는 하나님의 음성이 들려 옵니다. 그렇기 때문에, 여러분이 성경의 어느 곳을 펼치더라도, 여러분은 거기에서 하나님이 여러분에게 돌이키라고 명하시는 음성을 들을 수 있습니다.

(b) 여러분은 강단에서 선포되는 설교를 들을 때마다, 여러분에게 돌이키라고 말씀하시는 하나님의 음성을 듣습니다. 왜냐하면, 하나님의 말씀을 대언하는 모든 설교의 취지와 요지는, 여러분을 돌이키라고 부르고 설득하며 간청하는 것이고, 그 밖의 다른 것이 아니기 때문입니다.

(c) 여러분은 성령의 무수한 역사 속에서, 여러분의 심령을 향하여 돌이키라고 은밀하게 말씀하시고 강권하시는 음성을 듣습니다.

(d) 여러분은 때로는 여러분 자신의 양심이 여러분에게 돌이키라고 말하는 음성을 듣기도 합니다. 여러분은 종종 여러분의 영적 상태에 문제가 있다는 것을 깨닫지 않습니까? 여러분의 양심이 종종 여러분에게, 새 사람이 되어야 하고, 새로운 삶을 살아야 한다고 말해 주면서, 여러분에게 돌이키라고 말하지 않습니까?

(e) 여러분은 경건한 사람들의 은혜로운 삶 속에서도 여러분에게 돌이키라고 말씀하시는 하나님의 음성을 듣습니다. 왜냐하면, 그들이 여러분이 기뻐하는 죄악에서 떠나서, 하늘에 속한 삶을 살아가는 모습을 볼 때, 그들의 그러한 삶은 여러분에게 돌이키라고 부르시는 하나님의 음성으로 들리게 되기 때문입니다.

(f) 여러분은 하나님의 모든 역사 속에서 돌이키라고 부르시는 음성을 듣습니다. 왜냐하면, 하나님의 모든 역사는 하나님의 위대하심과 지혜로우심과 선하심을 여러분에게 보여 주면서, 여러분을 불러서, 그 역사들을 주목하여 보고 창조주 하나님을 경배하게 하며, 여러분에게 하나님께로 돌이켜야 한다고 가르치는 하나님의 또 다른 성경 책들이기 때문입니다. 그래서 성경에서는 "하늘이 하나님의 영광을 선포하고 궁창이 그의 손으로 하신 일을 나타내는도다 날은 날에게 말하고 밤은 밤에게 지식을 전하니"(시 19:1-2)라고 말씀합니다. 매일 아침 태양이 여러분 위로 떠오를 때마다, 사실 태양은 여러분에게 다음과 같이 말하면서, 돌이키라고 여러분을 부르고 있는 것입니다: "내가 아침마다 떠올라서 온 세상을 돌며 빛을 비추는 것은 사람들에게 창조주의 영광을 선포하고, 사람들에게 빛을 비추어서 하나님의 일을 하게 하기 위한 것이 아니던가? 그런데도 여러분이 아직도 여전히 어둠의 죄악의 일을 하며, 여러분의 창조주이신 하나님을 잊고, 죄악의 잠에 빠져 살아가고 있다면, 그것이 말이 되겠는가?"

성경은 이렇게 말씀합니다: "잠자는 자여 깨어서 죽은 자들 가운데서 일어나라 그리스도께서 너에게 비추이시리라"(엡 5:14). "너희가 이 시기를 알거니와 자다가 깰 때가 벌써 되었으니 이는 이제 우리의 구원이 처음 믿을 때보다 가까웠음이라 밤이 깊고 낮이 가까웠으니 그러므로 우리가 어둠의 일을 벗고 빛의 갑옷을 입자 낮에와 같이 단정히 행하고 방탕하거나 술 취하지 말며 음란하거나 호색하지 말며 다투거나 시기하지 말고 오직 주 예수 그리스도로 옷 입고 정욕을 위하여 육신의 일을 도모하지 말라"(롬 13:11-14). 이 중에서 두 번째 본문은 하나님께서 아우구스티누스(Augustine)를 회심시키실 때에 사용하셨던 본문입니다.

(g) 여러분은 하나님께서 긍휼하심 가운데서 여러분에게 베풀어 주신

모든 것들로부터 돌이키라는 음성을 듣습니다. 여러분이 그 모든 것들이 내는 음성을 듣고 이해할 수만 있다면, 그 모든 것들은 여러분에게 돌이키라고 소리치고 있다는 것을 알 것입니다. 땅은 여러분을 떠받쳐 주면서, 여러분에게 하나님을 찾아서 섬기라고 소리칩니다. 땅은 여러분에게 땅의 열매들을 공급해 주면서, 여러분에게 하나님을 섬기라고 소리칩니다. 공기는 여러분이 숨 쉴 수 있게 해 주면서, 여러분에게 하나님을 섬기라고 소리칩니다. 모든 피조물들은 자신의 수고와 생명으로 여러분을 섬기면서, 그들의 하나님이시자 여러분의 하나님이신 분을 섬기라고 여러분을 향하여 소리칩니다. 하나님이 여러분에게 주신 시간과 건강과 힘은 여러분에게 하나님을 섬기라고 소리칩니다. 하나님이 여러분에게 주신 먹을 것과 마실 것과 입을 것은 여러분에게 하나님을 섬기라고 소리칩니다.

여러분이 가진 것들 중에서 하나님으로부터 받지 않은 것이 단 하나라도 있습니까? 여러분에게 있는 모든 것들이 하나님으로부터 받은 것이라면, 여러분은 하나님이 그것들을 주신 목적이 무엇이고, 무엇에 사용하라고 주신 것인지를 생각해 보는 것이 도리입니다. 여러분은 곤경에 처했을 때, 하나님께 도와 주시라고 부르짖은 적이 단 한 번이라도 있지 않습니까? 그리고 하나님께서 여러분을 곤경에서 건져내 주셨을 때, 여러분은 자기가 돌이켜서 하나님을 섬기는 것이 마땅한 일이라는 것을 알고 있지 않았습니까? 하나님께서는 여러분에게 위험과 곤경이 닥칠 때마다, 거기에서 여러분을 건져 주시고, 한 해 한 해 여러분의 수명을 연장시켜 주셨습니다. 그런데도 여러분은 아직도 돌이키지 않고 있는 것입니까?

여러분은 누가복음 13:6-9에 나오는 열매 맺지 못한 무화과나무에 관한 비유를 알 것입니다. 거기에서 포도원 주인은 자신이 고용한 포도원지기를 시켜서 자신의 포도원에 심고 열심히 돌보고 가꾸었는데도 전혀 열매를 맺지 못한 무화과나무를 보고, "찍어 버리라 어찌 땅만 버리게 하겠느냐"고 명합니다. 그러자 포도원지기는 한 해만 더 두고 봤다가, 그 때에도 열매를 맺지 못하면, 그 무화과나무를 찍어내 버리게 해 달라고 주인에게 간청합니다. 그리스도께서는 이 비유를 3절과 5절에서 두 번이나 반복해서 적용하여 이렇게 말씀하십니다: "너희에게 이르노니 아니라 너희도 만일 회개하지 아니하면 다 이와 같이 망하리라."

하나님께서는 아주 많은 해가 바뀌는 동안에 해마다 여러분께 오셔서, 여러분에게서 사랑과 거룩함의 열매를 찾으셨지만, 단 한 번도 그런 열매를 발견하지 못하셨습니다. 그런데도 하나님께서는 여러분을 찍어 내버리지 않으시고, 지금까지 살려 두셨습니다. 여러분은 그 동안 여러분의 의도적인 무지와 지각 없음과 불순종으로 인해서, "찍어 버리라 어찌 땅만 버리게 하겠느냐"는 하나님의 공의의 심판을 무수히 자초해 왔지만, 긍휼에 풍성하신 하나님께서는 여러분에 대하여 오래 참으셔서, 오늘 이 시간까지 여러분을 찍어내 버리지 않으시고, 여러분이 돌이키기만을 바라시고 살려 두셨습니다. 여러분에게 사람으로서의 지각이라는 것이 조금이라도 있다면, 여러분은 이제 이 모든 것이 여러분에게 돌이키라고 부르시는 하나님의 음성이라는 것을 깨달을 때도 되지 않았습니까? 성경은 이렇게 말씀합니다: "네가 하나님의 심판을 피할 줄로 생각하느냐 혹 네가 하나님의 인자하심이 너를 인도하여 회개하게 하심을 알지 못하여 그의 인자하심과 용납하심과 길이 참으심이 풍성함을 멸시하느냐 다만 네 고집과 회개하지 아니한 마음을 따라 진노의 날 곧 하나님의 의로우신 심판이 나타나는 그 날에 임할 진노를 네게 쌓는도다 하나님께서 각 사람에게 그 행한 대로 보응하시되 참고 선을 행하여 영광과 존귀와 썩지 아니함을 구하는 자에게는 영생으로 하시고 오직 당을 지어 진리를 따르지 아니하고 불의를 따르는 자에게는 진노와 분노로 하시리라"(롬 2:3-8).

(h) 여러분은 여러분이 겪는 온갖 환난 속에서 여러분에게 속히 돌이키라고 부르시는 하나님의 음성을 듣습니다. 여러분이 앓는 병들과 여러분이 겪는 고통들이 여러분에게 돌이키라고 소리치고, 여러분의 가난, 친구들과의 사별, 하나님이 여러분을 징계하시기 위하여 보내시는 회초리들이 여러분에게 돌이키라고 소리칩니다. 그런데도 여러분은 그 부르심에 청종하고자 하는 마음이 없는 것입니까? 그 환난들은 여러분에게 시도 때도 없이 임하여서, 여러분으로 하여금 피부로 느끼게 만들고 신음하게 만들었습니다. 그런데 그런 환난들도 여러분을 돌이키게 하기에는 역부족이란 말입니까?

(i) 여러분은 여러분의 본성과 존재 자체 속에서 여러분에게 돌이키라고 말하는 음성을 듣습니다. 여러분에게 이성이 있는 것은, 여러분으로 하여금 자신의 육신을 다스리고 여러분의 주를 섬기게 하기 위한 것이 아니고 무엇이겠습니까? 여러분에게 명철과 총명이 있는 것은, 여러분으로 하여금 하나님의 뜻을 알고 행하게 하기 위한 것이 아니고 무엇이겠습니까? 여러분에게 사랑하고 두려워하며 사모할 수 있는 마음이 있는 것은, 여러분으로 하여금 하나님을 두려워하고 사랑하며 사모하게 하기 위한 것이 아니고 무엇이겠습니까?

(j) 여러분 자신이 하나님께 한 약속이 여러분에게 돌이켜 하나님을 섬기라고 부르고 있습니다. 여러분은 세례를 받을 때, 세상과 육신과 마귀를 버리고, 오직 하나님만을 섬기겠다고 굳게 서약하였고, 신앙고백을 통해서 그 서약을 확증하였으며, 성례전들에 참여할 때마다, 그리고 환난을 당할 때마다 그 서약을 새롭게 하였습니다. 여러분은 그런 식으로 하나님께 약속하고 서약해 놓고서도, 그 약속과 서약을 이행하지 않고, 하나님께로 돌이키려고 하지 않는 것입니까?

이제 이 모든 부르심들을 한데 모아 놓으면, 어떤 결과가 나오는지를 한 번 보겠습니다. 성경이 여러분에게 돌이키라고 부르고 있고, 그리스도의 사역자들이 여러분에게 돌이키라고 부르고 있습니다. 성령이 돌이키라고 소리치고 있고, 여러분의 양심이 돌이키라고 소리치고 있으며, 경건한 사람들이 이런저런 권면들과 모범들을 통해서 여러분에게 돌이키라고 소리치고 있고, 여러분이 매일 같이 보는 온 피조세계와 거기에 있는 모든 피조물들이 돌이키라고 소리치고 있으며, 하나님께서 여러분에 대하여 오래 참고 기다려 주고 계신다는 사실이 여러분에게 돌이키라고 소리치고 있고, 하나님께서 여러분에게 베풀어 주신 온갖 긍휼들이 여러분에게 돌이키라고 소리치고 있으며, 하나님의 징계의 회초리들이 돌이키라고 소리치고 있습니다. 여러분의 이성과 본성이 여러분에게 돌이켜야 한다고 말하고 있고, 여러분이 지금까지 하나님께 한 모든 약속들이 여러분에게 돌이켜야 한다고 말하고 있습니다. 그런데도 여러분은 아직도 돌이킬 결심을 하지 못했다는 것입니까?

(3) 한심하고 형편없는 죄인들이여, 여러분은 여러분에게 돌이키라고 부르고 계시는 하나님과 여러분이 내내 어떤 관계에 있는지를 한 번이라도 생각해 본 적이 있습니까? 여러분은 하나님의 소유이고, 여러분 자신과 여러분이 가지고 있는 모든 것이 하나님이 주신 것입니다. 그런데도 하나님께서는 자신의 소유인 여러분에게 돌이키라고 명해서는 안 되는 것입니까? 여러분은 하나님의 종이고, 하나님은 여러분의 유일무이한 주인이십니다. 그렇기 때문에, 여러분은 하나님 외에 다른 주인을 섬겨서는 안 됩니다. 여러분은 하나님이 베풀어 주시는 긍휼에 의지해서 살아가고 있고, 여러분의 생명은 하나님의 수중에 있습니다. 하나님께서 여러분을 구원하고자 하시

는 것도, 여러분에게 그럴 만한 자격이 있어서가 아니라, 오직 하나님의 긍휼하심으로 인한 것입니다. 여러분에게는 여러분을 해치고자 하는 수많은 영적인 원수들이 있는데, 만일 하나님께서 여러분을 포기하시고 그들에게 넘겨 주셔서 그들의 뜻대로 하게 내버려 두신다면, 그들은 뛸 듯이 기뻐하며, 그 즉시 온갖 사악하고 잔인한 방법으로 여러분을 괴롭힐 것입니다. 그리고 여러분은 오직 하나님께로 돌이킬 때에만, 그들의 마수에서 벗어날 수 있습니다. 여러분은 여러분이 지은 죄로 인해서 이미 하나님의 진노 아래 놓여 있습니다. 그리고 여러분은 하나님께서 얼마 동안이나 여러분을 참아 주시고 기다려 주실지를 알지 못합니다. 올해가 여러분에게 주어진 마지막 한 해일 수도 있고, 오늘이 여러분에게 주어진 마지막 날일 수도 있습니다. 하나님의 말씀이 여러분의 귀에 들리고 있는 동안에도, 하나님의 칼은 여러분의 심장을 겨누고 있습니다. 돌이키지 않는다면, 여러분은 이미 죽은 사람이고 멸망에 처해질 사람입니다. 만일 여러분의 눈이 열려서 여러분이 지옥의 문턱에 서 있는 것을 볼 수 있고, 이 땅에서 돌이키지 않은 사람들이 이미 지옥에 차고 넘치는 것을 볼 수 있다면, 여러분은 바로 지금이 여러분 자신을 돌아보고 살펴보아야 할 때라는 것을 알게 될 것입니다.

자, 이제 여러분의 내면을 들여다 보시고, 하나님의 초대와 제안에 여러분의 마음이 얼마나 움직였는지를 내게 말해 주십시오. 여러분은 하나님의 생각이 어떤지를 들었습니다. 하나님은 여러분이 죽는 것을 기뻐하지 않으신다고 말씀하시고, 여러분에게 "돌이키고 돌이키라"고 말씀하십니다. 나는 지금까지 하나님의 생각과 마음과 심정이 어떠한지에 대하여 여러분에게 자세히 전해 주었는데, 그런데도 여러분의 마음이 전혀 움직이지 않거나, 절반 정도만 움직인다면, 그것은 두렵고 불길한 징조입니다. 게다가, 여러분은 이미 여러분에 대한 하나님의 긍휼하심이 어떠한지에 대해서 들을 만큼 들었는데도, 여러분이 지금 처해 있는 비참한 상태에 대해서 이전보다 더 무관심해진다면, 그것은 더욱 더 두렵고 불길한 징조입니다. 왜냐하면, 어떤 병자에게 약을 써서 약효가 어느 정도나 나타나는지를 보면, 그 병자가 치료될 가능성이 있는지 없는지가 어느 정도 가늠이 되기 때문입니다.

지금 지옥에 있는 사람들이 하나님으로부터 "이제라도 돌이키면 살리라"는 메시지를 들을 수만 있다면, 그것은 그들에게 얼마나 기쁜 소식이 되겠습니까! 지옥의 불구덩이에서 끝없는 고통을 겪고 있는 그들이 그런 메시지를 듣고 청종하여 지옥에서 벗어날 수 있는 가능성이 열려 있다면, 그 메시지는 그들에게 한없이 기쁜 말씀이 될 것입니다. 하나님의 진노가 여러분에게 임할 시간이 단 한 시간밖에 남아 있지 않다는 것을 알았을 때, 그 메시지는 여러분에게 얼마나 반갑고 기쁜 말씀이 되겠습니까! 아니, 여러분이 지옥에 떨어져서 천년이나 만년 동안 끝없이 고통을 당한 후에라도, 하나님으로부터 "돌이키면 살리라"는 말씀을 들을 수만 있다면, 그 메시지는 여러분에게 얼마나 반갑고 기쁜 말씀이 되겠습니까! 그런데도 여러분은 하나님의 초대와 제안을 들은 체 만 체하고, 우리 사역자들을 빈 손으로 돌려 보내고자 하는 것입니까?

죄인들이여, 우리를 보십시오. 우리는 하나님의 보내심을 받고 여러분에게 온 하나님의 사자들로서, 여러분 앞에 생명의 길과 죽음의 길을 제시하고 있습니다. 여러분은 어떻게 하시겠습니까? 여러분은 어느 길을 선택하시겠습니까? 그리스도께서는 한 손에는 천국을, 다른 손에는 지옥을 들고, 여러분 앞에 서서서, 여러분에게 선택할 것을 요구하고 계십니다. 여러분은 어느 쪽을 선택하시겠습니까? 하나님의 음성에는 힘과 위엄이 있어서, 그 음성 앞에서는 반석이라도 두려워 떨 수밖에 없습니다(시 29편). 그런데 여러분은 "네가 정녕 돌이키려 하지 않으려느냐"고 경고하시는 하나님의 음성을 듣고도 아무렇지도 않은 것입니까? 여러분은 "돌이키고 돌이키라 어찌 죽고자 하느냐"라고 경고하시는 하나님의 음성을 깨닫지도 못하고 느끼지도 못한다는 말입니까? 이것이 여러분을 가장 사랑하고 아끼는 친구의 무한한 사랑이 담겨 있는 음성이라는 사실은, 지극히 크신 하나님께서 자기를 낮추시고 여러분의 눈높이로 내려오셔서 이런 초대와 제안을 하고 계신다는 사실 자체에서 여러분이 쉽게 알 수 있습니다. 그런데도 여러분은 그 음성을 무시할 수 있겠습니까? 이것은 하나님께서 여러분을 불쌍히 여기시고 가엾게 여기시는 안타까운 연민의 심정이 담겨 있는 음성입니다. 하나님께서는 여러분이 지금 가고 있는 길이 멸망의 길이라는 것을 너무나 잘 아시기 때문에, 여러분을 생명의 길로 인도하시기 위하여, 여러분의 등 뒤에 서서, "돌이키고 돌이키라"고 여러분을 부르고 계시는 것입니다.

하나님께서는 여러분이 돌이키지 않으면, 결국 여러분이 어떻게 될 것인지를 너무나 잘 알고 계시기 때문에, 속으로 이렇게 탄식하십니다: "아, 이 가련한 죄인은 내가 그토록 무수히 돌이키라고 권하였는데도 돌이킬 생각을 하지 않고, 이렇게 자기 자신을 끝없는 고통 속으로 몰아넣고 있구나. 그가 돌이키기를 끝까지 고집한다면, 나는 나의 의로운 법에 따라서 이 죄인을 공의로 심판할 수밖에 없구나." 그래서 하나님께서는 계속해서 여러분의 등 뒤에서 "돌이키고 돌이키라"고 부르고 계시는 것입니다. 오, 죄인들이여, 여러분에게 이루 말할 수 없이 두려운 위험이 가까이 다가오고 있고, 여러분이 영원한 멸망을 향하여 달려 가고 있다는 사실을, 여러분이 하나님께서 알고 계시는 것의 천분의 일만이라도 알고 있다면, 우리는 굳이 여러분의 뒤를 좇아다니면서, 여러분에게 돌이키라고 외칠 필요조차 없을 것입니다.

게다가, 여러분을 부르고 계시는 이 음성은, 이미 천국에 와 있는 수많은 사람들이 들고서 청종하였던 바로 그 동일한 음성이고, 무수한 세월 동안 이 음성을 무시하고서 하나님께로 돌이키지 않았던 사람들은 단 한 사람도 지금 거기에 있지 않습니다. 하나님의 부르심에 응답하여 돌이켜서 천국에 있게 된 사람들은 무엇을 누리고 있습니까? 지금 그들은 자신들을 부르셨던 그 음성이 그들에게 해롭기는커녕 그들에게 구원을 가져다 준 사랑의 음성이었다는 것을 실감하고 있습니다. 여러분이 그 동일한 부르심에 순종하기만 한다면, 여러분도 그 동일한 행복을 맛보게 될 것입니다. 자기에게 기회가 주어졌을 때에 회심하였어야 했는데도 회심하지 않은 것을 영원토록 한탄하는 사람들은 부지기수이지만, 회심하고 천국에 가 있는 사람들 중에서 자기가 괜히 회심하였다고 후회하는 사람은 단 한 명도 없습니다.

자, 이제 여러분은 결심하였습니까, 아니면 아직도 결심하지 못하였습니까? 내가 여러분에게 계속해서 더 말을 하고 권면하여야 하겠습니까? 어떻게 하시겠습니까? 회심하시겠습니까, 아니면 회심하지 않으시겠습니까? 내게는 대답하지 않으셔도 괜찮지만, 여러분의 마음속에서 하나님께는 반드시 대답하십시오. 하나님께서 여러분의 침묵을 회심하지 않겠다는 표시로 받아들이시지 않도록, 분명하게 대답하십시오. 하나님께서 여러분에게 똑같은 초대와 제안을 또 다시 하시지 않으시도록, 신속하게 대답하십시오. 오로지 한 마음으로 확고하고 단호하게 여러분의 결심을 하나님께 말씀하십시오. 왜냐하면, 하나님께서는 두 마음을 품는 자들은 자기 백성으로 받아들이지 않으실 것이기 때문입니다. 여러분의 결심이 다시 흔들려서 유야무야 되기 전에 지금 지체없이 여러분의 마음속에서 하나님께 이렇게 말씀하십시오: "나는 이제 하나님의 은혜를 의지해서 즉시 돌이키기로 결단합니다. 돌이키는 일조차도 내 자신의 힘으로는 되지 않는다는 것을 알기 때문에, 나는 하나님이 주시는 은혜를 따라 하나님께 순종하여 하나님의 길들로 행하며, 나의 이전의 삶과 행실과 내가 이전에 사귀던 친구들을 버리고, 내 자신을 하나님의 인도하심에 맡기기로 결단합니다."

지금 여러분은 온갖 우상숭배가 행해지는 어둠의 땅에서 복음을 듣지 못하고 살아가고 있는 것도 아니고, 지옥의 불구덩이에 던져져서 더 이상 아무런 소망도 주어지지 않는 절망의 땅에서 살아가고 있는 것도 아닙니다. 생명이 여러분 앞에 있고, 여러분은 생명을 원하고, 하나님이 제시하신 조건을 받아들이기만 한다면, 그 생명은 여러분의 것이 될 수 있습니다. 하나님의 조건은 돌이키라는 것이기 때문에, 여러분이 돌이키기만 한다면, 여러분은 값없이 거저 그 생명을 얻을 수 있습니다. 예수 그리스도께서 열어 놓으신 영생으로 가는 밝은 길이 여러분 앞에 놓여 있고, 그 길로 여러분을 인도해 줄 교회도 여러분에게 열려 있습니다. 여러분이 원하기만 한다면, 여러분에게는 여러분의 주님이신 그리스도도 주어질 것이고, 죄 사함도 주어질 것입니다.

여러분은 어떻게 하시겠습니까? 회심하시겠습니까, 아니면 회심하지 않으시겠습니까? 여러분이 회심하지 않겠다고 대답하거나, 아무 대답도 하지 않고 계속해서 이전처럼 살아간다면, 장차 하나님의 법정에서, 오늘 여러분이 하나님의 초대와 제안에 대해서 충분한 설명을 들었다는 사실에 대해서, 하나님이 증인이 되실 것이고, 이 회중이 증인이 되어 줄 것이며, 여러분 자신의 양심이 증인이 되어 줄 것입니다. 여러분은 얼마든지 그리스도를 영접하여 여러분의 주로 섬길 수 있는 기회가 있었는데도, 의도적으로 그렇게 하지 않은 것임을 똑똑히 기억해 두십시오. 여러분은 다른 사람들처럼 얼마든지 영생을 얻을 수도 있었는데, 의도적으로 영생을 얻고자 하지 않아서, 영생을 잃어 버렸다는 것을 똑똑히 기억해 두십시오. 이 모든 것은 여러분이 돌이키고자 하지 않았기 때문입니다.

이제 우리는 여섯 번째 교훈으로 넘어가서, 여러분이 왜 돌이키고자 하지 않는 것인지, 그 이유들을 들어 보고자 합니다.

여섯 번째 교훈

하나님은 죄인들의 눈높이로 내려오셔서
이치를 따져 얘기하신다

"하나님께서는 고압적으로 그들에게 명령하시는 것이 아니라, 자신을 낮추시고 그들의 눈높이로 내려오셔서, 이 문제를 놓고 이치를 따져서 그들과 얘기를 나누시고, 왜 죽고자 하느냐고 반문하십니다."

이것은 논쟁의 내용과 관련해서나 논쟁을 벌이는 당사자들과 관련해서나 이상하고 기이한 논쟁입니다. 첫째로, 여기에서 논쟁이 되고 있는 내용은 "악인들은 왜 스스로 멸망을 자초하려고 하느냐?" 또는 "악인들은 왜 돌이켜 살려고 하지 않고 죽고자 하느냐?"는 것이고, 그들이 그렇게 하고자 하는 데에는 어떤 충분한 이유나 근거가 있는 것인가 하는 것입니다. 둘째로, 여기에서 논쟁을 벌이고 있는 당사자는 하나님과 사람입니다. 즉, 지극히 거룩하신 하나님과 회심하지 않은 사악한 죄인들이 논쟁의 당사자들이라는 것입니다.

하나님께서 여기에서 어떤 사람들이 의도적으로 죽으려 하고 멸망받으려고 하고 있다고 전제하시고 말씀하고 계신다는 것이 이상하지 않습니까? 그런데 사실 이것은 세상 사람들의 대부분을 이루고 있는 악인들의 모습을 하나님께서 있는 그대로 정확하게 보여 주신 것입니다. 그러나 여러분은 절대로 그럴 리가 없다고 말할 것입니다. 즉, 자신을 보존하고자 하고 행복하고자 하는 것이 인간의 본성이고, 게다가 악인들이라면 누구보다도 더 이기적이어서, 그런 본성이 누구보다도 더 강할 텐데, 악인들이 스스로 죽고자 하고 멸망받으려고 한다는 것이 말이 되겠느냐고 여러분은 말할 것입니다.

여러분의 그러한 반문에 대한 나의 대답은 이렇습니다. 첫째로, 어떤 것이 자기에게 해롭다는 것을 뻔히 알면서도, 그 해로운 것을 하고자 하는 사람은 아무도 없고, 그들이 그 해로운 것을 하고자 하는 것은 그것이 그들에게 유익할 것처럼 보이기 때문이라는 것은 확실한 진리입니다. 하물며, 영원히 고통당하고자 하는 사람이 어디 있겠습니까? 자기가 비참하게 되고 멸망받게 되는 것을 원하는 사람은 아무도 없습니다. 둘째로, 그럼에도 불구하고, 여기에서 하나님께서 악인들이 죽고 멸망받는 이유는 그들이 죽고자 하고 멸망받고자 하기 때문이라고 우리에게 가르치신 것은 지극히 참된 진리입니다. 이것은 몇 가지 측면에서 참됩니다.

(1) 하나님께서는 악인들에게, 그들이 지금 가고 있는 길은 지옥으로 이어진 길이기 때문에, 그 길로 계속해서 가면, 그들은 결국 멸망받을 수밖에 없다고 말씀해 주시는데도, 그들은 그 말씀을 무시하고 그 길을 계속해서 가고자 하고, 실제로 가고 있다는 점에서, 그들은 죽고자 하고 멸망받고자 한다고 하신 하나님의 말씀은 참됩니다. 하나님께서는 자신의 종들과 사역자들을 아주 빈번하게 보내셔서, 악인들이 계속해서 그 길로 간다면, 반드

시 멸망을 받게 될 것이고, 돌이키지 않는다면, 구원을 받지 못할 것이라고 너무나 분명하게 선포하셨습니다: "여호와께서 말씀하시되 악인에게는 평강이 없다 하셨느니라"(사 48:22). "내 하나님의 말씀에 악인에게는 평강이 없다 하셨느니라"(사 57:21). "그들은 평강의 길을 알지 못하며 그들이 행하는 곳에는 정의가 없으며 굽은 길을 스스로 만드나니 무릇 이 길을 밟는 자는 평강을 알지 못하느니라"(사 59:8).

살아 계신 하나님께서는 그들이 돌이키지 않으면 자신의 안식에 들어오지 못할 것이라고 자신을 두고 맹세하시며 말씀하시지만, 하나님과 그 사역자들이 무엇이라고 말해 주어도, 악인들은 여전히 악하게 살고 있고, 앞으로도 악하게 살고자 할 것입니다. 하나님께서는 "세상과 벗된 것이 하나님과 원수 됨을 알지 못하느냐 그런즉 누구든지 세상과 벗이 되고자 하는 자는 스스로 하나님과 원수 되는 것이니라"(약 4:4)고 말씀하시고, "이 세상이나 세상에 있는 것들을 사랑하지 말라 누구든지 세상을 사랑하면 아버지의 사랑이 그 안에 있지 아니하니"(요일 2:15)고 말씀하시는데도, 악인들은 여전히 육신적으로 살아가고 있고 앞으로도 그렇게 살아 가고자 할 것이며, 여전히 세상을 좇아 속물로 살아가고 있고 앞으로 그렇게 살아가고자 할 것입니다. 따라서 악인들은 스스로는 그렇다고 생각하지 않겠지만, 사실은 죽고자 하고 멸망받고자 하는 것입니다. 그들은 지옥에 가고자 하는 것도 아니고, 거기에서 자신들이 겪어야 할 끝없는 고통을 좋아하는 것도 아니지만, 실제로는 지옥으로 이어지는 길로 걷고자 하고, 그들에게 결국에는 영원한 고통을 안겨 줄 원인이 되는 일들을 행하기를 좋아하는 것입니다.

죄인들이여, 여러분이 그렇지 않습니까? 여러분은 지옥의 불구덩에 던져지고 싶어하지 않겠지만, 끊임없이 죄를 지음으로써 지옥으로 가는 길을 재촉하고 있고, 여러분 자신을 지옥의 불구덩이 속으로 던져 넣고 있는 것이 아닙니까? 여러분은 지옥에서 악한 영들과 함께 영원토록 고통을 당하고 싶어하지 않을 것이고, 자기는 지옥에 가서 영원히 고통당할 짓을 절대로 하고 있지 않다고 완강하게 부인하겠지만, 실제로는 여러분이 반드시 그렇게 되도록 만드는 일들을 적극적으로 행하고 있습니다. 여러분은 마치 이렇게 말하고 있는 것과 같습니다: "나는 이 독을 마시고자 하지만, 내가 죽고자 하는 것은 절대로 아니다. 나는 이 첨탑 꼭대기에서 뛰어내리고자 하지만, 내가 스스로 죽음을 자초하고자 하는 것은 절대로 아니다. 나는 이 비수로 내 심장을 찌르고자 하지만, 내가 스스로 내 목숨을 빼앗고자 하는 것은 절대로 아니다. 나는 내 집의 초가지붕에 이 불을 던지고자 하지만, 내가 내 집을 불태우고자 하는 것은 절대로 아니다."

악인들도 마찬가지입니다. 그들은 악하게 살고자 하고, 육신과 세상을 따라 살고자 하지만, 그들이 장차 멸망받고자 하는 것은 아닙니다. 그러나 여러분은 원인이 있으면 거기에 따른 결과가 반드시 있게 된다는 것을 알고 있고, 하나님께서 자신의 의로운 법을 통해서 여러분이 회개하지 않으면 반드시 멸망하게 될 것이라고 정해 놓으신 것을 알고 있지 않습니까? 그러므로 독을 마시고자 하는 사람은 "내가 내 자신을 죽이고자 한다"고 솔직하게 인정하는 것이 마땅합니다. 왜냐하면, 독을 마시면 반드시 죽게 되어 있다는 것은 그 누구도 부정할 수 없는 사실이기 때문입니다. 아마도 그 사람은 독에 섞여 있는 설탕의 달콤함 때문에 독을 마시고 싶어 하였고, 다른 사람들이 그것이 독이라고 말해 주어도 듣고자 하지 않았을 수도 있습니다. 그러나 중요한 것은 그 사람이 결국 독을 마셨다는 사실입니다. 그 사람이 오해하거나 착각해서 그 독이 자기에게 유익할 것이라고 확신해서 그 독을 마셨다고 변명해 보아야 아무 소용이 없습니다. 오해나 착각으로 독을 마셨다고 해서, 그 사람이 죽지 않는 것은 아닙니다.

따라서 여러분이 술주정뱅이들이거나, 음행하는 자들이거나, 속물들이거나, 육신을 따라 살아가는 자들이라면, 여러분은 "우리는 장차 멸망받고자 하고 있다"는 것을 솔직하게 인정하는 것이 마땅합니다. 왜냐하면, 여러분은 거기에서 돌이키지 않으면 반드시 그렇게 될 것이기 때문입니다. 어떤 강도나 살인자가 자신이 강도짓을 하거나 살인을 하면, 재판을 받고 교수형에 처해질 것임을 잘 알면서도, "나는 강도짓을 하고 사람을 죽이고자 하지만, 내가 교수형을 당하고자 하는 것은 절대로 아니다"라고 말한다면, 여러분은 그 사람을 어리석고 우매한 자라고 비웃지 않겠습니까? "나는 강도짓을 하고 살인을 하고자 한다"라고 말하는 사람은 "나는 교수형을 당하고자 하고 있다"는 것을 솔직하게 인정하여야 합니다. 마찬가지로, 여러분이 계속해서 육신적인 삶을 살아 가고자 한다면, 여러분은 "우리는 지옥에 가고자 하고 있다"는 것을 솔직하게 인정하는 것이 마땅합니다.

(2) 악인들은 하나님께서 그들이 구원받을 수 있도록 마련해 주신 여러 가지 수단들을 사용하고자 하지 않기 때문에, 그들이 구원받을 가능성이 없다는 점에서도, 그들은 죽고자 하고 멸망받고자 한다고 하신 하나님의 말씀은 참됩니다. 음식을 먹고자 하지 않는 사람은, 자기가 음식을 먹지 않고도 살아 남을 수 있는 방법을 알고 있는 경우가 아니라면, 자기가 죽고자 하는 것임을 솔직하게 인정하여야 합니다. 길을 떠나려고 하지 않는 사람은 자기가 목적지에 도달하고자 하지 않은 것임을 솔직하게 인정하여야 합니다. 깊은 물 속으로 뛰어들고자 하는 사람은, 자신의 힘으로 헤엄쳐서 거기에서 나올 수 있거나, 다른 사람의 도움으로 물 속에서 나올 수 있는 경우가 아니라면, 자기는 물에 빠져 죽고자 하는 것임을 솔직하게 인정하여야 합니다. 마찬가지로, 여러분이 계속해서 육신적이고 불경건하게 살아가면서,

회심하고자 하지도 않고, 여러분이 회심하는 것을 도와줄 수단들을 사용하고자 하지도 않고 있다면, 여러분은 자기가 죽고자 하고 멸망받고자 하는 것이라고 솔직하게 인정하는 것이 마땅합니다. 왜냐하면, 만일 여러분이 회심하지 않고도 구원받을 수 있는 길을 발견하였다면, 그것은 인류 역사상에서 그 누구도 발견하지 못한 것을 발견한 것이 될 것이기 때문입니다.

(3) 하지만 그것이 전부가 아닙니다. 악인들은 그들 자신이 구원에 참여하는 것 자체를 원하지 않는다는 점에서도, 그들은 죽고자 하고 멸망받고자 한다고 하신 하나님의 말씀은 참됩니다. 그들은 자신들이 천국이라고 여기고 그렇게 부르는 것을 원할지는 모르지만, 진짜 천국을 원하지는 않습니다. 즉, 그들은 자신들의 망상 속에서 천국이라고 여기는 것을 원할 수는 있겠지만, 진정한 의미에서의 지극히 복된 천국을 원하지는 않는다는 것입니다. 사실, 그들의 마음은 참된 천국에 대하여 대단히 적대적입니다. 왜냐하면, 참된 천국은, 온전히 거룩하게 되어서, 하나님을 늘 사랑하고 찬송하는 곳인데, 사람들이 이 세상에서 도달할 수 있는 불완전한 거룩함과 하나님에 대한 불완전한 사랑과 찬송에 대해서도 전혀 관심이 없고 도리어 적대적인 악인들이 천국에서의 완전한 거룩함이나 하나님에 대한 완전한 사랑과 찬송에 마음이 끌릴 리가 없고, 거룩함이 더 깊고 하나님에 대한 사랑과 찬송이 더 강렬하면 할수록, 악인들의 적대감도 더욱 극심해질 것이기 때문입니다. 천국의 기쁨은 지극히 순전하고 신령한 것이어서, 악인들의 마음은 그런 기쁨을 결코 원하지 않습니다.

이제 여러분은 어떤 근거로 하나님께서 악인들은 스스로 죽고자 하고 멸망받고자 하는 것이라고 전제하시고 말씀하고 계시는지를 알게 되었을 것입니다. 그들은 돌이키지 않으면 반드시 죽을 것이라고 하여도, 그들은 돌이키고자 하지 않습니다. 그들은 회심하는 쪽을 택하느니, 차라리 멸망받는 쪽을 택한 후에, 자기는 비록 멸망의 길을 택하기는 했지만, 적어도 자기만은 어떻게든 멸망받지 않게 될 것이라고 믿으면서, 태연하게 죄악된 삶을 계속해서 살아갈 것입니다.

여기에서 논쟁이 되고 있는 내용이 사람들이 그들 자신의 원수가 되어서 의도적으로 자신들의 영혼을 멸망에 빠뜨리고자 한다는 것이라는 점에서 놀랍고 기이한 것과 마찬가지로, 여기에서 서로 논쟁을 벌이고 있는 당사자들이 어떤 존재들인가 하는 것도 놀랍고 기이합니다. 왜냐하면, 이 논쟁의 당사자들은 하나님과 사람들인데, 하나님께서 스스로를 지극히 낮추시고 사람들의 눈높이에 자신을 맞추시는 가운데, 사람들을 상대로 논쟁을 벌이고 계신다는 사실도 놀랍고 기이하며, 사람들이 누가 보아도 그 답이 명백한 문제를 가지고서, 하나님이 그들의 구원을 위하여 제시하시는 초대와 제안을 완강히 거부함으로써, 이러한 논쟁을 촉발시킬 정도로 지독하게 눈멀고 완악하다는 사실도 놀랍고 기이하기 때문입니다.

악인들은 하나님께서 친히 하시는 말씀도 들으려고 하지 않는 사람들이기 때문에, 그들이 사람인 우리 사역자들의 말을 듣지 않는 것은 전혀 이상한 일이 아닙니다. 그래서 하나님께서는 에스겔 선지자를 이스라엘 백성에게 보내시면서, 이렇게 말씀하셨습니다: "이스라엘 족속은 이마가 굳고 마음이 굳어 네 말을 듣고자 아니하리니 이는 내 말을 듣고자 아니함이니라"(겔 3:7). 또한, 악인들은 하나님께서 하신 말씀들, 심지어 너무나 명명백백한 말씀들에 대해서도 시비를 걸고 트집을 잡는 사람들이기 때문에, 그들이 사역자들이나 경건한 신자들의 말에 대해서 시비를 걸고 트집을 잡는 것은 전혀 이상한 일이 아닙니다. 그들은 자신들의 말과 생각이 일리가 있고 옳다고 생각합니다. 그들은 하나님을 은근히 비방하고 중상모략하는 온갖 말들로 하나님을 잔뜩 괴롭혀 놓고도, "우리가 어떻게 여호와를 괴롭혀 드렸나이까"라고 항변합니다. 왜냐하면, 그들은 "모든 악을 행하는 자는 여호와의 눈에 좋게 보이며 그에게 기쁨이 된다"고도 말하고, "정의의 하나님이 어디 계시냐"고 말함으로써, 하나님을 속상하시게 해놓고도, 자기들은 할 말을 한 것이고, 자신들이 한 말은 전혀 틀린 말이 아니라고 생각하기 때문입니다(말 2:17).

또한, 그들은 "더러운 떡"을 하나님의 제단에 드리고, 하나님의 성전을 사람들로부터 경멸받게 만들어 놓고서도, "우리가 어떻게 주를 더럽게 하였나이까"라고 항변하고, 하나님께서 "내 이름을 멸시하는 제사장들아 내가 아버지일진대 나를 공경함이 어디 있느냐 내가 주인일진대 나를 두려워함이 어디 있느냐"고 말씀하시면, 그들은 "우리가 어떻게 주의 이름을 멸시하였나이까"라고 항변합니다(말 1:6-7). 그러나 하나님께서는 "질그릇 조각 중 한 조각 같은 자가 자기를 지으신 이와 더불어 다툴진대 화 있을진저 진흙이 토기장이에게 너는 무엇을 만드느냐 또는 네가 만든 것이 그는 손이 없다 말할 수 있겠느냐"(사 45:9)고 꾸짖으십니다.

질문: 그렇다면, 하나님께 왜 이 문제를 가지고서 사람들과 논쟁을 벌이고자 하시는 것입니까?

답변: (1) 첫 번째 이유는, 하나님께서는 사람을 이성을 지닌 존재로 지으셨기 때문에, 우리를 그런 존재로 대우하셔서, 이치를 따져서 이성적으로 설득하셔서 승복시키시기 위한 것입니다. 이렇게 하나님께서는 사람에게 이성을 주셔서, 사람들로 하여금 그 이성을 하나님을 위하여 사용하게 하셨습니다. 따라서 사람은 이성을 지닌 피조물이기 때문에, 하나님께서 우

리 앞에 이치에 맞는다는 것이 너무나 분명한 제안을 제시하시면, 우리는 그 제안을 받아들이는 것이 마땅한 일입니다.

(2) 두 번째 이유는, 하나님께서 자기가 사람들에게 명하시거나 금하신 것들 중에는 이치에 맞지 않는 것은 단 하나도 없고, 모든 것이 다 이치에 맞는 것임을, 그들로 하여금 알게 하시고, 그런 까닭에 그들이 하나님의 말씀에 불순종할 이유는 전혀 없고, 오직 순종할 이유만이 있다는 것을 인정하지 않을 수 없게 하셔서, 그들로 하여금 그 어떤 변명도 할 수 없게 만드시기 위한 것입니다. 그러므로 그들은 나중에 지옥에 떨어져서 영원한 고통을 당하고 있을 때조차도, 그 때에 하나님이 하신 말씀들은 다 이치에 맞는 옳은 말씀들이었다는 것을 인정하고서, 자신들이 그 때에 하나님의 말씀을 듣고 돌이켰어야 했었다고 고백하게 될 것입니다. 또한, 그들은 그들 자신을 단죄하지 않을 수 없게 될 것이고, 하나님께서 그들에게 찾아오셔서 은혜를 베풀어 주시고자 하셨을 때, 그 은혜를 무시하고, 스스로 멸망을 자초한 것이기 때문에, 자신들에게는 변명할 말이 없다는 것을 인정하게 될 것입니다.

죄인들이여, 여러분이 이전에 걸어왔던 길을 계속해서 걸어가고자 한다면, 여러분이 그렇게 작정하게 된 지극히 합당하고 아주 강력한 이유들을 생각해 내어서 제시해 보십시오. 여러분은 지금 누구를 상대로 해서 논쟁하고 있는지를 알고 있습니다. 방탕에 빠져 살면서도 회심할 생각을 하지 않는 죄인들이여, 어디 한 번 대답해 보십시오? 여러분은 감히 하나님을 상대로 논쟁을 하고자 하는 것입니까? 여러분은 하나님과 논쟁해서 이길 수 있을 것이라고 생각하고 있는 것입니까? 여러분은 하나님과 논쟁을 벌일 준비를 다 마쳤습니까? 하나님께서는 "어찌 죽고자 하느냐"고 물으시는데,

여러분은 거기에 대한 충분한 대답을 준비해 놓았습니까? 여러분은 하나님이 틀렸고 여러분 자신이 옳다는 것을 증명하고자 하는 것입니까? 오, 여러분은 도대체 지금 무슨 짓을 하고 있는 것입니까! 하나님께서는 여러분에게 회심하라고 명하고 계시는 반면에, 여러분은 회심하기를 거부하고 있기 때문에, 하나님과 여러분 중에서 어느 한 쪽은 분명히 틀린 것입니다. 하나님께서는 여러분에게 돌이키라고 하시지만, 여러분은 돌이키고자 하지 않습니다. 하나님께서는 오늘이 다 가기 전에 바로 지금 즉시 돌이키라고 명하시지만, 여러분은 앞으로도 시간은 아주 충분하기 때문에, 충분히 생각해서 결정하겠다고 말하며, 회심하기를 미룹니다. 하나님께서는 여러분의 회심은 총체적인 것이어야 하고, 여러분이 거룩해지고, 새로운 피조물이 되며, 거듭나야 한다고 말씀하시지만, 여러분은 군이 그럴 필요까지는 없고, 옛 사람을 잘 수선해서 사용해도 충분하기 때문에, 완전히 새로운 피조물이 될 것을 요구하는 것은 지나친 것이라고 생각합니다.

누가 옳습니까? 하나님입니까, 아니면 여러분입니까? 하나님께서는 여러분에게 돌이켜서 거룩하게 살라고 하시지만, 여러분은 그렇게 하고자 하지 않습니다. 여러분의 불순종하는 삶은 여러분이 돌이키고자 하지 않는다는 것을 보여 줍니다. 여러분이 돌이키고자 한다면, 왜 여러분이 그렇게 살아가고 있고, 왜 이제까지 내내 그렇게 살아 왔겠으며, 왜 아직도 돌이키고 있지 않겠습니까? 여러분의 의지는 여러분의 삶을 지배합니다. 그러므로 우리는 여러분이 돌이키고 있지 않는 것을 보고서, 여러분이 돌이키고자 하지 않는다는 확실한 결론을 얻을 수 있습니다. 여러분은 왜 돌이키려고 하지 않습니까? 여러분은 누가 들어도 합당한 이유를 제시할 수 있습니까?

나는 여러분과 마찬가지로 벌레 같은 존재에 지나지 않고 능력도 없는 사람이지만, 여러분 가운데서 가장 지혜로운 분들에게, 내가 이 문제와 관련해서 나를 지으신 창조주를 대변할 터이니, 나와 한 번 논쟁을 벌여 보자고 도전합니다. 내가 이렇게 담대하게 여러분에 도전할 수 있는 이유는, 나는 이 문제에 대하여 하나님이 하시는 말씀만을 대변해서 논쟁할 것이고, 그렇기 때문에 하나님을 대변하는 내가 여러분 가운데서 가장 지혜로운 분들을 결국 이길 것임을 알기 때문입니다. 왜냐하면, 하나님 편에 서 있는 내게는 여러분이 결코 이길 수 없는 적어도 두 가지 이유가 존재하는 까닭에, 여러분이 아무리 지혜롭다고 할지라도, 이 논쟁에서 결코 나를 이길 수 없을 것이기 때문입니다.

(1) 하나님께서는 절대적으로 참되시고 오직 이치에 맞는 일만 행하시는 분이시기 때문에, 그 어떤 이유나 근거를 대면서 하나님을 대적하더라도, 그 이유나 근거는 결코 합당한 것이 될 수 없습니다. 왜냐하면, 모든 빛은 태양에서 나오는 까닭에, 태양을 대적하고 거스르는 것은 빛일 수 없는 것과 마찬가지로, 이치에 맞는 모든 것은 오직 하나님으로부터 나오기 때문에, 하나님을 대적하고 거스르는 것은 이치에 맞는 것이 될 수 없기 때문입니다. 모든 피조물 안에 존재하는 지식은 전부 하나님으로부터 온 것이고, 피조물이 지닌 지식 중에서 하나님으로부터 오지 않은 것은 하나도 없습니다. 그러므로 그 어떤 피조물도 하나님보다 더 지혜로울 수 없습니다. 천사들 중에서 지위가 가장 높았던 사탄이 자기를 지으신 창조주 하나님보다 자기가 더 뛰어나다고 생각한 것은 치명적인 교만이었고 스스로 멸망을 자초한 주제넘은 것이었습니다. 그런데 자기 자신이나 자신의 영혼에 대해서도 알지 못하고, 자기가 보고 있는 것들에 대해서도 아는 것이 거의 없으며, 다른 많은 피조물들보다도 더 무지한 흙덩어리이자 바보 멍충이에 지나지 않는 인간이 하나님의 지혜를 대적하고, 마치 자기가 하나님보다 더

지혜로운 것처럼 행한다면, 우리는 그런 인간에 대하여 무엇이라고 말해야 하겠습니까? 땅 속의 두더지 같이 완전히 눈이 멀고 어리석기 짝이 없는 인간이 자기를 지으신 창조주 하나님을 대적하고, 하나님의 말씀에 의문을 제기하는 것은, 육신적인 사람들에게서 나타나는 너무나 끔찍하고 소름끼치는 사악한 모습들 중의 하나이고, 완전히 정신이 나가서 행하는 미친 짓들 중의 하나입니다. 우리의 교구들에 살고 있는 사람들 중에도, 짐승처럼 너무나 무지해서, 신앙의 아주 기본적인 가르침들이 무엇인지에 대해서도 제대로 답변을 하지 못하면서도, 속으로는 자신들이 아주 지혜로운 줄로 생각하는 사람들이 있습니다. 그래서 그들은 너무나 분명한 하나님의 진리들에 대해서도 말도 안 되는 어처구니 없는 트집을 잡고 시비를 걸면서 의문을 제기하고 대적하며 비방하고, 오로지 자신들의 어리고 몽매한 지혜와 부합하는 것들만을 진리로 인정하고 믿고자 합니다.

(2) 하나님께서는 옳으실 수밖에 없으시다는 것을 내가 알기 때문에, 나는 하나님이 사람들에게 어떤 것이 잘못되었다고 책망하신다면, 그들은 너무나 명백하게, 그리고 아주 큰 잘못을 저지른 것이고, 따라서 합당한 이유나 근거를 제시하면서 하나님의 지적이 틀렸다고 말할 수 있는 사람은 아무도 없습니다. 사람이 자기를 창조하시고 절대주권으로 다스리시는 만유의 주가 세우신 법을 어기고, 영광의 주를 욕보이며, 자기를 사신 주를 욕하고서도, 자기가 그렇게 한 데 대한 합당한 이유를 제시하는 것이 가능하겠습니까? 사람이 영원히 죽지 않는 자신의 영혼을 영원한 멸망에 빠뜨리고도, 자기가 그렇게 한 데 대한 합당한 이유를 제시하는 것이 가능하겠습니까? 하나님께서 악인들에게 던지시는 질문을 주목해 보십시오: "돌이키고 돌이키라 어찌 죽고자 하느냐." 영원한 죽음이 사람들이 바라고 원하는 것

입니까? 여러분은 지옥을 사랑합니까? 여러분이 의도적으로 스스로 죽고 자 하는 이유가 무엇입니까? 여러분 자신이 죄를 짓는 데에는 그럴 만한 합당한 이유가 있다고 여러분이 생각한다면, 여러분은 "죄의 삯은 사망이요"(롬 6:23)라는 말씀을 기억하여야 하지 않겠습니까? 여러분 자신이 여러분의 몸과 영혼을 스스로 영원한 멸망에 밀어 넣고자 하는 데에는 그럴 만한 합당한 이유가 있다고 여러분이 생각한다면, 여러분은 자신이 과연 독사를 사랑하는지만이 아니라, 독사의 독침까지도 사랑하는지를 스스로에게 물어보아야 합니다. 사람이 자신의 영원한 행복을 내팽개쳐 버리고 하나님을 거슬러 죄를 짓는다면, 사람의 그런 행위를 정당화해 줄 수 있는 합당한 이유나 근거는 있을 수 없습니다.

어떤 사람이 그런 짓을 해놓고서는, 이런저런 이유나 근거들을 대면서 자신의 행위를 정당화하고자 하면 할수록, 그 사람은 자기가 미쳤고 제정신이 아니라는 사실을 더욱 더 큰 소리로 광고하는 것입니다. 여러분이 죄를 지을 때마다, 여러분에게 왕권이나 왕국을 주겠다고 누가 제안한다고 할지라도, 그런 제안은 여러분이 죄를 짓는 합당한 이유가 될 수 없고, 그런 제안을 받아들여서 죄를 짓는 것은 단지 미친 짓일 뿐입니다. 여러분이 죄를 지을 때마다, 이 땅에서 여러분의 육신이 가장 원하고 좋아하는 것을 얻을 수 있다고 할지라도, 그것은 여러분이 죄를 짓는 것을 고려해 볼 만한 합당한 이유가 될 수 없습니다. 여러분이 죄를 지어야만, 여러분이 가장 아끼고 사랑하는 친구들을 기쁘게 해 줄 수 있다거나, 세상의 가장 위대한 왕의 명령에 순종할 수 있다거나, 여러분의 목숨을 건질 수 있다거나, 이 세상에서 가장 비참하고 혹독한 형벌을 모면할 수 있다고 할지라도, 이 모든 이유들은 여러분으로 하여금 단 한 번 죄를 짓는 것을 고려해 보게 만들 수 있는 합당한 이유가 결코 될 수 없습니다. 여러분의 오른손이나 오른쪽 눈이 여러분의 구원에 방해가 된다면, 온전한 손이나 눈을 가지고 지옥으로 가는 것보다는, 그 손을 잘라버리거나 눈을 빼버리고서 천국에 가는 것이 여러분을 위해서 절대적으로 이익입니다. 왜냐하면, 여러분의 존재 전체가 영원한 멸망에 처해지게 되면, 여러분의 오른손이나 오른쪽 눈도 결코 온전할 수 없기 때문입니다.

영원에 속한 일들은 지극히 중차대한 일들이기 때문에, 이 세상에 속한 것들은 그 어떤 것도 영원에 속한 일들과 견주기 위하여 한 번 거론이라도 해 볼 만한 가치조차 없습니다. 목숨이든 왕관이든 왕국이든, 땅에 속한 것들은 그 어떤 것도 우리의 영혼에 지극히 고귀하고 영원한 결과를 가져다 줄 영원에 속한 일들을 조금이라도 소홀히 하는 데 대한 합당한 이유나 변명이 될 수 없습니다. 따라서 어떤 사람이 자신의 궁극적인 운명을 결정짓게 될 일을 소홀히 하였다면, 그 사람에게는 자신이 그렇게 한 데 대한 그 어떤 합당한 이유도 있을 수 없습니다. 여러분이 천국을 잃어 버렸다면, 그 어떤 것도 그 결핍을 대신해 줄 수 없고, 그 손실을 보상해 줄 수 없습니다. 여러분이 지옥에 던져지게 되었다면, 그 어떤 것도 여러분을 그 비참한 곳에서 건져 줄 수 없고, 여러분에게 평안과 위로를 줄 수 없습니다. 그러므로 여러분이 그 어떤 이유나 근거로 여러분 자신의 구원을 소홀히 하였을지라도, 그것은 절대로 합당한 변명이 될 수 없습니다. 왜냐하면, 우리 구주께서는 "사람이 만일 온 천하를 얻고도 자기 목숨을 잃으면 무엇이 유익하리요"(막 8:36)라고 말씀하셨기 때문입니다.

여러분은 우리가 지금 여러분에게 말하고 있는 일들이 어떤 일들인지를 이제 겨우 아셨을 것입니다! 그러나 천국에 있는 성도들은 이러한 일들에 대해서 여러분과는 다른 생각을 가지고 있습니다. 만일 마귀가 하나님 앞에서 하나님의 사랑을 받으며 살아 가고 있는 그들에게 다가와서, 술 한 잔이나 창녀나 멋진 친구들이나 어떤 유희를 제공해 주면서, 하나님과 영광으로부터 떠나라고 유혹한다면, 여러분은 그들이 마귀의 그러한 제안을 받아들일 것이라고 생각하십니까? 또는, 만일 마귀가 그들을 세상의 왕들이 되게 해 주겠다고 제안한다면, 여러분은 그들이 마귀의 제안을 수락해서 천국에서 땅으로 내려올 것이라고 생각하십니까? 두말 할 필요도 없이, 그들은 마귀의 그러한 제안들을 혐오스러워하고 경멸하고 코웃음치면서, 단칼에 거절할 것입니다. 여러분의 믿음으로 인해서 천국이 여러분에게 열려서, 여러분이 이 땅에 살면서 믿음으로 천국을 보고 있다면, 여러분은 천국에 있는 성도들과 똑같이 행하는 것이 마땅하지 않겠습니까? 지옥에 있는 영혼들은 이제 자신들이 육신의 쾌락을 즐기기 위해서 천국을 내팽개쳐 버린 것이 얼마나 미친 짓이었는지를 뼈저리게 실감하고 있고, 자신들이 누렸던 향락이나 쾌락이나 세상 재물이나 명예나 사람들의 칭송이나 박수갈채 같은 것들은 지옥에서 고통받고 있는 자신들의 영혼을 건져주지도 못하고, 지옥의 불을 꺼 주어서 자신들의 고통을 덜어 주지도 못한다는 것을 잘 알고 있습니다. 만일 내가 하나님의 말씀에 의거해서 믿고 있는 것들을, 여러분이 직접 귀로 듣고 눈으로 보았다면, 여러분은 사람이 자신의 영혼을 멸망에 빠뜨린다면, 자기가 그렇게 한 데 대한 합당한 이유나 근거를 제시하는 것은 불가능하다고 말할 것이고, 하나님께로 돌이켜서 살아야 하겠다고 결단하기 전에는, 단 하룻밤도 편히 잘 수 없을 것입니다.

어떤 사람이 자신의 손을 불 속에 집어넣고서, 손이 다 탈 때까지 가만히 있는 것을, 여러분이 본다면, 여러분은 영문을 알지 못해서, 이 일이 도대체 무슨 일인가 의아해하며, 그 광경을 바라볼 것입니다. 하지만 그럴 만한 합당한 이유나 근거가 있어서, 그렇게 하는 사람도 있습니다. 실제로, 크랜머

주교(Bishop Cranmer, 주전 1489-1556년)는 메리1세 여왕 치하에서 로마 가톨릭을 반대하였다는 죄목으로 투옥되어 사형에 처해질 위기를 맞았을 때, 로마 가톨릭에 대한 자신의 비판을 철회하는 문서를 작성하였다가 얼마 후에 그 문서를 무효라고 선언하고 나서, 그 문서를 작성한 자신의 손을 불 속에 집어 넣어 태워 버렸습니다. 어떤 사람이 자신의 다리나 팔을 잘라 버리는 것을 여러분이 본다면, 그것은 정말 참혹한 광경일 것입니다. 그러나 그렇게 하는 것이 어떤 사람에게는 합당한 이유나 근거가 있는 행동인 경우가 있습니다. 실제로 많은 사람들이 자신의 목숨을 구하기 위해 팔이나 다리를 자릅니다. 사람이 화형을 당하여 잿더미가 되거나, 무시무시한 형틀 위에서 심한 고문을 받는 것은 사람의 육신에 너무나 가혹하고 끔찍한 일입니다. 그러나 어떤 사람들은 그럴 만한 합당한 이유나 근거가 있어서, 그런 형벌들을 모면할 수 있는 기회가 주어지더라도, 거기에서 "구차히 풀려나기를 원하지" 않습니다. 여러분은 그런 사람들을 히브리서 11:33-36에서도 볼 수 있고, 역사상의 수많은 순교자들에게서도 볼 수 있습니다.

그러나 하나님께서 어떤 사람에게 지금 그가 지옥을 향하여 가고 있으니, 어서 돌이켜서 구원을 받으라고 간청하시는데도, 그 사람이 자기를 지으신 하나님의 말씀을 무시해 버리고서, 지옥 불 속으로 뛰어드는 것은 그 어떤 이유로도 정당화할 수 없고 그 어떤 근거로도 변명할 수 없기 때문에, 그런 행위에는 합당한 이유나 근거라는 것이 절대로 있을 수 없습니다. 왜냐하면, 우리는 천국을 얻기 위해서라면 그 어떤 대가라도 다 치르는 것이 마땅하지만, 우리가 그 어떤 것을 얻기 위해서 천국을 버리는 것은 결코 있어서는 안 되는 일이기 때문입니다.

나는 이제 여러분이 이 말씀을 여러분의 마음에 좀 더 가까이 받아들여 주시기를 간청합니다. 여러분에게는 여러분 자신을 멸망에 빠뜨릴 합당한 이유가 없다는 것을 지금쯤은 여러분도 확신하였을 것이기 때문에, 이제는 여러분이 하나님께로 돌이켜서 살기를 거부하는 이유가 무엇인지를 내게 들려 주십시오. 여러분은 모두 지독하게 속물이거나 술주정뱅이이거나 무지하고 지각 없는 죄인인데, 그런 여러분이 무슨 이유가 있어서 하나님께로 돌이켜서 살기를 거부하는 것입니까? 도대체 왜 여러분은 다른 사람들처럼 거룩하게 되려고 하지도 않고, 다른 사람들처럼 여러분 자신의 영혼에 대해서 관심을 갖지 않는 것입니까? 지옥이 다른 사람들에게 뜨거운 것처럼, 당연히 여러분에게도 뜨겁지 않겠습니까? 다른 사람들은 자신의 영혼을 소중히 여기는 것처럼, 여러분의 영혼도 여러분에게 소중하지 않습니까? 하나님께서는 다른 사람들을 주관하시는 분이시듯이, 여러분도 주관하시는 분이 아닙니까? 그런데도 왜 여러분은 다른 사람들처럼 거룩하게 되고자 하지 않는 것입니까?

하나님께서는 이 문제의 근원에 있는 본질적인 것들까지 낱낱이 거론하시면서, 여러분이 경건한 자가 되고자 하지 않을 이유도 없고, 여러분 자신의 영혼을 멸망에 빠뜨리고자 할 이유도 없다는 것을 분명하게 보여 주시는데도, 여러분은 아직까지도 여전히 깨닫지를 못하고 돌이키고자 하지 않는다면, 여러분은 절망적인 상태에 있다고 할 수 있습니다. 여러분이 지금 그렇게 하고 있는 데에는 합당한 이유가 있을 수도 있고 없을 수도 있습니다. 먼저, 여러분이 합당한 이유도 없는데 그렇게 하고 있는 것이라면, 여러분은 이성과 이치를 거슬러서 행하고 있는 것인데, 정말 여러분은 지금 그렇게 할 합당한 이유가 전혀 없는데도, 정녕 계속해서 그렇게 행하실 것입니까?

다음으로, 여러분이 합당한 이유가 있어서 그렇게 하고 있는 것이라면,

그 이유를 지금 우리 앞에 내놓으셔서, 여러분이 그렇게 하는 것이 지극히 정당하고 아주 잘하고 있는 일임을 증명해 보십시오. 하나님과 논쟁하는 것보다는, 여러분과 같은 사람인 나와 함께 이 문제를 놓고 논쟁하는 것이 훨씬 더 쉬울 것이기 때문에, 어디 한 번 나와 함께 이 문제에 대해서 잠시 이치를 따져서 얘기해 봅시다. 여러분은 하나님께서 오늘 밤에 여러분을 이 세상에서 데려가실 것임을 알고 있다고 가정해 봅시다. 그런데도 여러분은 지금 당장 돌이키고자 하지 않으실 것인지를, 하나님 앞이라고 생각하시고, 내게 말해 보십시오. 여러분이 돌이키고자 하지 않는다면, 돌이키기를 거부하거나 미루는 이유가 무엇입니까? 여러분 자신의 양심에 비추어 보았을 때, 충분히 수긍이 될 수 있는 그런 이유가 여러분에게 있는 것입니까? 그래서 여러분은 하나님의 법정에서도, 여러분이 돌이키지 않는 데에는 지극히 합당한 이유가 있기 때문에, 여러분이 돌이키지 않은 것은 잘못된 것이 아니라고 당당하게 말할 수 있는 것입니까? 여러분에게 그런 이유가 있다면, 우리에게 그 이유를 들려 주셔서, 우리로 하여금 충분히 수긍하고 공감할 수 있게 해 주십시오.

하지만 안타깝고 서글픈 것은 우리 사역자들이 믿지 않는 사람들로부터 매일같이 듣는 이유들은 합당하고 정당한 이유들이 아니라 말도 안 되는 어처구니없는 강변에 불과한 말들이라는 것입니다. 그들이 내놓는 억지스러운 변명들은 입밖으로 꺼내기조차 부끄러운 것들이지만, 자신들이 늘어놓는 변명들이 얼마나 부끄러운 것들인지를 그들 스스로가 알아야 하기 때문에, 나는 여기에서 그들이 제기하는 변명들을 구체적으로 제시하고, 거기에 대하여 답변하고자 합니다.

변명 1: 만약 당신이 말하는 것처럼 회심하고 거룩하게 된 사람들만이 구원을 받는 것이라면, 구원받을 사람은 아무도 없을 것이고, 천국은 텅텅 비게 될 것입니다. 그러므로 하나님께서는 당신이 말하는 것 같은 그런 엄격한 조건을 내걸지 않으시고, 아주 많은 사람들을 구원해 주실 것이 분명합니다!

답변: 여러분은 마치 이 문제에 있어서 여러분이 하나님보다 더 잘 알고 있고, 하나님은 아무것도 모르고 계시는 것처럼 생각하는 것 같습니다. 그래서 여러분은 하나님께서 회심하고 거룩하게 된 사람들만을 구원하신다면, 아무도 하나님을 믿지도 않을 것이고 구원받지도 못할 것이라고 생각합니다. 그러나 모든 것을 여러분 자신의 잣대로 판단해서는 안 됩니다. 여러분의 생각과는 달리, 실제로 하나님을 믿고 회심하여 거룩하게 된 사람들은 많습니다. 그런데도 그리스도께서 "좁은 문으로 들어가라 멸망으로 인도하는 문은 크고 그 길이 넓어 그리로 들어가는 자가 많고 생명으로 인도하는 문은 좁고 길이 협착하여 찾는 자가 적음이라"(마 7:13-14)고 사람들에게 말씀하시고, 거룩하게 된 자기 백성들에게는 "적은 무리여 무서워 말라 너희 아버지께서 그 나라를 너희에게 주시기를 기뻐하시느니라"(눅 12:32)고 말씀하신 것은, 세상의 무수한 사람들에 비하면, 회심하여 거룩하게 된 사람들은 소수에 불과하기 때문입니다. 따라서 여러분은 딴 생각하지 말고, 앞에서 그리스도께서 여러분에게 가르쳐 주신 진리를 마음에 새기고서, 어떤 사람이 "주여 구원을 받는 자가 적으니이까"라고 묻자, 그리스도께서 "좁은 문으로 들어가기를 힘쓰라"고 말씀하신 것처럼(눅 13:23-24), 회심하여 구원에 이르려고 힘쓰는 것이 좋을 것입니다.

변명 2: 나 같은 사람이 지옥에 가야 한다면, 지옥에는 사람들로 차고 넘칠 것임을 나는 확신합니다.

답변: 여러분은 여러분이 지옥에서 끝없는 고통을 당할 때, 거기에 사람들이 무수히 많다는 사실이 여러분의 고통을 덜어 줄 것이라고 생각하는 것입니까? 아니면, 여러분은 천국에는 사람들이 별로 없을까봐, 그것을 걱정하는 것입니까? 여러분은 여러분이 영원한 멸망에 처해져서 극심한 고통을 당하더라도, 사람들이 많은 쪽으로 가고자 하는 것입니까? 아니면, 여러분은 죄 지은 사람들이 너무나 많기 때문에, 하나님이시라고 해도 자신이 경고하신 대로 그들을 심판하셔서 지옥에 던져 넣지는 못하실 것이라고 생각하는 것입니까? 여러분이 이런 생각들을 하고 계신다면, 여러분은 말도 안 되는 어리석은 망상에 빠져서 스스로 속고 있는 것입니다.

변명 3: 모든 사람이 다 죄인이기 때문에, 아무리 훌륭한 사람들이라고 하여도, 죄인이기는 마찬가지인 것이 아닙니까?

답변: 모든 사람이 죄인인 것은 사실이지만, 모든 사람이 회심하지 않은 죄인들인 것은 아닙니다. 회심하여 거룩하게 된 사람들은 큰 죄를 지으며 살아가지도 않고, 그들이 연약하여 죄를 지을 때면, 자신의 그러한 모습을 괴로워하고 슬퍼하며, 거기에서 벗어나게 되기를 간절히 바라고 날마다 기도하며 애씁니다. 또한, 죄는 그들을 지배하지 못합니다.

변명 4: 나는 신앙인들이 다른 믿지 않는 사람들보다 더 나은 것을 보지 못합니다. 신앙인들도 여느 사람들처럼 분수를 모르고 행동하며 남을 압제하고 탐욕스럽게 행하지 않습니까?

답변: 겉으로는 신앙인인 체하지만 실제로는 신앙인이 아닌 외식하는 자들이 그렇게 행하기도 하지만, 진정으로 거룩하게 된 사람들은 그런 짓들을 하지 않고, 그런 참된 신앙인들이 많이 있습니다. 그런데도 세상 사람들

은 신앙인들에 대하여 악의를 품고서, 자신들이 결코 증명할 수 없는 일들을 가지고 신앙인들을 비난하고, 오직 하나님만이 아실 수 있는 마음속의 죄들을 가지고서, 마치 그들이 신앙인들의 마음속에 들어갔다가 나온 사람들인 것처럼, 신앙인들을 비난합니다. 왜냐하면, 신앙인들은 세상 사람들이 짓고 있는 그런 죄악들을 자신들의 삶 속에서 짓고 있지 않는 까닭에, 그들은 그런 것들로는 신앙인들을 비난할 수 없기 때문입니다.

변명 5: 나는 사창가에 드나드는 사람도 아니고, 매일같이 술에 취해 사는 술주정뱅이도 아니며, 남들을 압제하는 사람도 아닌데, 왜 당신은 내게 회심하라고 하는 것입니까?

답변: 여러분이 그런 식으로 말하는 것은, 마치 여러분이 다른 사람들과는 달리 육체를 따라 난 사람도 아니고, 육체를 따라 살아온 사람도 아닌 것처럼 말하는 것입니다. 어떤 사람이 세상적이고 육신적인 생각을 지니고 있고, 하나님보다 세상을 더 사랑하며, 교만한 마음을 지니고 있어서 하나님을 믿지 않는다면, 그 사람은 여러분이 방금 열거한 사람들만큼이나 큰 죄를 짓고 있는 것이 아니겠습니까? 왜냐하면, 사람들이 정말 수치스럽고 흉악한 죄들이라고 생각하는 그런 죄들을 짓지 않는 가운데 좀 더 교양 있게 살아가는 많은 사람들도, 그런 죄들을 짓고 살아 가는 사람들만큼이나, 세상에 완전히 착 들러붙어서, 육신의 노예가 되어, 하나님을 낯설어하고, 천국에 대하여 거부감을 보이는 삶을 살아가고 있다는 것을 여러분은 알아야 하기 때문입니다.

변명 6: 나는 아무에게도 해악을 끼치고자 한 적이 없고, 실제로 아무에게도 해악을 끼친 적이 없습니다. 그런데 설마 하나님께서 내게 죄가 있다고 하시며 나를 단죄하시겠습니까?

답변: 여러분이 여러분을 지으신 하나님을 무시하고, 하나님이 여러분을 이 세상에 태어나게 하신 목적을 무시하며, 창조주보다 피조물을 더 사랑하고, 하나님이 여러분에게 날마다 베풀어 주시는 은혜를 무시하며 살아간다면, 여러분은 해악을 끼치며 살아 가고 있는 것이 아니겠습니까? 여러분이 그런 식으로 해악을 끼치며 살아 왔는데도, 그것을 알지도 못하고 느끼지도 못해서, 자기는 아무에게도 해악을 끼친 적이 없다고 생각하는 것 자체가 여러분의 죄악이 얼마나 깊은지를 말해 주는 것입니다. 죽은 사람들은 자기가 죽었다는 것을 느끼지 못합니다. 하지만 여러분이 죽음에서 깨어나서 살아나게 된다면, 여러분은 여러분 속에서 무수히 많은 죄들을 보게 될 것이고, 여러분이 그 동안 그렇게 많은 자신의 죄를 무시하고 살아왔다는 것이 너무나 이상하게 생각될 것입니다.

변명 7: 나는 당신이 사람들을 회심시킨다는 미명 아래, 단순한 사람들로 하여금 자신의 머리를 쥐어짜서, 그들이 감당하기에는 너무나 벅찬 고차원적인 문제들을 온종일 생각하지 않을 수 없게 만들어서, 사람들을 미치게 만들고 있다고 생각합니다.

답변: (1) 여러분은 여러분이 이미 미쳐 있는 것보다 더 미칠 수 있다고 생각하십니까? 여러분은 여러분 자신이 이미 최고조로 미쳐 있다는 것을 아셔야 합니다. 여러분이 영원히 복되게 잘살 수 있는 길이 열려 있는데도, 그 길로 가는 것을 거부하고, 의도적으로 멸망을 자초하고 있는 것보다, 더 위험하게 미쳐 있는 것이 과연 가능하겠습니까?

(2) 사람은 회심하기 전에는 절대로 제정신으로 살아갈 수도 없고, 올바른 생각을 가질 수도 없습니다. 회심하지 않은 사람은 하나님을 알지도 못

하고, 죄를 알지도 못하며, 그리스도를 알지도 못하고, 세상이나 자기 자신에 대해 알지도 못하며, 이 땅에서 해야 할 일이 무엇인지도 알지 못하기 때문에, 회심하기 전에는 제정신을 지닐 수 없습니다. 성경은 악인들은 이성이 없는 사람들이라고 말씀하고(살후 3:2), 세상의 지혜는 하나님께는 어리석은 것이라고 말씀하며(고전 1:20), 탕자의 경우에도, 그가 집으로 돌아가기로 결심하였을 때에 비로소 제정신이 들었다고 말씀합니다(눅 15:17). 그런데도 여러분은, 세상 사람들이 미칠지도 모른다는 두려움 때문에, 하나님께 불순종하고 지옥으로 달려가는 것이 지혜로운 것이라고 말하시겠습니까?

(3) 그리스도께서 여러분에게 돌이키라고 부르시는 것 속에, 정말 사람을 미치게 만드는 것이 존재합니까? 그리스도께서는 여러분에게 하나님을 사랑하고, 하나님의 이름을 부르며, 다가올 영광에 대하여 생각하는 가운데 힘과 위로를 얻고, 여러분의 죄를 버리며, 서로 사랑하고, 하나님을 섬기는 것을 기뻐하라고 하시는 것이 아닙니까? 그런데 그런 것들이 사람들을 미치게 만드는 것이란 말입니까?

(4) 여러분이 그런 것들을 사람들이 감당하기에는 너무나 벅찬 고차원의 일들이라고 말한다면, 여러분은 하나님을 비난하는 것입니다. 왜냐하면, 하나님께서는 친히 그런 것들이 우리가 해야 할 일들이라고 말씀하셨고, 그런 것들을 밤낮으로 묵상하는 사람들이 복된 사람들이라고 하시면서, 우리에게 그렇게 행하라고 명하셨기 때문입니다. 하나님께서 그런 것들을 행하게 하시기 위하여 우리를 지으셨고, 우리로 하여금 그런 것들을 행하며 살아가게 하셨는데도, 여러분은 그런 것들이 우리가 감당하기에 너무나 벅찬 고차원의 일들이라고 말하는 것입니까? 여러분이 그런 식으로 우리 인간은 육신에 속한 것들과 땅에 속한 것들만을 감당하여야 하고, 하늘에 속한

것들은 우리가 감당할 수 없는 것들이기 때문에, 무모하게 감당하려고 해서는 안 된다고 말하는 것은, 우리에게 인간으로 살아서는 안 되고, 짐승 같이 살아야 한다고 아주 분명하게 선언하는 것입니다. 만일 여러분이 이 땅에서 천국을 준비하는 일들이 여러분이 감당하기에는 너무 벅찬 것들이라고 여긴다면, 천국은 여러분이 장차 향유하기에 너무 벅찬 곳이 되고 말 것입니다.

(5) 정신이 약한 사람들이 영원한 것들을 생각할 때에 종종 갈피를 잡지 못하고 혼란스러워지는 것을 경험하게 되는데, 그것은 그들이 영원한 것들을 잘못 이해하고서, 올바른 인도자 없이 달려가기 때문입니다. 회심하지 않는 가운데 미쳐서 광분하는 세상 사람과 회심하는 과정에서 혼란을 경험하는 사람들, 누가 내게 이 둘 중에서 어느 한 쪽을 선택하라고 한다면, 나는 기꺼이 후자를 택할 것입니다.

변명 8: 나는 하나님께서는 사람들이 생각하거나 말하거나 행하는 것에 대해서 별 관심을 갖고 계시지 않기 때문에, 나중에 사람들의 생각이나 언행에 대해서 그렇게 크게 문제삼지 않으실 것이라고 생각합니다.

답변: 여러분이 그런 식으로 말하는 것은, 하나님께서는 거짓말을 하신 것이기 때문에, 하나님이 여기에서 하신 말씀은 거짓된 것이라고 말하는 것과 같습니다. 그렇다면, 여러분은 무엇을 믿고자 하십니까? 여러분이 성경을 믿지 못하겠다면, 여러분 자신의 이성이 여러분에게 무엇이라고 가르치는지를 잘 들어 보십시오. 여러분이 이성적으로 찬찬히 잘 생각해 본다면, 여러분은 하나님께서 우리를 결코 가볍게 여기시지도 않으시고, 우리에게 별 관심이 없는 것도 아니라는 것을 금방 알게 될 것입니다. 왜냐하면, 하나님께서는 황송하게도 우리를 지으신 분이실 뿐만 아니라, 우리를 계속해서

날마다 지켜 보시고 붙들어 주시며, 우리가 쓸 것들을 공급해 주시는 분이시기 때문입니다. 지혜로운 사람이 아무런 목적도 없이 경이로운 장치를 만들고자 하겠습니까? 여러분이 벽시계나 손목 시계를 만들거나 사서 벽에 걸어 놓거나 손목에 차고 다니면서, 날마다 그 시계를 보면서도, 그 시계가 잘 가고 있는 것인지, 아니면 틀리게 가고 있는 것인지에 대해서 별 관심을 갖지 않을 수 있겠습니까? 여러분이 여러분의 마음과 삶을 주시하고 계시는 특별한 섭리의 눈이 존재한다는 것을 믿지 않는다면, 여러분은 여러분을 결핍들과 괴로움들로부터 건져 주시기 위해서 여러분의 모든 것을 주시하고 계시는 특별한 섭리가 존재한다는 것도 믿거나 기대할 수 없을 것이 분명합니다. 또한, 여러분이 생각하는 것 같이, 정말 하나님께서 여러분에게 별 관심이 없으셨다면, 여러분은 절대로 지금까지 살아 있을 수 없었을 것입니다. 수많은 질병들이 있는 힘껏 여러분을 공격해서, 결국 여러분을 어떻게든 죽여 놓았을 것입니다. 큰 물고기들이 작은 물고기들을 잡아 먹고, 맹금류들이나 맹수들이 다른 새들이나 짐승들을 잡아 먹듯이, 악한 영들이 여러분을 끈질기게 공격해서, 결국에는 여러분을 이미 지옥으로 끌고 가 버렸을 것입니다. 여러분은 하나님께서 아무런 목적이나 쓸데도 없이 사람을 지으셨다고 생각해서는 안 됩니다. 그리고 하나님께서 사람을 어떤 목적을 위해 지으셨다면, 틀림없이 그 목적은 하나님께 아주 중요한 것이었을 것입니다. 그런데도 여러분은 하나님께서 자신이 사람을 지으신 목적이 제대로 성취되고 있는지, 그리고 우리가 그 목적대로 살아 가고 있는지에 대해서 별 관심이 없으시다고 말할 수 있겠습니까?

여러분이 하나님께서는 사람에 대하여 별 관심이 없으실 것이라고 말하는 것은 무신론적인 것으로서, 하나님께서 온 피조세계를 창조하시고 계속해서 붙들고 계시는 것을 무의미하고 쓸데없는 것으로 만들어 버리는 것입니다. 하나님께서 지으신 모든 피조물들이 존재하는 목적은 사람을 섬기는 데 있습니다. 땅은 우리를 떠받쳐 주고 자양분을 공급해 주는 일을 하고, 짐승들은 자신들의 수고와 삶을 통해서 우리를 섬기며, 다른 피조물들도 마찬가지입니다. 하나님께서는 지극히 영광스러운 거처를 만드신 후에, 사람을 지으셔서 거기에 거처하게 하셨고, 모든 피조물들을 종으로 부리게 하셨습니다. 그런데도 여러분은 하나님께서 자신의 손으로 지으신 사람에 대해서 별 관심이 없으시고, 사람이 생각하거나 말하거나 살아 가는 것에 별 관심이 없으시다고 말하시겠습니까? 여러분이 아직도 그렇게 말한다면, 그것은 도무지 이치에 맞지 않는 말을 하는 것입니다.

변명 9: 지금은 사람들이 종교 문제를 가지고 이렇게 야단법석을 떨고 있지만, 오히려 종교가 큰 문제가 되지 않았던 시절이 지금보다 더 좋은 세상이 아니었겠습니까?

답변: (1) 지나간 과거를 미화하고 칭송하는 것은 사람들의 몸에 밴 습성입니다. 그래서 세상 사람들은 자신들의 선조들이 살던 때가 더 좋은 세상이었다고 말하지만, 사실 전에 살았던 그들의 선조들도 자기들보다 앞서 살았던 자신들의 선조들이 살던 때가 더 좋은 세상이었다고 말했었습니다. 따라서 사람들은 자신들의 시대의 악에 대해서는 실감하지만, 자신들의 이전 시대의 악에 대해서는 실감하지 못하기 때문에, 그렇게 말하는 것일 뿐이고, 이것이 하나의 습성이 되어서, 누구나 다 그런 식으로 습관적으로 말하는 것입니다.

(2) 사람들은 대체로 자신들의 생각을 그대로 말로 표출합니다. 속물들은 세상 돌아가는 것이 자신들의 마음에 들고, 세상에서 자신들이 누리고 싶은 환락과 즐거움을 많이 누릴 수 있게 되었을 때, 그런 세상을 가장 좋은

세상이라고 생각합니다. 나는 마귀도 여러분과 똑같이 그런 세상을 가장 좋은 세상이라고 말할 것임을 의심하지 않습니다. 왜냐하면, 마귀는 그런 세상에서 별 다른 방해 없이 사람들로부터 가장 잘 섬김을 받을 수 있기 때문입니다. 그러나 사람들의 생각과는 달리, 실제로는 많은 사람들이 하나님을 지극히 사랑하고 공경하며 순종하는 세상이야말로 가장 좋은 세상입니다. 이러한 기준을 적용하지 않는다면, 여러분은 어떤 세상이 좋은 세상이고, 어떤 세상이 나쁜 세상인지를 어떤 식으로 알 수 있겠습니까?

변명 10: 세상에는 사람은 이렇게 살아야 한다고 말하는 길들과 종교들이 너무나 많고, 우리는 어느 길이나 종교가 올바른 것인지를 알 수 없기 때문에, 지금 이대로 그냥 살아 가는 것이 낫다고 생각합니다.

답변: 여러분은 세상에는 사람이 어떻게 살아가야 하는 것과 관련해서 수많은 길들이 존재하기 때문에, 하나님께서 말씀하시는 길이 반드시 옳은 길이라고 할 수 없다고 말하고자 하는 것입니까? 회심하지 않은 채로 세상적이고 육신적으로 살아 가는 죄인들은 올바른 길에서 가장 멀리 벗어나 있는 사람들입니다. 왜냐하면, 회심한 사람들로 이루어진 여러 분파들의 경우에는, 이런저런 견해에 있어서 부분적으로 잘못된 것이 있을 수는 있어도, 삶의 전체적인 방향과 목적에 있어서는 잘못된 것이 아닌 반면에, 회심하지 않은 사람들은 총체적으로 잘못된 삶을 살아 가는 것이기 때문입니다. 여러분이 어떤 길로 가야만 살 수 있어서 지금 그 길로 가고 있다가, 갈림길들을 만났다거나, 어떤 사람들은 말이 다니는 길로 가고, 어떤 사람들은 사람이 다니는 인도로 가며, 어떤 사람들은 울타리를 부수고, 어떤 사람들은 길을 잃고 헤매는 모습을 보았다면, 여러분은 그 여정을 중단하거나 다시 되돌아오시겠습니까, 아니면 좀 더 주의해서 올바른 길을 제대로 찾아서 계

속해서 앞으로 가시겠습니까? 여러분의 종들 중에서, 어떤 종들은 여러분이 시킨 일들을 제대로 할 줄을 모르고, 어떤 종들은 충성스럽지 못하다고 해서, 나머지 종들이 그런 악한 종들의 모습을 보고서, 그들도 덩달아 빈둥거리며 여러분을 섬기려 하지 않는다면, 여러분은 그 나머지 종들을 좋게 보시겠습니까?

변명 11: 하나님을 믿는 신자들이라고 해서, 믿지 않는 사람들보다 형편이 더 나은 것이 결코 아니라는 것을, 나는 압니다. 신자들도 믿지 않는 사람들과 마찬가지로 가난하고 많은 괴로움을 겪으며 살아 가는 것이 엄연한 현실이니까요.

답변: 여러분이 지적한 대로, 신자들도 그렇게 살아 간다는 것은 사실이지만, 그것은 하나님께서 대체로 신자들이 그렇게 살아 가는 것이 합당하다고 여기시기 때문입니다. 신자들은 이 땅에서 출세하고 부귀영화를 누리는 것을 자신이 받을 상급으로 여기지 않고, 자신의 보화와 소망을 다른 세상에 쌓아 둡니다. 만일 신자라고 하면서, 그렇게 하지 않는 사람들이 있다면, 그들은 진정한 그리스도인들이 아닙니다. 진정한 그리스도인들은 이 땅에서 될 수 있으면 더 적게 받고 다른 세상에서 더 많이 받기 위해서, 다른 세상에서 그들에게 주어질 유업을 소망하고 기다리면서, 이 땅에서는 기꺼이 최소한의 것으로 만족하며 근근히 살아 가고자 합니다.

변명 12: 당신이 최선을 다해서 내게 말해 준 모든 것을 듣고서, 나는 소망이 생겼고, 이제 하나님을 믿고자 결심하지만, 내가 할 수 있는 만큼만 하고, 그렇게 야단법석을 떨지는 않고자 합니다.

답변: (1) 여러분이 하나님께로 돌이키려고 하지도 않고, 여러분의 마음

이 거룩함 가운데서 하나님을 부지런히 섬기려고 하지도 않는다면, 그것이 여러분이 할 수 있는 만큼 하고 있는 것입니까? 그것은 여러분이 할 수 있는 만큼 하는 것이 아니고, 실제로 여러분은 그것보다 더 할 수 있는데도, 그 정도까지만 하기로 결심한 것입니다. 그리고 여러분이 그렇게 결심하고 있는 것 자체가 여러분의 비참하고 불행한 모습입니다.

(2) 여러분에게 내가 바라는 것은 여러분이 하나님께 소망을 두고 하나님을 믿는 것입니다. 그렇다면, 나는 여러분에게 하나님에 대하여 도대체 무슨 소망을 두라고 말하는 것입니까? 그것은 여러분이 돌이키고 거룩해 져서 구원받게 되는 것입니다. 하나님께서 그렇게 약속하셨기 때문에, 여러분은 하나님에 대하여 그런 소망을 둘 수 있고, 여러분의 소망은 결코 헛되지 않을 것입니다. 그러나 혹시라도 여러분이 회심과 거룩한 삶 없이 구원받기를 소망한다면, 그것은 하나님이 아니라 사탄이 여러분 자신에게 소망을 두는 것입니다. 왜냐하면, 하나님께서는 여러분에게 그런 것을 약속하신 적이 없고, 도리어 정반대로 여러분이 돌이켜서 거룩하게 되어야만 구원받을 수 있다고 약속하신 반면에, 여러분에게 그런 약속을 주면서, 여러분으로 하여금 그런 헛된 소망을 갖도록 부추긴 것은 사탄과 자기애(self-love)이기 때문입니다.

지금까지 내가 열거한 이런 변명들이 여러분이 회심과 거룩한 삶을 거부하는 이유의 전부라면, 여러분에게는 합당한 이유라는 것이 전혀 없는 것이고, 더 나아가 그런 것들은 합당한 이유이기는커녕, 사악한 변명이라고 하여야 합니다. 이런 변명들이 여러분으로 하여금 하나님을 떠나게 만들고 여러분 자신을 지옥 속으로 던져 넣게 만들고 있는 이유들이라면, 나는 하나님께서 그러한 변명들로부터 여러분을 건져 주시고, 그러한 눈먼 지각으로부터 여러분을 건져 주시며, 그러한 무감각하고 완악한 마음으로부터 여러분을 건져 주시기를 간절히 기도합니다. 어떻게 여러분은 감히 하나님의 법정에 서서 이러한 변명들을 늘어 놓을 생각을 하고 있는 것입니까? 여러분은 그 법정에서 "주여, 나는 세상에서 할 일이 너무 많아서 돌이키지 않았습니다"라거나, "나는 몇몇 신앙인들의 삶이 마음에 들지 않아서 돌이키지 않았습니다"라거나, "나는 사람들의 주장이 제각각이고 너무 많아서 돌이키지 않았습니다"라고 말하면, 하나님께서 여러분의 그러한 변명들을 수긍하시고 받아 주실 것이라고 생각하시는 것입니까? 모든 것을 밝히 드러내게 될 그 날의 빛 앞에서, 여러분의 그러한 변명들이 얼마나 터무니없고 부끄러우며 구차한 변명들인지가 너무나 쉽게 금방 드러나게 될 것입니다! 여러분은 지금까지 온 힘을 다해 이 세상을 섬겨 왔습니다. 그러므로 이제는 여러분이 온 힘을 다해 섬겨 왔던 이 세상으로 하여금 여러분을 위한 속전을 하나님께 지불하고서, 여러분이 영원한 멸망에 처해지고 지옥의 불구덩이에 던져지는 것을 막고 구원해 달라고 해 보십시오. 하지만 아무 소용이 없을 것입니다.

여러분이 이 땅에서 살아가는 동안에, 여러분에게는 여러분이 먼저 구하고 섬겨야 했던 더 나은 세상이 있지 않았습니까? 여러분은 "너희는 먼저 그의 나라와 그의 의를 구하라"는 명령을 받았고, "그리하면 이 모든 것을 너희에게 더하시리라"(마 6:33)는 약속을 받았으며, "경건은 범사에 유익하니 금생과 내생에 약속이 있느니라"(딤전 4:8)는 말씀을 듣지 않았습니까? 신앙인들이 저지르는 죄들이 여러분이 돌이키는 것을 가로막았습니까? 여러분은 신앙인들이 넘어지는 모습을 보면서, 도리어 더 주의를 기울이고 조심해서 돌이키는 법을 배워야 했고, 돌이키는 것에 대하여 더욱 무관심해지는 것이 아니라, 도리어 더욱 더 관심을 가져야 했습니다. 여러분은 신앙인들의 삶이 아니라 성경을 여러분의 규범으로 삼아야 했습니다. 이 세상 사람들의 생각이 제각각이라는 것이 여러분이 돌이키는 데 걸림돌로 작용하였습니까? 여러분의 규범인 성경은 여러분에게 오직 하나의 길만을 가르쳤고, 오직 그 길만이 올바른 길이었습니다. 그 길은 너무나 쉽고 분명한 길이기 때문에, 만일 여러분이 그 길을 따르기만 했다면, 여러분은 절대로 실패할 수 없었을 것입니다.

여러분은 내가 들려준 이러한 답변들을 듣고도 승복이 되지 않고, 아직도 할 말이 있습니까? 나의 답변들에도 불구하고, 여러분에게 여전히 변명할 말들이 있을지라도, 여러분은 장차 하나님 앞에서는 변명할 말들이 없어져서 아무 말도 하지 못하게 될 것입니다. 마태복음 22:12을 보면, 그 때에 하나님께서는 "친구여 어찌하여 예복을 입지 않고 여기 들어왔느냐"고 어떤 사람에게 물으셨습니다. 즉, "너는 하나님의 교회에 속하여 스스로 그리스도인이라고 고백하며 살아 왔는데도, 왜 너에게는 거룩한 마음과 삶이 없느냐"고 물으신 것입니다. 그랬을 때, 그 사람은 무슨 대답을 하였습니까? 성경 본문에는 "그가 아무 말도 못하거늘"이라고 기록되어 있습니다. 그 사람에게는 자기 자신을 변호할 말이 없었습니다. 지금은 우리가 여러분에게 무슨 말을 해도, 여러분에게는 할 말이 있겠지만, 그 때에는 지엄하신 하나님의 면전에서 모든 것의 진상이 백일하에 명백하게 드러나게 될 것이기 때문에, 여러분 가운데서 가장 확신에 찬 사람들도 아무런 변명도 하지 못하고, 여러분에 대한 하나님의 판결이 여러분에게 아무리 가혹하고 나쁜 것이라고 할지라도, 그 판결을 그대로 다 수긍하게 될 것입니다. 장차 여러분이 하나님과 온 세상 앞에서 심판을 받아야 할 때, 지금 여러분이 내게 제시할 수 있는 변명들이나 이유들은 그 어떤 것도 결국 여러분에게 아무런 도움이 되지 않을 것임을 나는 이미 알고 있습니다.

아니 더 나아가서, 나는 여러분 자신의 양심조차도 여러분이 제시하는 변명들이나 이유들에 만족하지 못할 것이라고 생각합니다. 만약 여러분의 양심이 만족한다면, 그것은 여러분에게 회개할 마음이 털끝만큼도 없다는 것을 의미합니다. 따라서 여러분에게 조금이라도 회개할 마음이 있다면, 여러분은 이런저런 변명들이나 이유들을 늘어 놓기는 하겠지만, 여러분 스스로가 여러분이 제시하고 있는 변명들이나 이유들에 확신을 갖지 못하고 머뭇거리게 될 것입니다.

회심하지 않은 죄인들이여, 어디 한 번 대답 좀 해 보시겠습니까? 여러분이 돌이키고자 하지 않고, 지금 즉시 온 마음을 다해서 돌이키려고 하지 않는 데 대해서 어떤 합당한 이유가 여러분에게 있는 것입니까? 아니면, 합당한 이유도 없이 지옥으로 가고자 하는 것입니까? 여러분이 어떻게 할지를 생각해서 늦지 않게 결정하십시오. 왜냐하면, 여러분에게 주어진 시간이 머지않아 지나가 버릴 것인데, 그 때 가서는 여러분이 결정을 해도, 아무 소용이 없게 될 것이기 때문입니다.

여러분은 하나님이나 하나님의 역사나 하나님의 상벌에 어떤 잘못된 것이 있다고 생각하십니까? 여러분에게 하나님은 나쁜 주인이고, 여러분이 섬기는 마귀나 육신이 더 좋은 주인입니까? 거룩한 삶 속에 어떤 해악이 있습니까? 신앙 없이 세상적이고 불경건하게 사는 삶이 더 좋습니까? 여러분이 회심해서 거룩한 삶을 살면, 그런 삶은 여러분에게 해악을 가져다 줄 것이라고 여러분의 양심이 말합니까? 그런 삶이 여러분에게 어떤 해악을 가져다 줄 수 있겠습니까? 그리스도의 영이 여러분 속에 내주하시거나, 여러분이 깨끗하고 정결하게 된 마음을 갖는 것이 여러분에게 해악이 됩니까? 거룩하게 되는 것이 나쁜 것이라면, 왜 하나님께서는 "내가 거룩하니 너희도 거룩할지어다"(벧전 1:15-16; 레 11:45)라고 말씀하시겠습니까? 하나님 같이 되는 것이 악한 것입니까? 성경은 하나님께서 자기 형상대로 사람을 지으셨다(창 9:6)고 말씀하고 있지 않습니까? 하나님의 형상은 거룩함을 가리킵니다. 아담은 이것을 상실하였고, 그리스도께서는 장차 구원을 받게 될 모든 사람들에게 자신의 말씀과 성령을 통해서 이것을 회복시켜 주셨고, 여러분도 회심하기만 하면, 그 즉시 이것을 회복시켜 주실 것입니다. 여러분이 우리를 거룩하게 하시는 분이신 성령으로 말미암아 거룩하게 되고자 한 것이 아니라, 거룩하게 되는 것이 여러분에게 해로운 것이라고 생각하였다면, 왜 여러분은 스스로 성령으로 세례를 받았을 뿐만 아니라, 여러분의 자녀들로 하여금 성령으로 세례를 받게 한 것입니까? 하나님 앞이라고 생각하시고, 내게 여러분의 진심을 한 번 말해 보십시오. 여러분은 스스로 거룩한 삶을 사는 것이 싫기는 하지만, 거룩한 삶을 살지 않다가 죽는 사람보다는 거룩한 삶을 살다가 죽는 사람이 되고 싶은 것이 아닙니까? 만일 여러분이 오늘 죽게 되어 있다면, 여러분은 회심하지 않은 사람으로 죽는 것이 아니라 회심한 사람으로 죽고 싶고, 세상적이고 육신적인 사람이 아니라 하늘에 속한 거룩한 사람으로 죽고 싶은 것이 아닙니까? 여러분은 옛적의 발람처럼, "나는 의인의 죽음을 죽기 원하며 나의 종말이 그와 같기를 바라노라"(민 23:10)고 말하고 싶은 것이 아닙니까? 여러분은 왜 죽을 때에는 그렇게 죽고 싶으면서도, 지금은 그런 마음을 품고자 하지 않습니까?

여러분은 지금 즉시 회심하여야 합니다. 그렇지 않으면, 여러분은 머지않아 이미 때가 늦은 후에야 회심하고자 하게 될 것입니다. 여러분은 무엇을 잃는 것이 두려워서 회심하기를 망설이는 것입니까? 여러분이 지금 어울리고 있는 친구들을 잃을 것이 두려운 것입니까? 여러분이 회심하면, 여러분은 친구들을 잃는 것이 아니고, 단지 여러분의 친구가 새롭게 바뀌게 되는 것일 뿐입니다. 하나님께서 여러분의 친구가 되어 주실 것이고, 예수 그리스도와 성령께서 여러분의 친구가 되어 주실 것이며, 모든 그리스도인들이 여러분의 친구가 될 것입니다. 여러분은 이전에 여러분이 어울렸던 모든 세상 친구들보다 여러분에게 훨씬 더 힘이 되어 줄 한 친구를 얻게 될 것입니다. 세상 친구들은 여러분을 유혹하여 지옥으로 끌고갈 뿐이고, 여러분을 지옥에서 구원할 수는 없는 친구들이었습니다. 반면에, 여러분이 회심해서 얻게 될 친구는 여러분을 지옥으로부터 구원해 내어서, 자신의 영원한 안식처로 데려가 줄 친구입니다.

여러분은 지금까지 누리던 즐거움들을 잃을 것이 두려운 것입니까? 여러분이 일단 회심하는 경우에는, 여러분의 인생에서 다시는 즐거운 날이 없을 것이라고 생각한다면, 그것은 참으로 안타까운 일입니다! 왜냐하면, 여러분이 그렇게 생각하는 것은, 하나님의 은혜 가운데서, 장차 여러분에게 주어질 영광을 믿고 소망하면서, 하나님의 사랑과 "성령 안에 있는 의와 평강과 희락"(롬 14:17)을 누리며 살아 가는 것보다, 악한 친구들과 어울려서 어리석은 유희들을 하며 웃고 떠들며 노는 것이 더 큰 즐거움이라고 생각하는 것이기 때문입니다. 여러분에게는 어린아이처럼 장난감을 가지고 노는 것보다는 막대한 토지를 소유하고서 여러분의 것인 광활한 땅과 기업을 생각하는 것이 더 큰 즐거움이라면, 지금 여기에서 세상의 모든 재물이나 즐거움을 누리는 것보다, 장차 천국에서 여러분에게 주어질 기업을 생각하는 것이 얼마든지 여러분에게 더 큰 즐거움이 되지 못할 이유가 어디 있겠습니까?

여러분이 소유한 모든 땅을 어린아이들에게 준다고 해도, 어린아이들이 그것을 거절하고, 장난감을 가지고 노는 쪽을 택하는 것이 그들이 어리석고 유치하기 때문인 것과 마찬가지로, 하나님께서 여러분에게 천국에 속한 즐거움들을 줄 터이니, 여러분의 집과 토지와 맛있는 음식과 편안함과 명예를 버리라고 권하셔도, 여러분이 그것을 거절하는 것은 여러분이 어리석고 악해서 세상을 좋아하고 육신의 욕심을 따르고자 하기 때문입니다. 그러나 여러분이 죽어서, 이 세상에서 누리던 그러한 즐거움들이 여러분에게서 다 사라져 버렸을 때, 여러분은 어디에서 즐거움을 찾으시렵니까? 지금까지 여러분은 그런 생각을 한 번도 해보지 않았습니까? 여러분이 즐기던 즐거움들이 여러분에게 고약한 악취만을 남긴 채 사라져 버릴 때, 바로 그때에 성도들의 즐거움은 최고조에 달합니다. 하늘에 속한 즐거움들은, 내가 그리스도 안에서 나에 대한 하나님의 사랑을 확신하는 가운데, 장차 내게 주어질 지극한 복을 소망하면서, 조금 맛본 반면에, 세상의 즐거움들은 내가 아주 깊이 맛보았습니다. 그렇기 때문에, 여러분은 내가 여러분처럼 세상의 즐거움들을 더 높이 칠 것이라고 생각할지 모르겠습니다.

하지만 나는 하늘에 속한 즐거움은 조금 맛보았음에도 불구하고, 그 즐거움은 세상이 주는 즐거움과는 비교할 수 없는 것이었다고 고백하지 않을 수 없습니다. 만일 내가 그렇게 고백하지 않는다면, 그것은 거짓말을 하는 것이 될 것입니다. 생명의 태양이 우리 위에서 찬란하게 빛을 발하는 가운데 거룩한 상태로 하루를 지내는 것이 죄악된 즐거움들을 누리며 평생을 살아가는 것보다 더 큰 기쁨이 됩니다. 그래서 다윗은 "주의 궁정에서의 한 날이 다른 곳에서의 천 날보다 나은즉 악인의 장막에 사는 것보다 내 하나님의 성전 문지기로 있는 것이 좋사오니"(시 84:10)라고 고백하였습니다. 악인들의 "희락," 즉 그들이 기뻐하고 즐거워하는 것은 자신의 비참하고 처량한 상태를 알지 못하는 미친 사람이 웃어대는 것과 같습니다. 그래서 솔로몬은 그러한 웃음에 대해서 이렇게 말합니다: "내가 웃음에 관하여 말하여 이르기를 그것은 미친 것이라 하였고 희락에 대하여 이르기를 이것이 무슨 소용이 있는가 하였노라"(전 2:2). "초상집에 가는 것이 잔칫집에 가는 것보다 나으니 모든 사람의 끝이 이와 같이 됨이라 산 자는 이것을 그의 마음에 둘지어다 슬픔이 웃음보다 나음은 얼굴에 근심하는 것이 마음에 유익하기 때문이니라 지혜자의 마음은 초상집에 있으되 우매한 자의 마음은 혼인집에 있느니라 지혜로운 사람의 책망을 듣는 것이 우매한 자들의 노래를 듣는 것보다 나으니라 우매한 자들의 웃음 소리는 솥 밑에서 가시나무가 타는 소리 같으니 이것도 헛되니라"(전 7:2-6).

육신적인 것들로 인한 모든 즐거움은 가려움증이 있는 사람이 가려워서 긁을 때에 느끼는 즐거움과 같습니다. 따라서 그 사람이 자신의 살을 긁는 것은 가려움증 때문인 것과 마찬가지로, 그 사람이 그런 육신적인 즐거움들이 없으면 살 수 없을 것 같이 느끼는 것은 그가 병들어 있기 때문입니다. 지혜로운 사람이라면, 가려움증으로 인하여 자신의 살을 긁어서 즐거움을 느끼는 것을 포기하지 않으려고 애쓰기보다는, 그런 즐거움을 느끼지 못하더라도 가려움증 자체를 없애고자 할 것입니다. 여러분이 큰 소리로 웃는 것은, 기뻐할 이유가 여러분에게 전혀 없는데도, 여러분의 육신이 간지럼을 타서 저절로 웃음이 나오는 것일 뿐입니다. 하나님의 사랑, 거룩함이 주는 힘과 위로들, 천국에 대한 소망을 버리고, 여러분 자신을 영원한 멸망에 던져 넣은 채로, 잠시 죄의 즐거움으로 여러분의 육신을 간지럽혀서, 여러분이 웃는 것보다는, 여러분으로 하여금 그런 식으로 웃게 만드는 여러분의 재물과 여러분의 현재의 삶을 버리는 것이 더 지혜로운 일입니다.

여러분은 사람으로서 이성을 지니고 있기 때문에, 지혜로운 사람이라면 어느 쪽을 선택하여야 하는 것인지를 스스로 판단해 보십시오. 여러분에게 거룩한 삶이 괴롭고 힘든 것으로 보여지고, 육신의 욕심들을 만족시키며 살아가는 삶이 더 기쁘고 즐거운 것으로 보여지는 것은 전적으로 여러분의 거룩하게 되지 않은 육신적인 본성 때문입니다. 따라서 여러분이 돌이키기만

한다면, 성령께서는 여러분에게 지금과는 다른 본성과 성향을 주실 것이고, 그렇게 되면, 계속해서 짓는 것보다 죄를 버리는 것이 여러분에게 더 큰 즐거움이 될 것입니다. 그 때가 되면, 여러분은 여러분이 지금까지는 진정으로 행복한 삶이 무엇인지를 알지 못하였고, 하나님과 거룩한 삶이 여러분의 즐거움이 되기 전에는, 여러분이 결코 행복하지 않았다는 것을 알게 되었다고 말하게 될 것입니다.

질문: 도대체 무엇 때문에 사람들은 구원의 문제에 있어서만큼은 이렇게 비이성적으로 행하는 것입니까? 사람들은 다른 문제들에 있어서는 충분히 이성적으로 생각해서 결정하고 행합니다. 그런데 회심해야 한다는 것이 너무나 분명하고 명확한데도, 무엇 때문에 사람들은 회심하기를 지독하게 싫어하고, 이렇게 무수히 많은 말들로 설명하고 권하고 설득해도, 모든 사람들이 하나 같이 회심하려고 하지 않고, 대부분의 사람들은 회심하지 않은 채로 살다가 죽게 되는 것입니까?

답변: 우리는 지금부터 몇 가지 이유들을 간단하게 살펴보고자 합니다.

(1) 사람들은 본성적으로 세상과 육신을 사랑하고, 죄인들로 태어나며, 사람에 대하여 적대감을 지니고 있는 것이 뱀의 본성이듯이, 하나님과 경건에 대하여 적대감을 지니고 있는 것이 사람들의 본성입니다. 따라서 우리 사역자들이 전하는 모든 말씀들은 사람들이 본성에 따라서 습관적으로 끌리는 것과 반대되기 때문에, 사람들이 그 말씀들을 잘 받아들이려고 하지 않는 것은 전혀 이상한 일이 아닙니다.

(2) 사람들은 어둠 가운데 있기 때문에, 우리 사역자들이 전하는 말씀들을 들어도, 그 말씀들이 무슨 의미인지를 알지 못합니다. 그것은 맹인으로

태어난 사람에게 우리가 빛이 얼마나 위대한지에 대하여 말하며 빛을 칭송할지라도, 그 맹인은 빛을 볼 수가 없기 때문에, 그런 말을 들어도 아무런 실감을 하지 못하는 것과 같습니다. 그들은 하나님이 어떤 분이시고, 그리스도의 십자가의 능력이 무엇이며, 거룩함의 영이 무엇이고, 믿음으로 사랑 가운데서 살아 간다는 것이 무엇인지를 알지 못합니다. 그들은 장차 성도들에게 주어질 하늘의 기업의 확실함과 합당함과 탁월함을 알지 못합니다. 그들은 회심이 무엇이고, 거룩한 생각과 행실이 무엇인지를 듣기는 들어도 알지는 못합니다. 그들은 무지의 안개 속에 있고, 죄 가운데서 길을 잃고 헤매고 있습니다. 그들은 밤중에 길을 잃어서, 날이 밝을 때까지는, 자기가 지금 어디에 있고, 어떻게 해야 바른 길로 다시 되돌아갈 수 있는지를 모르는 사람과 같습니다.

(3) 사람들은 자신들은 다시 회심할 필요가 없다고 확신하고 있어서, 단지 부분적으로 약간만 자신들의 삶을 고치면 된다고 고집합니다. 그들은 자신들이 이미 천국으로 통하는 길을 걸어가고 있다고 생각하고, 실제로는 회심하지 않았는데도, 자신들은 이미 회심하였다고 생각합니다. 어떤 사람이 본래의 길에서 벗어나서 잘못된 길로 가고 있다면, 여러분은 그 사람이 자기가 잘못된 길로 가고 있다는 것을 믿으려고 하지 않아도, 어떻게든 그 사람을 본래의 길로 다시 돌아오게 하기 위하여, 큰 소리로 부르고 온갖 몸짓으로 그 사실을 알리려고 할 것입니다.

(4) 사람들은 자신의 육신의 노예가 되어 있고, 육신에게 필요한 것들을 얻기 위해서 세상에 빠져 있습니다. 그들은 자신의 육신의 욕심들과 정들과 소욕들에 사로잡히고 완전히 장악을 당해서 제정신이 아니기 때문에, 육신의 온갖 욕심들을 어떻게 부인해야 하고, 어떻게 거기에서 벗어나서 다른 것들을 생각할 수 있는지를 알지 못합니다. 그래서 술주정뱅이들은 "나는

좋은 술 한 잔이 너무 좋아서, 그런 술 한 잔 없이는 도저히 살아 갈 수 없다"라고 말하고, 먹기를 탐하는 사람들은 "나는 맛있는 음식이 너무 좋아서, 그런 음식 없이는 도저히 살아 갈 수 없다"라고 말하며, 음란이 몸에 밴 사람들은 "나는 내 정욕을 채우는 것이 너무 좋아서, 그렇게 하지 않고는 도저히 살아갈 수 없다"라고 말하고, 도박이나 유흥에 중독된 사람들은 "나는 도박과 유흥이 너무 좋아서, 그런 것 없이는 도저히 살아 갈 수 없다"고 말합니다. 그런 사람들은 이미 자신의 육신의 포로가 되어 있고 노예가 되어 있는 사람들이기 때문에, 거기에서 빠져나오려고 해도, 빠져나올 힘이 없고, 그런 일을 그만두려고 해도, 그만둘 수가 없습니다. 세상에 푹 빠져서 살아가는 속물들은 온통 세상일들에만 사로잡혀 있어서, 하늘의 것을 구하고자 하는 마음도 없고 생각도 없고, 그럴 시간도 없습니다. 옛적에 애굽 왕 바로가 꾼 꿈 속에서 "그 흉하고 파리한 소가 그 아름답고 살진 일곱 소를 먹어" 치워 버린 것처럼(창 41:4), 이 흉하고 파리한 세상이 천국에 대한 모든 생각들을 먹어 치워 버립니다.

(5) 어떤 사람들은 악한 친구들에게 휩쓸려서, 그 친구들이 신앙생활에 대하여 늘 나쁘게 얘기하는 것을 듣고는, 신앙생활에 대하여 좋지 않은 생각을 지니게 됩니다. 또는, 적어도 그들은 대부분의 사람들이 믿음 없이 살아가는 것을 보면서, 자신들도 그렇게 살아 가도 괜찮겠다고 생각해서, 자신들의 죄악된 삶을 계속해서 이어갑니다. 그들 가운데 한 사람이 죽어서 지옥에 던져지고, 또 다른 사람이 죽어서 그 동일한 지옥에 던져져도, 그들은 그런 것들에 별 영향을 받지 않고, 여전히 기세등등하게 죄악된 삶을 살아갑니다. 왜냐하면, 그들은 자신들 가운데서 먼저 죽은 사람들이 지옥에 던져지는 것을 눈으로 보지 못하였기 때문입니다. 그들은 이 세상에서 자신들과 함께 어울려서 죄악된 삶을 살다가 죽은 사람들이 지금 지옥에서 끝

없는 고통을 당하면서 구슬프게 통곡하고 있다는 사실을 알지 못하고서, 여전히 불경건한 삶을 계속해서 살아가고 있는 사람들이기 때문에, 참으로 가련하고 불쌍한 사람들입니다. 누가복음 16장에 나오는 부자와 거지 나사로에 관한 비유를 보면, 죽어서 지옥에 던져진 부자는 아직 이 세상에서 살아가고 있는 자신의 다섯 형제들이 자기처럼 이 고통스러운 곳에 오지 않도록 하기 위해서, 누군가를 보내서 그들에게 경고해 줄 것을 아브라함에게 간절하게 요청합니다. 왜냐하면, 이 부자는 자기 형제들이 어떤 생각으로 살아가고 있는지를 잘 알고 있었고, 그들이 지옥을 향해서 발길을 재촉하고 있다는 것과, 자기가 지옥에 있을 것이라고는 꿈에도 생각하지 못하고 있으리라는 것과, 우리 사역자들이 그들에게 이러한 사실을 전하여도, 그들이 믿지 않으리라는 것도 잘 알고 있었기 때문입니다.

지금도 살아 있는 어떤 신사 분이 자기가 영국의 웨일스 지역에 있는 세번 강(the Severn)에 놓여 있는 한 다리 위에서 보았던 일을 내게 들려 준 적이 있습니다. 그 신사 분의 얘기에 의하면, 어떤 사람이 한 무리의 살진 양떼를 몰고 다리 위를 지나고 있었는데, 그 때에 어떤 것에 막혀서, 양들이 앞으로 계속해서 전진해 갈 수 없게 되자, 양 떼 중에서 한 마리가 그 다리의 난간 위에서 펄쩍 뛰다가 미끄러져서 강물 속으로 떨어지고 말았고, 그것은 본 나머지 양들도 너나 할 것 없이 다리의 난간을 뛰어넘어서 강물 속으로 뛰어드는 바람에, 결국 거의 모든 양들이 익사하고 말았답니다. 이런 어이없는 일이 벌어지게 된 이유는, 뒤에 남아 있던 양들은 자기보다 앞서 강물에 뛰어든 양들이 어떻게 되었는지를 모르고서, 다른 양들이 뛰어드는 것을 보고서, 자기도 뛰어들어도 괜찮겠다고 막연하게 생각해서, 너나 할 것 없이 덩달아 강물 속으로 뛰어 들었기 때문입니다. 이 양들은 자신들은 다른 양들이 하는 것을 따라하는 것이기 때문에 괜찮을 것이라고 생각하였겠지만, 막상 다리의 난간을 뛰어넘어서 강물 속으로 곤두박질 칠 때쯤에는, 자신들의 생각이 틀렸다는 것을 깨닫고, "아뿔사, 이게 아니구나"라고 생각했을 것입니다.

그러나 일은 이미 벌어졌고, 때는 이미 늦었습니다. 회심하지 않고 육신적으로 살아가고 있는 사람들도 마찬가지입니다. 그들 중에서 한 사람이 죽어서 지옥에 떨어지고, 얼마 후에는 또 다른 사람이 그 동일한 길을 갑니다. 그런데도 그들은 자신들 중에서 이미 죽은 사람들이 어디로 갔는지를 알지 못하기 때문에, 계속해서 그 동일한 길을 갑니다. 그리고 그들은 죽고 나서 다시 눈을 떴을 때에야, 비로소 자신들이 지옥에 와 있다는 사실을 알게 되지만, 이미 지옥에 와 있는 그들이 그 때 가서 할 수 있는 일은 아무것도 없습니다. 일은 이미 벌어졌고, 때는 이미 늦었습니다.

(6) 사람들에게는 그들에 대하여 악의를 가지고 어떻게든 그들을 멸망시키려고 온갖 술수를 부리는 교활하기 짝이 없는 원수가 있고, 이 원수는 사람들이 볼 수 없는 어둠 속에서 음모를 꾸미고 실행합니다. 이 원수가 하는 주된 일은 사람들의 회심을 훼방하는 것입니다. 그래서 이 원수는 사람들을 미혹해서, 성경을 믿어서는 절대로 안 되고, 회심 같은 문제들로 고민할 필요가 전혀 없으며, 경건한 삶은 좋지 않은 것이고, 회심 같은 것을 하지 않아도 얼마든지 구원받을 수 있기 때문에, 회심해야 한다고 요란을 떨필요가 전혀 없는데, 하나님의 종들로 자처하는 자들이 저렇게 야단법석을 떠는 것이며, 하나님은 지극히 자비로우신 분이시기 때문에, 사람들을 영원한 멸망에 처하는 일 같은 것을 하실 수 없고, 그들이 정 회심하고자 한다고 해도, 조금 더 세상을 따라 살고 세상이 주는 즐거움들을 누리다가, 나중에 싫증이 나면, 그 때 가서 세상을 버리고 회개하면 아무 문제가 없는 것이라고 생각하도록 만들어서, 사람들로 하여금 지금 살아가고 있는 그대로 계

속해서 살아가도록 만듭니다. 마귀는 이런 식으로 사람들을 미혹하고 속여서, 대부분의 사람들을 자신의 포로로 붙잡아 두고서는 계속해서 멸망의 길로 이끌어 갑니다.

사람들로 하여금 회심하게 하기 위하여, 하나님께서 그토록 많이 일하셨고, 그리스도께서 그토록 많은 고난을 받으셨으며, 복음 사역자들이 그토록 많이 말씀을 전하였지만, 수많은 사람들이 사탄의 그러한 공작과 술수에 넘어가서 여전히 회심하지 않은 채로 살아가고 있습니다. 그러나 그들이 장차 하나님의 법정에 섰을 때에는, 자신들이 이 땅에서 회심하지 않은 이유들이라고 말해 왔던 많은 변명들이 다 잘못된 것임이 밝히 드러나서, 그들은 침묵할 수밖에 없게 될 뿐만 아니라, 그 때에는 이미 때가 늦어서, "돌이키고 돌이키라 어찌 죽고자 하느냐"고 부르시는 하나님의 초대에 응답할 수도 없게 될 것이기 때문에, 그들 모두는 멸망을 당할 수밖에 없게 될 것이고, 우리 사역자들은 결국 더 이상 아무것도 할 수 없어서, 그들이 의도적으로 영원한 멸망 속으로 뛰어든 것을 보고서, 땅에 주저앉아 탄식할 수밖에 없게 될 것입니다.

나는 지금까지 돌이키라는 하나님의 명령이 얼마나 이치에 맞는 말씀인지와 그 말씀에 악인들이 불순종하는 것이 얼마나 이치에 맞지 않는 것인지를 여러분에게 보여 주었습니다. 그런데도 여러분이 돌이킬 생각을 하지 않고, 여전히 돌이키기를 거부한다면, 이제 나는 여러분이 멸망하게 되는 것을 간절히 바라는 자가 누구인지를 여러분에게 보여 드리고자 하는데, 우리가 살펴보고 있는 본문이 주는 일곱 번째이자 마지막 교훈이 그것을 여러분에게 보여 줄 것입니다.

일곱 번째 교훈

사람들이 회심하지 않는 것은 하나님의 탓이 아니다

"하나님께서 이렇게 자신이 하실 수 있는 모든 수단들을 다 동원하셔서 그들을 설득하셨는데도, 그들이 돌이키지 않고 멸망하게 된다면, 그것은 하나님의 책임이 아니라 그들 자신의 책임입니다. 왜냐하면, 그들 앞에는 분명히 살 길이 열려 있고, 하나님께서는 그 길로 가라고 그들을 간곡하게 부탁하였는데도, 그들이 고집을 부리고 하나님의 말씀을 청종하지 않아서, 그들 자신의 멸망을 초래한 것이고, 결국 그들이 죽기를 원해서 죽게 된 것이기 때문입니다."

여러분이 막무가내로 지옥에 가고자 한다면, 여러분을 말릴 수 있는 것은 아무것도 없습니다. 그래서 하나님께서는 여기에서 여러분의 피에 대해서 자신은 무죄하다고 말씀하십니다. 즉, 여러분이 멸망한다고 해도, 그것은 하나님의 책임이 아니라는 것입니다. 어떤 사역자가 여러분에게 돌이켜 살라고 하시는 하나님의 말씀을 전하는 것을 게을리하였거나, 여러분이 죄 가운데서 살아 가도록 부추겼거나, 여러분이 죄에서 벗어나는 것을 방해하였다면, 여러분의 피는 그 사역자에게 돌아갈 수 있겠지만, 분명한 것은 하나님께는 거기에 대해서 아무런 책임도 없으시다는 것입니다. 옛적에 하나님께서는 아무런 열매도 내지 않은 자신의 포도원에 대해서 이렇게 말씀하셨습니다: "나는 내가 사랑하는 자를 위하여 노래하되 내가 사랑하는 자의 포도원을 노래하리라 내가 사랑하는 자에게 포도원이 있음이여 심히 기름진 산에로다 땅을 파서 돌을 제하고 극상품 포도나무를 심었도다 그 중에 망대를 세웠고 또 그 안에 술틀을 팠도다 좋은 포도 맺기를 바랐더니 들포도를 맺었도다 예루살렘 주민과 유다 사람들아 구하노니 이제 나와 내 포도원 사이에서 사리를 판단하라 내가 내 포도원을 위하여 행한 것 외에 무엇을 더할 것이 있으랴 내가 좋은 포도 맺기를 기다렸거늘 들포도를 맺음은 어찌 됨인고"(사 5:1-4).

하나님께서는 자신의 포도원이 열매를 맺을 수 있도록 하시기 위하여, 하나님이 하실 수 있으신 모든 일을 다하셨기 때문에, "내가 내 포도원을 위하여" 지금까지 "행한 것 외에 무엇을 더할 것이 있으랴"고 말씀하실 수 있으셨습니다. 하나님께서는 여러분을 사람으로 지으셨고, 이성을 수여하셨으며, 여러분이 외적으로 필요한 모든 것들을 공급해 주셨고, 의롭고 완전한 법도 주셨습니다. 그리고 여러분이 그 법을 어기고 스스로 멸망을 자초하였을 때에는, 하나님께서 여러분을 불쌍히 여기시고, 자기 아들을 지극히 낮아지게 하시고 여러분과 같은 종의 형체로 보내셔서, 여러분의 죄를 위한 희생제물이 되어 죽게 하심으로써, "그리스도 안에 계시사 세상을 자기와 화목하게" 하셨습니다(고후 5:19).

그리고 하나님께서는 여러분이 돌이켜서 주 예수를 영접하기만 하면, 예수 그리스도를 여러분에게 선물로 주시고, 더불어 영생도 주실 것이라고 약속하셨습니다. 즉, 하나님께서는 이렇게 이치에 합당한 조건을 여러분에게 제시하셨고, 여러분이 그 조건을 받아들이기만 하면, 여러분의 모든 죄를 값없이 다 사해 주실 것이라고 말씀하셨고, 이 약속을 성경에 기록하게 하셨으며, 자신의 성령으로 그 약속을 인치시고, 자신의 사역자들을 보내셔서 온 천하 사람들을 초대하셨으며, 여러분에게도 여러 차례에 걸쳐서 이러한 초대를 전하시고 여러분을 부르셔서, 여러분이 이 초대를 받아들여서 하나님께로 돌이키라고 말씀하셨습니다. 우리 사역자들은 하나님의 이름으로 여러분에게 돌이킬 것을 간청하였고, 이 문제를 놓고서 여러분과 이치를 따져 변론하였으며, 여러분이 제기하는 온갖 시답잖은 반론들에도 대답해 주었습니다. 하나님께서는 오랫동안 여러분을 기다려 주셨고, 여러분이 여유를 부리며 게으름을 피울 때에도 묵묵히 참아 주셨으며, 여러분이 하나님을 대놓고 모욕할 때에도 가만히 계셨습니다. 여러분이 죄악 가운데서 뒹굴며 살아갈 때에도, 하나님께서는 여러분에게 계속해서 긍휼을 베풀어 주셨습니다. 하나님께서는 온갖 긍휼과 자비로 여러분을 부르시는 가운데, 여러분으로 하여금 여러분 자신의 어리석음을 깨닫고 제정신으로 돌아오게 하시기 위하여, 종종 여러분에게 환난들을 보내시기도 하셨습니다.

또한, 하나님께서는 때때로 자신의 성령으로 역사하셔서, 여러분의 심령에 대고 이렇게 말씀하셨습니다: "죄인이여, 돌이키라. 너를 부르시는 이에게 돌이키라. 너는 도대체 어디로 가고 있고, 지금 무엇을 하고 있는 것이냐? 너는 그 종착지가 어디인지를 알지 못하는 것이냐? 너는 도대체 언제까지나 너의 참된 친구들을 몰라보고 적대시하고, 너의 원수들을 몰라보고 사랑하고자 하느냐? 너는 언제 이 모든 것을 버리고, 돌이켜서, 네 자신을 하나님께 드리고, 네 구속주에게 네 영혼을 내어 드리고자 하느냐? 이런 일이 과연 언제 있게 될까?"

하나님께서는 여러분에게 자주 그렇게 부탁하시고 권하시고 간청하시고 호소해 오셨습니다. 그래도 여러분이 회심하는 것을 계속해서 미루었을 때에는, 하나님께서는 서두르라고 재촉하시며, 여러분에게 이렇게 말씀하

셨습니다: "오늘이라고 불리는 바로 이 날에 너희가 나의 음성을 듣거든 너희 마음을 완고하게 하지 말라. 왜 너희는 더 이상 지체하지 말고 바로 지금 돌이킬 수 없는 것이냐?" 하나님께서는 여러분 앞에서 생명을 놓아 두셨고, 복음 안에서 천국의 기쁨들을 여러분에게 열어 놓으셨습니다. 하나님께서는 천국의 기쁨들이 확실한 것임을 여러분에게 분명하게 드러내셨고, 멸망에 처해질 사람들이 영원히 고통을 겪게 될 것도 확실하다는 것을 여러분에게 분명하게 보여 주셨습니다. 여러분은 천국과 지옥을 여러분의 눈으로 직접 보지만 않았을 뿐, 천국과 지옥에 관한 모든 것을 들었기 때문에, 여러분이 더 들을 말은 이제 없습니다. 사도 바울은 "어리석도다 갈라디아 사람들아 예수 그리스도께서 십자가에 못 박히신 것이 너희 눈 앞에 밝히 보이거늘 누가 너희를 꾀더냐"(갈 3:1)라고 말합니다.

여러분은 그리스도께로 나아오기 전까지는 영원한 멸망에 처해지게 될 사람들일 뿐이라는 말을 수없이 들어 왔고, 죄가 악하다는 것과, 세상과 세상이 주는 온갖 즐거움들과 재물이 헛되다는 것과, 여러분의 인생은 짧고 불확실하다는 것과, 내세에서의 기쁨이나 고통은 영원무궁토록 끝없이 이어지리라는 것에 대해서도 자주 들어 왔습니다. 여러분은 이 모든 것, 아니 이것보다 더 많은 것들을 수없이 반복해서 들어 왔습니다. 그래서 여러분은 이제는 이런 말들을 듣는 것이 지겨울 정도가 되었고, 너무나 많이 들어서, 한 쪽 귀로 듣고 한 쪽 귀로 흘려 버릴 정도가 되었습니다. 대장간의 개는 시끄러운 소리에 익숙해져서, 쇠를 두드리는 요란한 망치 소리와 이리저리 흩날리는 불꽃들 속에서도 태연하게 아주 잠을 잔다고 하는데, 여러분이 바로 그런 모습이 되었습니다. 여러분은 지금까지 이 모든 말씀들을 귀가 따갑게 들어 왔어도 지금까지 회심하지는 않았지만, 적어도 아직은 살아 있기 때문에, 오늘이라도 마음을 열고 이 말씀을 받아들이기만 한다면,

하나님의 긍휼을 얻을 수 있습니다.

하나님께서 이렇게까지 여러분에게 말씀하시고 권하셨는데도, 여러분이 회심하지 않고 멸망받게 된다면, 그것이 하나님이 바라시는 것인지, 아니면 여러분이 바라는 것인지를 이제 한 번 이성적으로 판단해 봅시다. 여러분이 지금 멸망한다면, 그것은 여러분이 스스로 멸망하는 것을 원하였기 때문입니다. 왜냐하면, 우리는 여러분에게 말해야 할 것들은 이미 다 말하였고, 여러분을 설득하는 데 사용할 수 있는 모든 방법들을 이미 다 사용하였기 때문입니다. 그런데도 여러분은 "나는 정말 회심하고자 했고, 정말 새로운 피조물이 되고자 했지만, 그럴 수가 없었고, 나는 정말 나의 죄들을 다 버리려고 했지만, 버릴 수가 없었으며, 나는 내가 사귀던 악한 친구들과 나의 이전의 죄악된 생각들과 나의 죄악된 언행을 정말 다 고치고자 했지만, 그럴 수가 없었습니다"라고 말할 수 있습니까?

여러분이 진정으로 회심하고자 했다면, 여러분이 왜 회심할 수 없었겠습니까? 여러분의 회심을 방해한 것은 여러분의 악한 마음이 아닙니까? 누가 여러분으로 하여금 죄를 짓도록 강요하였습니까? 누가 여러분이 마땅히 해야 할 일들을 하지 못하게 막았습니까? 여러분의 경건한 이웃들에게와 마찬가지로 여러분에게도 경건에 관한 동일한 가르침을 받을 기회와 시간과 자유가 주어지지 않았습니까? 그런데 왜 여러분은 그들처럼 경건하게 될 수 없었습니까? 교회의 문이 여러분에게 닫혀 있었습니까? 여러분 자신이 교회를 멀리하거나, 교회에 나가서 말씀을 들어도 앉아서 졸거나 한쪽 귀로 듣고 한쪽 귀로 흘려 버린 것이 아닙니까? 하나님께서 자신의 말씀을 통해서 돌이키라고 죄인들을 초대하시고, 돌이키는 사람들에게는 긍휼을 베풀어 주시겠다고 약속하셨을 때, 여러분은 예외라고 하시며 여러분을 제외시켜 버리기라도 하셨습니까? 하나님께서 "나는 회개하는 모든 사람의 죄를 사해 줄 것이지만, 너만은 회개해도 네 죄를 사해 주지 않겠다"고 말씀하셨습니까? 하나님께서 자기를 예배하는 곳에 여러분이 들어오지 못하게 막아 버리셨습니까? 하나님께서 다른 사람들의 기도는 다 들어 주시면서, 여러분에게는 기도하는 것을 금하셨습니까?

하나님께서 여러분에게 그렇게 하지 않으셨다는 것을 여러분이 누구보다도 잘 알고 있습니다. 하나님께서 여러분을 쫓아내신 것이 아니라, 여러분이 스스로 하나님을 버리고 도망쳐 버렸습니다. 그리고 하나님께서 여러분을 애타게 부르시며 돌아오라고 하셨지만, 여러분은 돌아가고자 하지 않았습니다. 만일 하나님께서 다른 모든 사람들에게 긍휼을 베풀어 주시겠다고 약속하시고 그들을 초대하셨지만, 오직 여러분만은 제외시키셨다거나, "나는 너희 같은 작자들과는 볼 일이 없으니, 내게서 멀리 떠나고, 기도해도 듣지 않을 것이니, 내게 기도도 하지 말며, 너희가 온 마음을 다해서 회개하거나 긍휼을 베풀어 달라고 부르짖어도, 나는 너희를 돌아보지 않을 것이다"라고 여러분에게 말씀하심으로써, 여러분에게 오직 절망만을 안겨 주시고, 그 어떤 소망이나 가능성도 남겨 두지 않으셨다면, 여러분에게는 정당하게 변명할 여지가 있었을 것이기 때문에, 그 때에 여러분은 "내가 회개하고 돌이켜서 하나님께로 돌아가고자 한다고 해도, 하나님께서 나를 받아 주시지 않으실 텐데, 내가 돌이켜 보아야 무슨 소용이 있겠습니까?"라고 말할 수 있을 것입니다. 그러나 이것은 어디까지나 가정일 뿐이고, 실제로는 하나님께서 여러분에게 그렇게 하지 않으셨기 때문에, 여러분은 변명의 여지가 있을 수 없습니다.

여러분은 다른 사람들과 마찬가지로 그리스도를 여러분의 주와 구주와 남편으로 받아들일 수 있었지만, 그렇게 하려고 하지 않았습니다. 왜냐하면, 여러분은 자신이 의사를 필요로 할 만큼 병들지 않았다고 생각해서, 자신의 병을 고치려고 하지 않았기 때문입니다. 도리어, 여러분은 누가복음 19장에 나오는 므나 비유에서 반역자들이 그랬던 것처럼, 여러분의 마음속으로 "우리는 이 사람이 우리의 왕 됨을 원하지 아니하나이다"라고 말하였고, 그리스도께서 여러분을 자신의 구원의 날개 아래 모으고자 하셨지만, 그렇게 하기를 원하지 않았습니다: "예루살렘아 예루살렘아 선지자들을 죽이고 네게 파송된 자들을 돌로 치는 자여 암탉이 그 새끼를 날개 아래에 모음 같이 내가 네 자녀를 모으려 한 일이 몇 번이더냐 그러나 너희가 원하지 아니하였도다"(마 23:37). 하나님께서는 여러분이 잘되기를 정말 간절히 원하신다는 것을 성경을 통해서 분명하게 표현하셨습니다! 성경에 나오는 다음과 같은 말씀들은, 하나님께서 여러분을 얼마나 불쌍히 여기시고 계시는지를 잘 보여 줍니다: "내 백성아 내 말을 들으라 이스라엘아 내 도를 따르라"(시 81:13). "다만 그들이 항상 이같은 마음을 품어 나를 경외하며 내 모든 명령을 지켜서 그들과 그 자손이 영원히 복 받기를 원하노라"(신 5:29). "만일 그들이 지혜가 있어 이것을 깨달았으면 자기들의 종말을 분별하였으리라"(신 32:29).

하나님께서는 여러분의 하나님이 되고자 하셨고, 여러분의 영혼이 진정으로 원하는 모든 것들을 여러분을 위해 다 하고자 하셨습니다. 그러나 여러분은 하나님보다 세상과 여러분 자신의 육신을 더 사랑하였기 때문에, 하나님의 말씀을 청종하려고 하지 않았습니다. 여러분은 여러 가지 그럴 듯한 고귀한 칭호들로 하나님을 부르며, 입으로는 하나님을 찬송하는 듯이 보였지만, 결국에는 하나님께 진심으로 순종한 것이 아니었습니다. 그러므로 하나님께서 "내 백성이 내 소리를 듣지 아니하며 이스라엘이 나를 원하지 아니하였도다 그러므로 내가 그의 마음을 완악한 대로 버려두어 그의 임의대로 행하게 하였도다"(시 81:11-12)라고 말씀하신 것은 전혀 이상한 일이 아닙니다.

하나님께서는 스스로를 지극히 낮추시고서 여러분의 눈높이로 내려오셔서, 이 문제를 가지고 여러분과 이치를 따져 논쟁하시며, 여러분에게 이렇게 반문하십니다: "너희는 나와 내가 한 일들 속에서 무엇이 잘못되었다고 해서 나를 그토록 반대하는 것이냐? 죄인들이여, 내가 너희에게 무슨 해악을 끼쳤느냐? 내가 도대체 너희에게서 무슨 잘못을 했기에, 너희는 이렇게 나를 박대하는 것이냐? 나는 너희에게 많은 긍휼들을 베풀어 주었다. 그런데 도대체 너희는 내가 너희에게 베풀어 준 그 많은 긍휼들 중에서 어떤 것이 마음에 들지 않아서 나를 멸시하는 것이냐? 너희는 나와 사탄 중에서 너희의 진짜 원수가 누구라고 생각하는 것이냐? 너희를 멸망시키고자 하는 것이 나냐, 아니면 너희의 육신적인 자아냐? 너희가 진정으로 버려야 하는 것이 거룩한 삶이냐, 아니면 죄악된 삶이냐? 너희가 멸망한다면, 그것은 너희를 구원하고자 하는 나를 너희가 버림으로써 스스로 자초한 것이 아니겠느냐?"

실제로 성경은 이렇게 말씀합니다: "나 여호와가 이와 같이 말하노라 너희 조상들이 내게서 무슨 불의함을 보았기에 나를 멀리 하고 가서 헛된 것을 따라 헛되이 행하였느냐 … 네 하나님 여호와가 너를 길로 인도할 때에 네가 그를 떠남으로 이를 자취함이 아니냐 … 네 악이 너를 징계하겠고 네 반역이 너를 책망할 것이라 그런즉 네 하나님 여호와를 버림과 네 속에 나를 경외함이 없는 것이 악이요 고통인 줄 알라 주 만군의 여호와의 말씀이니라"(렘 2:5, 17, 19).

하나님께서는 자기가 여러분을 쳐서 논쟁하시는 것을 들어 보라고 하늘과 땅과 산들을 증인으로 호출하시고서는, 여러분이 짐승만도 못하게 행하였다고 지적하십니다: "너희 산들과 땅의 견고한 지대들아 너희는 여호와의 변론을 들으라 여호와께서 자기 백성과 변론하시며 이스라엘과 변론하실 것이라 이르시기를 내 백성아 내가 무엇을 네게 행하였으며 무슨 일로 너를 괴롭게 하였느냐 너는 내게 증언하라 내가 너를 애굽 땅에서 인도해 내어 종 노릇 하는 집에서 속량하였고 모세와 아론과 미리암을 네 앞에 보냈느니라 내 백성아 너는 모압 왕 발락이 꾀한 것과 브올의 아들 발람이 그에게 대답한 것을 기억하며 싯딤에서부터 길갈까지의 일을 기억하라 그리하면 나 여호와가 공의롭게 행한 일을 알리라 하실 것이니라"(미 6:2-5). "하늘이여 들으라 땅이여 귀를 기울이라 여호와께서 말씀하시기를 내가 자식을 양육하였거늘 그들이 나를 거역하였도다 소는 그 임자를 알고 나귀는 그 주인의 구유를 알건마는 이스라엘은 알지 못하고 나의 백성은 깨닫지 못하는도다 하셨도다 슬프다 범죄한 나라요 허물 진 백성이요 행악의 종자요 행위가 부패한 자식이로다 그들이 여호와를 버리며 이스라엘의 거룩하신 이를 만홀히 여겨 멀리하고 물러갔도다"(사 1:2-4). "어리석고 지혜 없는 백성아 여호와께 이같이 보답하느냐 그는 네 아버지시요 너를 지으신 이가 아니시냐 그가 너를 만드시고 너를 세우셨도다"(신 32:6).

또한, 하나님께서는 여러분이 아무것도 아닌 것을 위해서 하나님을 버리고, 여러분의 주이시고 생명이신 하나님께 등을 돌리고 떠나서는 세상의 겨들과 깃털들을 열심히 좇아다니는 모습을 보셨을 때에는, 여러분이 지금 얼마나 어리석고 우매한 짓을 하고 있는 것인지를 여러분에게 말씀해 주시고, 좀 더 유익한 일에 여러분의 힘을 쏟으라고 충고해 주셨습니다: "오호라 너희 모든 목마른 자들아 물로 나아오라 돈 없는 자도 오라 너희는 와서 사 먹되 돈 없이, 값 없이 와서 포도주와 젖을 사라 너희가 어찌하여 양식이 아닌 것을 위하여 은을 달아 주며 배부르게 하지 못할 것을 위하여 수고하느냐 내게 듣고 들을지어다 그리하면 너희가 좋은 것을 먹을 것이며 너희 자신들이 기름진 것으로 즐거움을 얻으리라 너희는 귀를 기울이고 내게로 나아와 들으라 그리하면 너희의 영혼이 살리라 내가 너희를 위하여 영원한 언약을 맺으리니 곧 다윗에게 허락한 확실한 은혜이니라... 너희는 여호와를 만날 만한 때에 찾으라 가까이 계실 때에 그를 부르라 악인은 그의 길을, 불의한 자는 그의 생각을 버리고 여호와께로 돌아오라 그리하면 그가 긍휼히 여기시리라 우리 하나님께로 돌아오라 그가 너그럽게 용서하시리라"(사 55:1-3, 6-7). "너희는 스스로 씻으며 스스로 깨끗하게 하여 내 목전에서 너희 악한 행실을 버리며 행악을 그치고 선행을 배우며 정의를 구하며 학대 받는 자를 도와 주며 고아를 위하여 신원하며 과부를 위하여 변호하라 하셨느니라 여호와께서 말씀하시되 오라 우리가 서로 변론하자 너희의 죄가 주홍 같을지라도 눈과 같이 희어질 것이요 진홍 같이 붉을지라도 양털 같이 희게 되리라"(사 1:16-18).

또한, 하나님께서는 여러분이 하나님의 말씀을 청종하려고 하지 않고, 도리어 하나님에 대하여 불평을 늘어놓는 것을 보셨을 때에는, 여러분의 고집과 완악함을 책망하셨습니다: "너 하늘아 이 일로 말미암아 놀랄지어다 심히 떨지어다 두려워할지어다 여호와의 말씀이니라 내 백성이 두 가지 악을 행하였나니 곧 그들이 생수의 근원되는 나를 버린 것과 스스로 웅덩이를 판 것인데 그것은 그 물을 가두지 못할 터진 웅덩이들이니라"(렘 2:12-13).

또한, 그리스도께서도 여러분에게 값없이 거저 생수를 마시라고 수없이 초대하셨습니다: "목마른 자도 올 것이요 또 원하는 자는 값없이 생명수를 받으라"(계 22:17). 그러나 여러분은 온갖 핑계를 대고서 그리스도의 초대를 거절하였을 뿐만 아니라, 여러 가지 꼬투리를 잡아서 그리스도를 비난하였습니다: "그러나 너희가 영생을 얻기 위하여 내게 오기를 원하지 아니하는도다"(요 5:40).

하나님께서는 자신의 은혜의 나라에서 잔치를 베푸시고서 자기와 더불어 먹고 마시자고 여러분을 초대하셨지만, 여러분은 여러분의 밭과 가축과 세상일을 핑계로 하나님의 초대를 받아들이지 않았습니다. 여러분은 사실은 그 잔치에 가고 싶지 않은 것이었는데도, 마치 갈 수 없는 사정이 있다는 식으로 둘러댔기 때문에, 하나님께서는 여러분에게 진노하셔서, 여러분이 절대로 그 잔치를 맛보지 못하게 하겠다고 선언하셨습니다: "함께 먹는 사람 중의 하나가 이 말을 듣고 이르되 무릇 하나님의 나라에서 떡을 먹는 자는 복되도다 하니 이르시되 어떤 사람이 큰 잔치를 베풀고 많은 사람을 청하였더니 잔치할 시각에 그 청하였던 자들에게 종을 보내어 이르되 오소서 모든 것이 준비되었나이다 하매 다 일치하게 사양하여 한 사람은 이르되 나는 밭을 샀으매 아무래도 나가 보아야 하겠으니 청컨대 나를 양해하도록 하라 하고 또 한 사람은 이르되 나는 소 다섯 겨리를 샀으매 시험하러 가니 청컨대 나를 양해하도록 하라 하고 또 한 사람은 이르되 나는 장가 들었으니 그러므로 가지 못하겠노라 하는지라 종이 돌아와 주인에게 그대로 고하니 이에 집 주인이 노하여 그 종에게 이르되 빨리 시내의 거리와 골목으로 나가서 가난한 자들과 몸 불편한 자들과 맹인들과 저는 자들을 데려오라 하니라 종이 이르되 주인이여 명하신 대로 하였으되 아직도 자리가 있나이다 주인이 종에게 이르되 길과 산울타리 가로 나가서 사람을 강권하여 데려다가 내 집을 채우라 내가 너희에게 말하노니 전에 청하였던 그 사람들은 하나도 내 잔치를 맛보지 못하리라 하였다 하시니라"(눅 14:15-24).

여러분도 이제 충분히 수긍하시겠지만, 돌이키지 않아서 멸망하게 된 것이 하나님 때문이 아니라, 여러분 자신이 스스로 원해서 그렇게 된 것이 아닙니까? 우리가 말할 수 있는 것은, 여러분이 멸망하게 된 일차적이고 주된 원인은 여러분 자신이 원하였기 때문이라는 것입니다. 여러분 자신이 멸망을 자초한 것입니다. 그리스도께서는 이것과 관련된 전체적인 상황을 잠언 1장에서 아주 잘 보여 주십니다: "지혜가 길거리에서 부르며 광장에서 소리를 높이며 시끄러운 길목에서 소리를 지르며 성문 어귀와 성중에서 그 소리를 발하여 이르되 너희 어리석은 자들은 어리석음을 좋아하며 거만한 자들은 거만을 기뻐하며 미련한 자들은 지식을 미워하니 어느 때까지 하겠느냐 나의 책망을 듣고 돌이키라 보라 내가 나의 영을 너희에게 부어 주며 내 말을 너희에게 보이리라 내가 불렀으나 너희가 듣기 싫어하였고 내가 손을 폈으나 돌아보는 자가 없었고 도리어 나의 모든 교훈을 멸시하며 나의 책망을 받지 아니하였은즉 너희가 재앙을 만날 때에 내가 웃을 것이며 너희에게 두려움이 임할 때에 내가 비웃으리라 너희의 두려움이 광풍 같이 임하겠고 너희의 재앙이 폭풍 같이 이르겠고 너희에게 근심과 슬픔이 임하리니 그 때에 너희가 나를 부르리라 그래도 내가 대답하지 아니하겠고 부지런히 나를 찾으리라 그래도 나를 만나지 못하리니 대저 너희가 지식을 미워하며 여호와 경외하기를 즐거워하지 아니하며 나의 교훈을 받지 아니하고 나의 모든 책망을 업신여겼음이니라 그러므로 자기 행위의 열매를 먹으며 자기 꾀에 배부르리라 어리석은 자의 퇴보는 자기를 죽이며 미련한 자의 안일은 자기를 멸망시키려니와 오직 내 말을 듣는 자는 평안히 살며 재앙의 두려움이 없이 안전하리라"(잠 1:20-33).

나는 잠언에 나오는 이 본문은 악인들이 멸망하는 원인을 아주 자세하고 분명하게 보여 주기 때문에, 나는 이 본문 전체를 여러분에게 그대로 들려 드리는 것이 좋을 것이라고 생각해서, 여기에 이렇게 길게 인용하였습니다. 악인들이 멸망하게 되는 것은, 하나님께서 그들을 가르치시려고 하지 않으셨기 때문이 아니라, 그들이 배우려고 하지 않았기 때문이고, 하나님께서 그들을 부르려고 하지 않으셨기 때문이 아니라, 그들이 하나님의 책망을 받고도 돌이키려고 하지 않았기 때문입니다. 결국, 그들은 자신들의 고집 때문에 멸망하게 되는 것입니다.

우리가 지금까지 말한 것들을 통해서, 여러분은 다음과 같은 것들을 추가적으로 더 배울 수 있습니다.

(1) 이것으로부터 여러분이 알 수 있는 것은, 사람의 멸망에 대한 책임을 하나님께 돌리는 것은 하나님을 모독하고 하나님께 불경을 저지르는 일일 뿐만 아니라, 저 사악하기 짝이 없는 자들이 그들을 지으신 창조주를 그런 식으로 비난하는 것은 너무나 어처구니없고 기가 막힌 일이라는 것입니다. 그들은 하나님을 향하여 악을 쓰고 소리를 지르며, 하나님은 그들에게 전혀 은혜를 베풀어 주지도 않으면서, 회심해서 거룩하게 된 자들 외에는 모두가 다 반드시 멸망을 받게 될 것이라고 위협하고, 이 세상에 사는 동안 잠깐 죄를 지은 것을 가지고 영원토록 끝없이 고통을 당하게 하는 것은 잔인하고 가혹한 처사라고 말하고, 전능하신 하나님이 그런 식으로 그들을 멸망시키려고 작정하셨으니, 자신들이 멸망받는다고 하여도, 자신들은 어쩔 도리가 없다고 말합니다. 그러면서도, 그들은 살고자 한다면 죄악을 저지르는 일을 그만두라는 하나님의 음성을 청종하려고 하지 않고, 도리어 그들 자신을 멸망으로 몰아가며, 그들 자신의 영혼의 숨통을 끊어 놓는 일들을 하느라 무척 바쁘게 움직입니다. 그들은 하나님이 그들을 멸망받게 하시는 것은 잔인한 짓이라고 말하지만, 사실 그들 자신에게 지독하게 잔인한 것은 그들 자신입니다. 왜냐하면, 하나님께서 그들이 조금만 더 가면 지옥에 떨어질 것이라고 그들에게 말씀해 주시면서, 간청도 해 보시고 경고도 해 보시고, 온갖 수단과 방법들을 다 동원하셔서 그들을 설득하시지만, 그들은 하나님의 말씀에 귀를 막아 버리고 막무가내로 지옥의 불구덩이 속

으로 달려 가기 때문입니다.

우리는 그들이 멸망받기 직전에 있는 것을 봅니다. 그들의 부주의하고 세상적이며 육신적인 삶은 그들이 마귀에게 붙잡혀서 그 권세 아래에서 종노릇하며 살아 가고 있다는 것을 우리에게 말해 줍니다. 그들이 회심하지 않고 죽는다면, 온 세상이 다 달겨들어도 그들을 구원할 수 없다는 것을 우리는 압니다. 또한, 이 땅에서의 그들의 삶이 언제 끝날지는 아무도 모르는 일이기 때문에, 우리는 매일매일 그들이 바로 오늘 회심하지도 않은 채로 지옥 불에 떨어지지는 않을까 하고 염려합니다. 그래서 우리는 그들에게 그들 자신의 영혼을 불쌍히 여겨서, 하나님이 그들에게 지금 베풀어 주시고자 하시는 긍휼을 받아들여서 멸망 길에서 벗어나라고 간청하지만, 그들은 우리의 말을 들으려고 하지 않습니다. 우리는 그들에게 죄를 버리고 지체 없이 그리스도께로 나아와서, 그들을 위해 준비된 긍휼을 받으라고 간청하지만, 그들은 우리의 말을 전혀 들으려고 하지 않습니다. 그러면서도, 그들은 하나님이 그들을 단죄하여 영원한 멸망에 처하신다면, 그것은 너무나 잔인한 처사일 수밖에 없다고 말합니다.

오, 고집 세고 불쌍한 죄인들이여! 여러분에게 잔인한 것은 하나님이 아닙니다. 여러분 자신에게 잔인한 것은 바로 여러분 자신입니다. 하나님께서는 여러분에게 돌이키지 않으면 반드시 지옥 불구덩이 속으로 던져지게 될 것이라고 말씀하시지만, 여러분은 돌이키지 않습니다. 하나님께서는 여러분이 계속해서 죄를 짓는다면, 하나님의 저주도 계속해서 여러분 위에 머물러 있게 될 것이라고 말씀하지만, 여러분은 아랑곳하지 않고 계속해서 죄를 짓습니다. 하나님께서는 거룩하게 됨이 없이는 행복으로 가는 길은 없다고 말씀하지만, 여러분은 거룩하게 되고자 하지 않습니다. 여러분이 그러한데, 하나님께서 여러분에게 더 이상 무슨 말씀을 하시겠으며, 더 이상 무슨 긍휼을 베푸실 수 있으시겠습니까? 하나님께서는 여러분에게 긍휼을 베풀어 주시고자 하시지만, 여러분은 그 긍휼을 받으려 하지 않습니다. 비참하기 짝이 없는 죄의 시궁창에 빠져 있는 여러분을 하나님께서 건져내시기 위하여 여러분에게 도움의 손길을 내미시는데도, 여러분은 그 도움의 손길을 거절해 버립니다. 하나님께서는 여러분을 죄에서 구해 내서서 깨끗하게 해 주시고자 하시지만, 여러분은 죄를 꼭 끌어 안고서 버리려고 하지 않습니다. 여러분은 여러분의 정욕을 사랑하고, 여러분의 탐식과 도박과 술취함을 사랑하기 때문에, 그런 것들을 버리려고 하지 않습니다. 여러분은 여러분이 그런 것들을 버리든지 버리지 않든지, 그런 것과는 상관없이, 하나님께서 무조건 여러분을 천국에 데려다 놓으시기를 바라는 것입니까? 또는, 여러분은 하나님께서 여러분과 여러분의 죄들을 함께 천국으로 데려가 주시기를 바라는 것입니까? 그것은 불가능합니다. 여러분은 그런 것을 기대하기보다는, 차라리 하나님께서 태양을 흑암으로 바꾸어 놓으시기를 기대하시는 편이 더 나을 것입니다. 거룩하게 되지 않은 육신적인 심령이 천국에서 살아 간다는 것은 불가능한 일입니다. 성경은 이렇게 말씀합니다: "무엇이든지 속된 것이나 가증한 일 또는 거짓말하는 자는 결코 그리로 들어가지 못하되 오직 어린 양의 생명책에 기록된 자들만 들어가리라"(계 21:27). "의와 불법이 어찌 함께 하며 빛과 어둠이 어찌 사귀며 그리스도와 벨리알이 어찌 조화되며 믿는 자와 믿지 않는 자가 어찌 상관하며"(고후 6:14-15). "순종하지 아니하고 거슬러 말하는 백성에게 내가 종일 내 손을 벌렸노라"(롬 10:21).

여러분은 이제 어떻게 하시겠습니까? 여러분은 하나님께서 여러분에게 긍휼을 베풀어 주시지 않으실 것이 걱정되어서, 제발 여러분에게 긍휼을 베풀어 주시라고 하나님께 부르짖고자 하십니까? 그러실 필요가 없습니다.

왜냐하면, 하나님께서는 이미 여러분에게 베풀어 주실 긍휼을 준비해 두시고서, 여러분에게 그 긍휼을 받아들이라고 부르고 계시는데, 여러분이 받아들이고자 하지 않는 것이 문제이기 때문입니다. 우리 사역자들은 술주정뱅이의 손에 들려 있는 독배를 보고서, 그 잔에 독이 들어 있으니 죽지 않으려거든 마시지 마시라고 그에게 말해 주지만, 그는 우리의 말을 들으려고 하지 않고, 그 독배를 마시고자 하며 반드시 마셔 버립니다. 그는 자신은 그 독배를 사랑하기 때문에, 지옥이 자기 눈앞에 와 있어도, 그 독배를 마시지 않을 수 없다고 말합니다. 그런 사람들에게 우리가 무슨 말을 할 수 있겠습니까? 우리는 세상적으로 살아 가는 불경건하고 부주의한 속물들에게, 그들의 그러한 삶은 그들에게 전혀 도움이 되지 않고, 그런 식으로 살면 절대로 천국에 갈 수 없다고 말해 줍니다. 만일 곰이 여러분의 등 뒤에 있다면, 여러분은 자신의 몸짓 하나까지 아주 조심스럽게 처신할 것입니다. 그런데 하나님의 저주가 여러분의 등 뒤에 있고, 사탄과 지옥이 여러분의 등 뒤에 있는데도, 여러분은 아무렇지도 않다는 듯이 미동도 하지 않고 태연하게 우리를 쳐다 보며, 왜 이렇게 야단법석을 떠느냐고 오히려 우리에게 훈계합니다. 여러분의 영원히 죽지 않을 영혼이 여러분에게는 아무런 가치도 없습니까? 오, 여러분 자신에게 제발 긍휼을 베푸십시오! 그러나 그들은 그들 자신에 대하여 무자비하기 때문에, 우리가 하는 말을 아랑곳하지 않습니다.

우리는 그들에게 그들의 결국이 비참하고 괴로울 것이라고 말해 줍니다. 지옥의 불구덩이 속에서 영원무궁토록 살아갈 수 있는 사람이 누가 있겠습니까? 그런데도 이 한심하기 짝이 없는 자들은 그들 자신에 대하여 무자비하기 때문에, 그들 자신을 잔인하고 무자비하게 영원한 멸망 속으로 몰아넣으면서도, 하나님께서는 긍휼과 자비에 풍성하신 분이시기 때문에, 그들을 멸망에 처하지 않으실 것이라고 말합니다. 우리가 그들에게 가서 간청을 해도, 우리는 그들을 멈출 수 없습니다. 우리가 그들 앞에서 무릎을 꿇고 애원을 해도, 우리는 그들을 멈출 수 없습니다. 그들은 기를 쓰고 지옥으로 가려고 하면서도, 자신들이 지옥으로 가고 있다는 것을 믿으려 하지 않습니다. 우리가 그들을 지으시고 보존하시는 하나님을 위하여, 그리고 그들을 위하여 죽으신 그리스도를 위하여, 그리고 그들의 가련한 영혼을 위하여, 그들에게 그들 자신을 불쌍히 여기고서, 더 이상 지옥으로 가는 길을 가지 말고 거기에서 돌이켜서, 그들을 받으시기 위하여 팔을 벌리고 계시는 그리스도께로 나아가고, 그들을 위해 활짝 열려 있는 저 생명의 문으로 들어가며, 은혜를 받을 수 있을 때에 은혜를 받으라고 간청하면, 그들은 들은 체도 하지 않습니다. 우리가 그들을 회심시키기 위해서 우리의 목숨을 버리는 것을 그들이 보았다고 할지라도, 그들은 이 문제를 깊이 숙고하지도 않을 것이고, 돌이키지도 않을 것입니다. 그런데도 그들은 "나는 하나님께서 좀 더 자비로우시기를 바란다"고 말합니다. 여러분은 이사야서 27장에서 하나님께서 하신 말씀을 한 번도 깊이 생각해 보지 않았습니까? "백성이 지각이 없으므로 그들을 지으신 이가 불쌍히 여기지 아니하시며 그들을 조성하신 이가 은혜를 베풀지 아니하시리라"(사 27:11).

여러분이 벌거벗었는데도, 어떤 사람이 여러분에게 옷을 주어 입게 하지 않거나, 여러분이 굶주려 있는데도, 어떤 사람이 여러분에게 먹을 것을 주지 않는다면, 여러분은 그 사람을 무자비하다고 말할 것입니다. 어떤 사람이 여러분을 감옥에 가두어 놓거나, 여러분을 때리고 고문한다면, 여러분은 그 사람을 무자비하다고 말할 것입니다. 하지만 여러분은 여러분 자신에게 그 사람보다 수천 배는 더 무자비한 짓을 하고 있습니다. 왜냐하면, 여러분은 여러분의 영혼과 몸을 지옥이라는 감옥에 가두어 놓고서 그 불구덩이 속에서 영원무궁토록 고통당하게 하고자 하고 있기 때문입니다. 그런데도 여러분은 여러분 자신의 무자비함에 대해서는 아무런 말도 하지 않습니다. 하나님께서는 여러분에게 어떻게든 긍휼과 자비를 베풀어 주시기 위하여 내내 오래 참고 기다려 오셨습니다. 하지만 결국 여러분이 회심하지 않아서, 하나님이 여러분을 벌하실 수밖에 없게 되셨다면, 틀림없이 여러분은 그런 하나님을 무자비하다고 말할 것입니다. 이 한심한 자들은 자신들이 하나님의 아들 그리스도의 피를 발로 짓밟고, 옛적의 유대인들처럼 그리스도의 얼굴에 또 다시 침을 뱉으며, 은혜의 성령을 모독하고, 죄를 가지고 장난하며, 거룩함을 비웃고, 구원의 은혜보다 육신적인 더러운 쾌락을 더 좋아하며, 하나님께서 베풀어 주시고자 하시는 긍휼을 땅바닥에 내팽개쳐 버리는데도, 하늘의 거룩하신 하나님께서 그들의 죄를 묻지 아니하시고, 그들 모두를 구원해 주셔야 한다고 생각하기 때문에, 하나님께서 그런 그들을 벌하신다면, 하나님은 자비로우신 분이 아니라 무자비한 분이라고 말할 것이 틀림없습니다. 하지만 벌레 같은 죄인들의 법정에서 하나님에 대하여 무엇이라고 판결하든, 하나님은 의로우시고, 하나님의 심판도 의롭습니다.

나는 그들이 하나님을 어떤 구체적인 말들로 비방하는지를 알고 있지만, 내가 "심판"에 대하여 쓴 글에서 이미 그런 비방들을 다 다루었기 때문에, 여기에서는 그런 것들을 구체적으로 다루지는 않을 것입니다. 세상 사람들이 자신들이 죄를 짓고 멸망받게 되는 원인을 하나님에게 전가시키기 위해서 교묘한 논리를 짜내는 데 드리는 시간과 노력을, 죄와 멸망을 피하고자 하는 데 드리기만 하였더라면, 그들은 자신들의 재능을 좀 더 유익하게 활용할 수 있었을 것이고, 하나님께는 덜 죄를 짓게 되었을 것이며, 그들 자신에게는 더 큰 유익을 끼쳤을 것입니다.

너무나 끔찍한 죄라는 괴물이 우리 안에 있고, 너무나 무시무시한 형벌이 우리 위에 있으며, 너무나 소름끼치는 지옥이 우리 앞에 있다는 것을 아는 사람들은, 우리가 회심하지 않고 멸망받게 된다면, 그 일차적이고 주된 잘못이나 책임이 하나님에게 있는지, 아니면 우리에게 있는지를 판단하는 것은 쉬운 일이라고 생각할 것입니다. 하지만 어떤 사람들은 대단히 이기적인 재판관들이기 때문에, 그들 자신에게 잘못이 있었다는 것을 인정하려고 하지 않고, 모든 잘못을 무한히 완전하시고 선하신 하나님께 전가시키고서는, 그들의 최초의 조상들과 똑같이 대답합니다: "아담이 이르되 하나님이 주셔서 나와 함께 있게 하신 여자 그가 그 나무 열매를 내게 주므로 내가 먹었나이다 여호와 하나님이 여자에게 이르시되 네가 어찌하여 이렇게 하였느냐 여자가 이르되 뱀이 나를 꾀므로 내가 먹었나이다"(창 3:12-13). 아담과 하와, 그리고 이 두 사람을 닮은 세상 사람들의 이러한 대답 속에는, 그들이 범죄한 것에 대한 모든 책임이 하나님께 있다는 은밀한 비난이 들어 있습니다. 즉, 그들은 이렇게 말하고 있는 것입니다: "하나님께서 우리에게 주신 지각으로는 선악을 분별할 수 없었습니다. 하나님께서 우리에게 주신 의지로는 더 나은 선택을 할 수 없었습니다. 하나님께서 우리 앞에 두신 것들이 우리를 유혹하였고, 그런 것들이 우리를 유혹하도록 하나님께서 허락하셨기 때문에, 우리가 유혹에 넘어갔습니다."

어떤 사람들은 하나님께서 인간을 스스로 결정할 수 있는 피조물로 만드셨다는 것에 대하여 상당한 거부감을 지니고 있기 때문에, 하나님의 절대주권을 주장하며, 하나님이 모든 죄에 있어서 인간의 의지를 결정하시는 주체이시고, 모든 죄의 최초의 실효적이고 직접적이며 물리적인 원인이시라는 것을 부인하지 않습니다. 그리고 많은 사람들은 하나님이 선의 일차적이고 주된 원인이시라는 진리와 하나님이 많은 경우 악의 원인이라는 진리가 서로 충돌이 없이 조화되기만 한다면, 우리가 이 두 가지를 모두 말한다고 하여도, 그것은 별 문제가 없을 것이라고 생각합니다. 우리는 여러 진리들이 우리가 보기에 서로 모순 없이 완벽하게 조화되지 않는다면, 그 진리들 중 어떤 것들은 진리일 수 없다고 생각합니다. 즉, 우리는 우리의 헝클러지고 일그러진 지성을 가지고서 보았을 때, 여러 진리들을 조화시킬 수도 없고, 각각의 진리를 그 고유한 자리에 배치할 수도 없는 경우에는, 그 진리들 중에서 어떤 것들을 버려야 한다고 생각한다는 것입니다. 그러나 우리가 전지전능하신 우리의 선생이신 하나님께 순복하는 마음을 가지고서, 하나님이 우리에게 가르쳐 주시는 진리를 어린아이처럼 그대로 받아들이는 것이 아니라, 마치 우리가 하나님보다 더 지혜로운 자들인 것처럼, 하나님의 진리를 비판한다면, 그것은 우리 속에 있는 교만과 자만의 열매일 뿐입니다.

반론 1: 하나님께서 우리를 회심시키시기 전에는, 우리를 우리 자신의 힘으로 회심할 수 없습니다. 우리는 하나님의 은혜 없이는 아무것도 할 수 없습니다. 우리에게 은혜를 베풀어 주시느냐 주시지 않느냐 하는 것은 전적으로 하나님께 달려 있기 때문에, 우리가 원한다거나 달음질 친다고 해서 하나님의 은혜를 얻을 수 있는 것은 아닙니다.

답변: 하나님이 우리에게 베풀어 주시는 은혜는 두 종류인데, 첫 번째는 회심의 은혜이고, 두 번째는 구원의 은혜입니다. 구원의 은혜는 오직 원하고 달음질 치는 사람들에게만 주어지고, 하나님께서는 그런 사람들에게만 구원의 은혜를 주시겠다고 약속하셨습니다. 회심의 은혜는 구원을 원하지 않는 사람들로 하여금 구원을 원하게 만드는 은혜입니다. 여러분이 원하고 노력한다고 해서 하나님의 은혜를 받을 수 있는 것은 아니지만, 여러분이 하나님의 은혜를 받지 않겠다고 의도적으로 거부한다면, 여러분에게는 은혜가 주어질 수 없습니다. 여러분이 원하지 않아서 은혜를 받을 수 없었다

면, 여러분의 죄는 한층 더 가중됩니다. 여러분이 진심으로 원하기만 한다면, 여러분은 회심할 수 있습니다. 여러분의 의지 자체가 너무나 타락하고 부패해서, 유효한 은혜 외에는 그 어떤 것도 여러분의 의지를 움직일 수 없다면, 그럴수록 여러분은 그 유효한 은혜를 무시하거나 대적해서는 안 되고, 더욱 더 그 은혜를 사모하고 구하며, 그 은혜를 순순히 받아들이고자 하고, 여러분으로 하여금 그 은혜를 받게 하시기 위하여 하나님이 마련해 놓으신 수단들을 최대한으로 활용해서 그 은혜를 받으려고 애써야 합니다. 먼저 그러한 은혜를 받기 위해서 여러분이 할 수 있는 모든 것을 다 하십시오. 그런데도 하나님께서 여러분에게 은혜를 주시지 않으신다면, 그 때 가서 여러분이 하나님께 하소연하는 것은 합당합니다.

반론 2: 당신은 내내 인간에게는 자유의지가 있다는 것을 암시하고자 하는 것으로 보입니다.

답변: 자유의지에 관한 논쟁은 여러분의 능력을 벗어나 있는 문제입니다. 그러므로 나는 지금으로서는 자유의지에 관하여 많은 말들로 여러분을 괴롭게 하고 골치 아프게 하지 않고, 단지 한 가지만 말씀드리려고 하는데, 그것은 여러분의 의지는 본성적으로 자유롭고 스스로 결정할 수 있는 기관이기는 하지만, 타락하고 부패해서 악한 성향을 지니게 되었기 때문에, 선을 행할 수 없다는 것입니다. 따라서 우리는 우리의 의지에는 선을 행할 수 있는 자유가 없다는 서글픈 사실을 경험을 통해 알고 있습니다. 우리가 형벌을 받아 마땅한 이유는 우리의 의지가 악하기 때문입니다. 나는 이 점에 있어서 우리가 우리 자신의 여러 가지 생각이나 견해들로 우리 자신을 속이는 일이 없기를 바랍니다. 왜냐하면, 여러분 자신도 결코 예외일 수 없기 때문입니다.

여러분에게 아주 악독한 원수가 있어서, 여러분을 만날 때마다 두들겨

패고, 여러분의 자녀들의 목숨을 빼앗아 가 놓고서는, "내게는 자유의지라는 것이 없고, 이것이 나의 본성이며, 하나님이 내게 은혜를 주시지도 않으셨기 때문에, 내가 당신에게 이렇게 한 것은 어쩔 수 없는 일이었소"라고 말한다면, 여러분은 그 원수의 말을 수긍하고 그를 용서할 수 있겠습니까? 여러분의 종이 여러분의 재산을 빼돌리고서는, 그런 말을 한다면, 여러분은 그 종의 말을 받아들일 수 있겠습니까? 법정에서 교수형을 선고받은 모든 강도와 살인자가 "내게는 자유의지가 없기 때문에, 하나님의 은혜가 없이는, 내 마음을 바꿀 수가 없어서, 이런 짓을 저지른 것이니, 내게는 아무 잘못이 없다"고 항변한다고 해서, 그들이 무죄로 풀려날 수 있겠습니까? 그런데도 왜 여러분은 여러분이 하나님을 대적하여 저지른 일련의 죄악들에 대해서 여러분에게는 아무 잘못도 없다고 생각하는 것입니까?

(2) 우리가 지금까지 말해 온 것들로부터, 여러분은 이제 다음과 같은 세 가지를 한꺼번에 알게 되었을 것입니다. 첫 번째는 사탄이 얼마나 교활한 유혹자인지를 알게 되었을 것이고, 두 번째는 죄라는 것이 얼마나 기만적인 것인지를 알게 되었을 것이며, 세 번째는 타락한 인간이 얼마나 어리석은 피조물인지를 알게 되었을 것입니다.

첫 번째로, 사람들은 수없이 많은 경고와 만류를 받는데도, 사탄은 대다수의 세상 사람들을 설득해서, 자원해서 영원한 불 속으로 뛰어들게 만든다는 점에서, 진정으로 교활하기 짝이 없는 유혹자입니다. 두 번째로, 죄는 무수한 사람들을 홀려서, 아무 짝에도 쓸모없는 쓰레기 같은 것을 얻기 위해서 영원한 생명을 내팽개치게 만든다는 점에서, 진정으로 기만적인 것입니다. 세 번째로, 인간은 이미 잘 알려져 있는 원수의 유혹과 죄의 속임수에 넘어가서, 아무것도 아닌 것으로 이미 잘 알려져 있는 것을 얻기 위해서 자신의 구원을 내팽개쳐 버린다는 점에서, 진정으로 어리석은 피조물입니다. 이성이 있는 사람이라면, 누구의 꼬드김을 받았다고 할지라도, 사소한 것을 얻기 위해서 자기 자신을 불이나 물이나 갱도 속으로 내던져서 목숨을 잃는 일은 있을 수 없다고 여러분은 생각할 것입니다. 그러나 사람들은 유혹이나 꼬드김을 받고 자원해서 스스로 지옥으로 뛰어듭니다. 여러분의 육신의 목숨이 여러분 자신의 손에 달려 있어서, 여러분이 스스로를 죽이기 전에는 죽지 않는다면, 여러분 중에서 대부분은 아주 오랫동안 살아 있을 것입니다. 하지만 여러분의 영원한 생명이 하나님 아래에서 여러분의 손에 달려 있어서, 여러분이 스스로 멸망을 자초하기 전에는 멸망받지 않을 수 있는데도, 여러분 중에서 스스로 멸망을 자초하지 않는 사람은 너무나 적습니다. 인간이라는 것은 이렇게 어리석은 존재이고, 죄라는 것은 그런 인간을 홀려서 멍청하게 만들어 버리는 데 탁월합니다!

(3) 또한, 내가 앞에서 말한 것들로부터 여러분이 배울 수 있는 것은, 악인들이 다른 사람들이 천국으로 가는 것을 방해하고, 할 수만 있다면 최대한 많은 사람들이 회심하지 않기를 바라며, 사람들을 죄 가운데로 이끌고 계속해서 죄 가운데서 살게 만들려고 하는 것은 전혀 이상한 일이 아니라는 것입니다. 여러분은 그들 자신에 대하여 무자비한 사람들에게서 다른 사람들에게 자비롭기를 기대할 수 있겠으며, 그들 자신이 멸망받는 것에도 개의치 않는 사람들에게서 다른 사람들이 멸망받지 않도록 신경 써 주기를 기대할 수 있겠습니까? 그들은 그들 자신에게 행하는 대로, 다른 사람들에게도 행합니다.

(4) 마지막으로, 내가 앞에서 말한 것들로부터 여러분은, 사람의 최대의

원수는 자기 자신이라는 것이고, 이 세상에서 사람이 겪을 수 있는 최고의 심판은 홀로 남겨지는 것이며, 하나님의 은혜가 우리에게 해 줄 수 있는 대단한 역사는 우리를 우리 자신으로부터 구해 주는 것이고, 사람이 가장 심하게 고소하고 책망하여야 할 대상은 자기 자신이며, 우리가 스스로 행해야 하는 가장 큰 일은 우리 자신을 대적하는 것이고, 우리가 날마다 기도하고 깨어서 싸워야 하는 가장 큰 원수는 우리 자신의 육신적인 마음과 의지이며, 여러분이 다른 사람들에게 선을 행하고자 하고, 그들이 천국에 가는 것을 돕고자 한다면, 여러분이 해야 할 가장 큰 일은 그들을 그들 자신으로부터, 즉 그들의 눈먼 지성과 타락한 의지와 왜곡된 정서와 폭력적인 혈기와 고분고분하지 않고 제멋대로인 지각들로부터 구해 내는 것이라는 사실을 배울 수 있습니다. 나는 여기에서 이 모든 것들을 단지 간략하게만 언급하였기 때문에, 구체적인 것들은 여러분이 스스로 깊이 묵상해 보시기 바랍니다.

마침내 우리는 영혼을 죽이는 극악무도한 범죄자가 누구인지를 밝혀냈는데, 그 범죄자는 다름아닌 여러분 자신이고 여러분의 의지였습니다. 이제 여러분에게 남아 있는 일은, 여러분이 증거에 따라서 판단해서, 하나님 앞에서 여러분 자신의 이 크나큰 죄악을 시인하고, 그 죄악으로 인하여 스스로 낮아지는 것입니다. 이것 외에 여러분이 할 수 있는 것은 없습니다.

지금부터 나는 다음과 같은 세 가지 것을 하나씩 차례대로 좀 더 설명해 나가고자 하는데, 그것은 여러분에게 조금이라도 소망이 남아 있다면, 첫 번째는 여러분의 죄를 더욱 더 깊이 깨달으시고, 두 번째는 여러분을 낮추시며, 세 번째는 여러분의 삶을 고치시라는 것입니다.

(1) (a) 우리는 하나님께서는 은혜 베풀기를 너무나 좋아하시는 본성을 지니고 계시는 까닭에, 어떻게든 선을 행하려고 하시고, 긍휼을 베풀어 주시는 것을 기뻐하신다는 것을 너무나 잘 알고 있기 때문에, 하나님이 우리의 죽음과 멸망의 원인이거나 거기에 책임이 있으시다고 의심하거나, 하나님을 잔인하다고 말할 이유가 전혀 없습니다. 하나님께서는 모든 것을 선하게 창조하셨고, 그렇게 창조하신 만물을 보존하시고 유지하고 계십니다: "모든 사람의 눈이 주를 앙망하오니 주는 때를 따라 그들에게 먹을 것을 주시며 손을 펴사 모든 생물의 소원을 만족하게 하시나이다"(시 145:15-16). "여호와께서는 모든 것을 선대하시며 그 지으신 모든 것에 긍휼을 베푸시는도다"(시 145:9). 또한, 성경은 "여호와께서는 그 모든 행위에 의로우시며 그 모든 일에 은혜로우시도다"(시 145:17)라고 말씀함으로써, 하나님은 모든 일을 의롭게 처리하시기 때문에, 죄의 원인이 되실 수도 없으시고, 그 어떤 죄에 대해서도 책임이 없으시다는 것을 보여 줍니다.

그러나 사람은 어떻습니까? 우리는 사람의 지성은 어두워졌고, 사람의 의지는 왜곡되었으며, 사람의 정서는 부패해 있다는 것을 압니다. 사람은 이렇게 지독하게 어리석어지고 부패해 버렸기 때문에, 스스로 멸망을 자초하는 일들만을 일부러 찾아서 행합니다. 여러분이 길에서 양 한 마리가 죽어 있는 것을 보았고, 그 곁에는 양들과 개와 이리가 서 있다면, 여러분은 그 중에 누가 그 양을 죽인 범인이라고 의심하겠습니까? 여러분이 어떤 집에 강도가 들어서 사람들이 살해된 것을 보았다면, 여러분은 그런 강도짓이나 살인을 할 이유가 없는 지혜롭고 의로운 왕이나 재판관을 의심하겠습니까, 아니면 잘 알려진 강도나 살인자를 의심하겠습니까? 그래서 야고보서에서는 이렇게 말씀합니다: "사람이 시험을 받을 때에 내가 하나님께 시험을 받는다 하지 말지니 하나님은 악에게 시험을 받지도 아니하시고 친히 아무도 시험하지 아니하시느니라 오직 각 사람이 시험을 받는 것은 자기 욕심에 끌려 미혹됨이니 욕심이 잉태한즉 죄를 낳고 죄가 장성한즉 사망을 낳느니라"(약 1:13-15). 여러분은 여기에서 죄는 하나님에게서 나오는 것이 아니라, 여러분 자신의 "욕심"에서 나오는 것임을 알게 되었고, 죽음은 여러분 자신의 죄로부터 나오는 것으로서, 여러분의 죄가 무르익었을 때에 맺혀지는 열매라는 것을 알게 되었을 것입니다. 거미가 자기 자신 속에 독을 품고 있는 것과 마찬가지로, 여러분은 여러분 자신 속에 악을 쌓아 두고서, 그 쌓아 둔 악으로부터 여러분 자신을 해치고, 거기에서 뽑아낸 거미줄들로 여러분의 영혼을 칭칭 감아서 질식시켜 버립니다. 이것은 여러분의 본성이 여러분을 죽이고 멸망시키는 장본인이라는 것을 보여 줍니다.

(b) 여러분은 여러분에게 주어지는 그 어떤 유혹도 거의 다 기꺼이 받아들일 준비가 되어 있다는 점에서, 여러분을 죽이고 멸망시키는 것은 여러분 자신이라는 것은 분명합니다. 사탄이 여러분을 움직여서 어떤 악을 행하게 하려고 자리에서 일어나자마자, 여러분은 사탄이 무엇을 하라고 구체적으로 말하지 않아도, 스스로 알아서 그 악을 행하려고 일어섭니다. 사탄이 여러분에게 잘못되고 치우친 생각을 불어넣어 주면, 여러분은 거기에 저항하지 않고, 그 생각을 고분고분 잘 받아들입니다. 사탄이 여러분이 선한 결심을 하는 것을 방해하면, 여러분은 즉시 자신의 선한 결심을 포기하고 맙니다. 사탄이 여러분의 어떤 선한 소원이나 감정을 식어 버리게 만들고자 하면, 즉시 그렇게 됩니다. 사탄이 여러분 속에 어떤 정욕이나 악한 감정이나 욕구를 불러 일으키고자 하면, 즉시 그렇게 됩니다. 사탄이 여러분에게 어떤 악한 생각을 집어넣거나, 어떤 악한 일을 행하게 하고자 하면, 여러분은 그 즉시 사탄의 지시에 따라서 너무나 잘 움직이기 때문에, 사탄은 여러분에게 굳이 회초리를 들 필요도 없고 박차를 가할 필요도 없습니다. 사

탄이 여러분으로 하여금 거룩한 생각이나 말이나 행실을 하지 못하게 하고자 하면, 조금 후에 여러분 속에서는 그런 거룩한 생각이나 언행이 흔적도 없이 자취를 감추기 때문에, 사탄은 여러분에게 굳이 재갈을 물릴 필요가 없습니다. 여러분은 사탄의 제안들을 검토해 보지도 않고, 그 제안들에 대하여 저항할 의지도 없으며, 사탄이 여러분 속에 던져 놓은 것들을 다시 집어 들어서 밖으로 던져 버리려고 하지도 않고, 사탄이 여러분 속에 불붙여 놓은 불꽃들을 끄려고 하지도 않습니다. 도리어, 여러분은 사탄의 지시에 따라 일을 시작하고, 도중에 사탄을 만나서 또 다시 지시를 받아 행하며, 사탄으로 하여금 여러분을 유혹하도록 먼저 사탄을 유혹합니다. 미끼를 찾아 헤매다가, 미끼가 달려 있지 않은 낚시바늘도 마다하지 않고 무는 탐욕스러운 물고기를 낚는 것은, 사탄에게는 아주 쉬운 일입니다.

(c) 여러분은 여러분이 구원받는 데 도움이 되고 유익하거나, 여러분이 멸망받는 것을 막아 주고자 하는 모든 것에 저항한다는 점에서, 여러분의 멸망은 여러분이 스스로 자초하는 것이 분명합니다. 하나님께서는 자신의 말씀으로 여러분을 돕고 구원하고자 하시지만, 여러분은 하나님의 말씀이 너무 엄격하다고 여겨서 저항합니다. 하나님께서는 자신의 성령을 통해서 여러분을 거룩하게 하고자 하시지만, 여러분은 거기에 저항해서 성령을 소멸시켜 버립니다. 어떤 사람이 여러분의 죄를 책망하면, 여러분은 그 사람에게 악담을 퍼붓습니다. 어떤 사람이 여러분을 거룩한 삶으로 이끌기 위해서, 여러분이 지금 어떤 위험에 처해 있는지를 여러분에게 말해 주면, 여러분은 그 사람에게 감사하기는커녕, 도리어 남의 일에 참견 말고 자신의 일이나 제대로 잘하라는 식으로 핀잔을 주어서, 그 사람으로 하여금 여러분의 곁을 떠나가게 만들거나, 기껏해야 좋은 조언을 해 주어서 감사하다는 식으로 형식적인 인사만을 할 뿐이고, 그 사람의 조언을 진지하게 듣고

회심하고자 하지는 않습니다.

사역자들이 여러분을 개인적으로 가르치고 도움을 주고자 하여도, 여러분은 사역자들에게 가서 가르침을 받으려 하지 않습니다. 여러분의 낮아지지 않은 심령은 그들의 도움이 별 필요가 없다고 느끼기 때문입니다. 사역자들이 여러분에게 교리 학습을 받게 하고자 하여도, 하나님을 알고 거룩하게 살고자 하는 것은 나이와는 아무 상관이 없는 일임에도 불구하고, 여러분은 이렇게 나이 들어서 이제 와서 무슨 새삼스럽게 교리 학습을 받겠느냐며 손사래를 칩니다. 사역자들이 여러분의 유익을 위하여 무슨 말을 할지라도, 여러분은 사실은 지독한 무지 가운데 있는 것임에도 불구하고, 자기 자신에 대하여 대단한 자부심을 지니고서, 스스로 지혜롭다고 생각하기 때문에, 여러분의 생각과 맞지 않는 것은 무엇이든지 다 틀린 것으로 여기고 거부할 뿐만 아니라, 마치 여러분이 사역자들이나 선생들보다 더 지혜로운 자들인 것처럼, 여러분의 선생들을 틀렸다고 반박합니다. 여러분은 사역자들이 해 주는 말들을 기꺼이 받아들여서 여러분의 유익으로 삼기는커녕, 여러분 자신의 무지함과 고집스러움과 어리석은 트집잡기와 교묘하게 회피함과 무조건적으로 거부함을 통해서 사역자들이 여러분에게 해 주는 유익한 말씀들을 다 거부해 버리기 때문에, 사역자들의 가르침 속에서 조금도 유익도 얻지 못합니다.

(d) 여러분은 하나님께서 여러분으로 하여금 죄를 짓고 멸망받게 하는 것이라고 생각한다는 점에서도, 여러분을 멸망에 빠뜨리고 있는 것은 여러분 자신임이 분명합니다. 여러분은 하나님의 지혜에서 나온 계획이 좋지 않은 것이라고 생각합니다. 여러분은 하나님을 공의로우신 분이라고 생각하지 않고, 도리어 그것은 공의가 아니라 잔인함이라고 생각합니다. 여러분은 하나님이 거룩하시다고 생각하지 않고, 하나님도 여러분과 마찬가지로

죄를 가볍게 여기신다고 생각합니다(시 50:21, "네가 이 일을 행하여도 내가 잠잠하였더니 네가 나를 너와 같은 줄로 생각하였도다 그러나 내가 너를 책망하여 네 죄를 네 눈 앞에 낱낱이 드러내리라"). 여러분은 하나님이 참되시다고 생각하지 않고, 하나님의 일반적인 경고들은 말할 것도 없고, 지엄하신 경고들조차도 다 엄포를 놓는 것일 뿐이라고 생각합니다. 그리고 여러분은 하나님이 선하시다는 것에 대해서는 대체로 열렬한 지지를 보냅니다. 왜냐하면, 여러분은 한편으로는 하나님은 선하셔서 여러분을 회개로 이끌려고 하신다는 점에 대해서는 거부감을 보이면서도, 다른 한편으로는 하나님이 선하시다는 사실을 악용해서, 하나님은 자비와 은혜가 풍성하시고 차고 넘치시기 때문에, 여러분이 아무리 죄를 많이 지어도 결국에는 다 용서해 주실 것이라고 생각하고, 마음 놓고 죄를 저지를 수 있기 때문입니다.

(e) 그렇습니다, 여러분은 구속주께서 여러분을 멸망시키시고, 생명의 주께서 여러분을 죽이시는 것이라고 생각합니다! 그리고 여러분은 그리스도께서 여러분을 위해 죽으셨다는 사실을 악용해서, 그리스도가 사망을 이기셨기 때문에, 이제는 영원한 죽음의 위험은 지나간 것이라고 생각하고서, 마음 편히 더욱더 담대하게 죄를 짓습니다. 여러분은 그리스도께서 마치 사탄과 여러분이 짓는 죄들의 종이 되어서 그 죄들을 처리해 주시는 사명을 지닌 존재이신 것처럼 여기고서는, 여러분이 그런 그리스도를 악용해서 마구 죄들을 짓는다고 해도, 그리스도께서는 여러분을 기다려 주셔야 한다는 듯이 행동합니다. 그리스도께서는 영혼을 고치시는 의사이신 까닭에, 그를 통해서 하나님께로 가고자 하는 모든 사람들을 단 한 사람도 빠짐 없이 구원하실 수 있으시기 때문에, 여러분이 그의 도움을 거부하고, 그가 주시는 약들을 내팽개쳐 버려도, 언제까지나 참으시는 것이 마땅하고, 여러분이 그를 통해서 하나님께로 가고자 하든 그렇게 하고자 하지 않든, 그런 것과는

상관없이 여러분을 반드시 구원해 내셔야 한다고 여러분은 생각합니다. 여러분은 그리스도께서 자기 백성을 그들의 죄로부터 구원하시고, 그들을 특별히 거룩하게 하셔서 자기 백성으로 삼으시며, 하늘에 계신 그들의 아버지와 그들의 머리 되시는 주님의 형상을 닮게 하시기 위하여 이 땅에 오셨다는 사실은 전혀 생각하지 않고, 오로지 그리스도께서 인류의 모든 죄를 처리하셨기 때문에, 하나님께서 이제는 사람들이 죄를 지어도 다 용서하실 것이라고 생각해서 아주 담대해져서 더욱 더 죄를 짓고 있는데, 여러분이 지금 짓고 있는 죄들 중에서 상당수는 바로 그런 담대함에서 나온 죄들입니다. 여러분은 내가 여기에서 말한 내용들을 마태복음 1:21; 디도서 2:14; 베드로전서 1:15-16; 골로새서 3:10-11; 빌립보서 3:9-10에서 찾아볼 수 있을 것입니다.

(f) 또한, 여러분은 하나님의 모든 섭리들과 역사들도 여러분의 멸망을 자초하는 재료로 사용합니다. 여러분은 하나님의 미리 아심과 작정하심 가운데서, 여러분이 완악하게 행하여 죄악된 삶을 살게 하시고, 여러분의 마음을 하나님의 진리의 말씀에 대하여 트집을 잡고 시비를 거는 생각들로 가득 채우신 것이라고 생각합니다. 즉, 하나님께서는 여러분에 대하여 오래 참으시는 가운데, 여러분이 회개하여 거룩한 삶을 살도록 이끄시기 위하여 온갖 수고를 다 하시는데도, 여러분은 하나님은 여러분이 그런 삶을 사는 것을 막으시고, 도리어 여러분으로 하여금 많은 죄를 짓게 하셔서 죽음에 이르게 하시고 계신다고 생각한다는 것입니다. 하나님께서 여러분으로 하여금 정신을 차려서 회개하게 하시기 위하여 여러분에게 환난을 보내시면, 여러분은 도저히 못살겠다고 불평하고 푸념을 늘어 놓습니다. 하나님께서 여러분을 형통하게 하시면, 여러분은 하나님을 더욱더 잊어버리고, 내세에 대한 생각을 더욱 더 하기 싫어 합니다. 악인들이 형통하면, 악인들은 그들

이 이 땅에 행한 모든 일들에 대하여 결산을 해야 할 저 마지막 날을 까맣게 잊어버리고, 악인으로 살아 가는 것도 경건한 자로 살아가는 것만큼이나 좋은 일이라고 생각해 버립니다. 이런 식으로 여러분은 모든 것을 여러분 자신의 죽음이나 멸망을 자초하는 데 사용합니다.

(g) 마찬가지로, 여러분은 모든 피조물들과 하나님이 여러분에게 주시는 은혜들도 여러분의 멸망을 자초하는 데 사용합니다. 하나님께서는 여러분에 대한 사랑의 증표들로 이 모든 것들을 여러분에게 주셨고, 여러분이 그것들을 가지고 하나님을 섬기도록 하시기 위하여 여러분에게 이 모든 것들을 공급해 주셨습니다. 그런데 여러분은 하나님을 대적하고 여러분의 육신을 기쁘게 하기 위한 목적으로 이 모든 것들을 악용합니다. 여러분은 하나님의 영광을 위하고, 하나님의 일을 하기 위한 힘을 얻기 위해서가 아니라, 여러분 자신의 식욕을 기쁘게 하기 위하여 먹고 마십니다. 여러분은 여러분의 몸을 보호하여 하나님의 일을 하기 위해서가 아니라, 사람들 앞에서 자신을 과시하기 위해서 옷을 입습니다. 여러분에게 주어진 재물은 여러분의 마음을 천국으로부터 멀어지게 만듭니다: "내가 여러 번 너희에게 말하였거니와 이제도 눈물을 흘리며 말하노니 여러 사람들이 그리스도의 십자가의 원수로 행하느니라 그들의 마침은 멸망이요 그들의 신은 배요 그 영광은 그들의 부끄러움에 있고 땅의 일을 생각하는 자라"(빌 3:18-19). 여러분이 받는 명예와 박수갈채는 여러분을 교만하게 만듭니다. 여러분에게 주어진 부와 건강은, 여러분을 더욱 안일하게 만들어서, 여러분의 결국을 잊게 만듭니다. 여러분은 다른 사람들이 여러분에게 베풀어 주는 은혜들을 악용해서 여러분 자신을 해칩니다. 다른 사람들이 명예와 존귀를 누리는 모습을 보면 분노하고 시기하며, 다른 사람들의 재물을 보면 탐을 내고, 미남미녀를 보면 정욕이 발동합니다. 그런데도 경건함이 여러분의 눈에 거슬리

지 않는다면, 그것이 오히려 이상한 일일 것입니다.

(h) 여러분은 하나님께서 여러분에게 주신 은사들과 자신의 교회에 주신 은혜의 규례들조차도 여러분이 죄를 짓는 데 악용합니다. 여러분은 다른 사람들보다 더 나은 재능들을 가지고 있는 경우에는 점점 교만해져서 자기 자신을 대단한 사람이라고 생각하게 되고, 단지 평범한 재능들만을 가지고 있는 경우에는, 그러한 사실을 인정하지 않고, 그것들을 하나님이 자신에게 주신 특별한 은혜라고 여깁니다. 여러분은 하나님 앞에서 여러분이 마땅히 해야 할 일들에 대하여 듣는 것만으로도, 자기가 아주 대단한 일을 한 것이기 때문에, 하나님이 여러분에게 명하신 그 일들을 하지 않아도 괜찮다고 생각합니다. 여러분의 기도는 경건의 선한 행위가 아니라 죄악된 행위로 변질됩니다. 왜냐하면, 성경은 "내가 나의 마음에 죄악을 품었더라면 주께서 듣지 아니하시리라"(시 66:18)고 말씀하시고, "주의 이름을 부르는 자마다 불의에서 떠날지어다"(딤후 2:19)라고 말씀하시며, "사람이 귀를 돌려 율법을 듣지 아니하면 그의 기도도 가증하니라"(잠 28:9)고 말씀하시며, "말씀을" 듣고 순종하는 것이 "우매한 자들이 제물 드리는 것보다" 낫다(전 5:1)고 말씀하시는데도, 여러분은 마음속에 죄악을 품고서 기도하기 때문입니다.

(i) 여러분은 여러분이 교제하는 사람들과 그들의 모든 행위들을, 여러분이 죄를 짓고 멸망을 자초하는 기회들로 삼습니다. 여러분은 사람들이 하나님을 경외하며 살아가는 것을 보았을 때에는 그들을 미워하고, 사람들이 불경건하게 살아 가는 것을 보았을 때에는 덩달아 마음 편히 불경건하게 살아갑니다. 여러분은 악인들이 많으면 많을수록, 더욱 담대해져서 악인으로 살아가는 것도 괜찮은 것이라고 생각하고, 경건한 사람들이 적으면 적을수록, 더욱 담대해져서 그들을 멸시합니다. 경건한 사람들이 죄를 짓지 않기 위해서 아주 조심하며 살아가면, 여러분은 지나치게 엄격하게 살아간다고

생각합니다. 그러다가 경건한 사람들 중에서 한 명이 어떤 유혹에 빠지는 것을 보면, 여러분은 경건한 사람들도 별 수 없이 죄를 짓고 살아 갈 수밖에 없는 것이라고 생각하고서는, 그것을 핑계로 삼아서, 거룩하게 살고자 하는 마음을 아예 접어 버립니다. 하지만 그것은 마치 다른 사람들이 부주의해서 실수로 발목이 접질리거나 뼈가 상한 것을 보고서, 여러분이 자신의 목을 부러뜨려도 괜찮겠겠다고 생각하는 것과 같습니다. 겉으로는 신앙인인 체하지만 실제로는 신앙인이 아닌 외식하는 자 한 명의 정체가 드러나면, 여러분은 신앙인들은 모두 다 똑같다고 말하고, 여러분 자신이 가장 정직한 사람인 것처럼 생각합니다. 어떤 신앙인이 실수로 자신의 손가락을 베기만 해도, 여러분은 의기양양해져서 여러분 자신의 숨통을 끊어 놓을 것처럼 행동합니다. 사역자들이 여러분을 솔직하게 대하면, 여러분은 사역자들이 여러분을 욕하고 여러분에게 악담을 퍼붓는다고 말합니다. 사역자들이 온유하게 말하거나, 객관적으로 말하면, 여러분은 꾸벅꾸벅 졸 뿐이고, 여러분이 앉아 있는 의자들보다도 더 반응을 보이지 않습니다. 어떤 잘못된 오류들이 교회 안으로 몰래 침투하면, 어떤 사람들은 그것들을 열렬히 환영하고, 어떤 사람들은 그것들을 빌미로 삼아서, 그 동안 그들에게 가장 거슬렸던 기독교의 교리를 비난합니다. 우리 사역자들이 교회 안에서 이백 년, 아니 삼백 년, 아니 육백 년, 아니 칠백 년 동안 관행처럼 이어져 온 뿌리 깊고 해묵은 오류를 제거하고자 하면, 그런 식으로 교회를 개혁하는 경우에는, 마치 여러분의 목숨을 잃게 되는 참변이 벌어질 것처럼 여겨서, 해묵은 오류를 굳게 붙들고서 놓지 않는 가운데, 분노에 차서 개혁에 반대하는 목소리를 높입니다. 복음 사역자들이 거의 일치된 목소리로 기독교의 참된 교리들을 가르쳐도, 여러분은 그 참된 교리들조차도 여러분의 멸망을 자초하는 일에 사용합니다. 왜냐하면, 어떤 가르침이 기독교의 의심할 여지 없이 확실한 참된 교리일지라도, 그것이 자신의 생각과 맞지 않는 경우에는, 여러분은 그 가르침을 들으려고 하지 않고 순종하려고 하지도 않기 때문입니다. 어떤 사람들은 자기가 특정한 사역자의 설교들을 다 읽었다는 이유로, 그 사역자의 설교를 들으려고 하지 않고, 어떤 사람들은 자기가 특정한 사역자의 설교들을 읽어 보지 않았다는 이유로, 그 사역자의 설교를 들으려고 하지 않습니다. 어떤 사람들은 특정한 사역자가 주기도문을 사용한다는 이유로 그 사역자의 설교를 들으려고 하지 않고, 어떤 사람들은 특정한 사역자가 주기도문을 사용하지 않는다는 이유로 그 사역자의 설교를 들으려고 하지 않습니다. 어떤 사람들은 감독 제도를 찬송하는 사역자들의 설교를 듣지 않으려고 하고, 어떤 사람들은 감독 제도에 반대하는 사역자들의 설교를 듣지 않으려고 합니다.

나는 지금까지 여러분에게, 여러분이 여러분 가까이에 있는 모든 것들을 여러분 자신의 멸망을 자초하는 데 사용하고 있는 것을 보여 주었지만, 내가 여기에서 말한 예들 외에도 그런 예들은 많습니다. 따라서 불경건한 사람들이 스스로 멸망을 자초하고 있고, 그들의 영원한 멸망은 그들 자신 때문이라는 것은 이제 너무나 분명합니다.

(2) 이제 내 생각에는, 여러분이 내가 지금까지 말한 것들을 깊이 묵상하면서, 여러분 자신이 지금까지 살아 오면서 어떻게 행해 왔는지를 꼼꼼히 살펴보면, 여러분은 지난날의 여러분의 삶과 행실을 부끄러워하며 깊이 낮아질 수밖에 없습니다. 그런데도 여러분이 그렇게 되지 않는다면, 나는 여러분에게 다음과 같은 진리들을 묵상해 보시기를 권합니다.

(a) 여러분이 스스로 멸망을 자초하는 것은, 여러분의 본성이 지니고 있는 가장 깊은 원리, 즉 자기 보존의 원리를 거스르는 범죄입니다. 만물은 자

신이 행복하게 되는 것과 잘되는 것과 온전해지는 것을 본성적으로 원하고, 그러한 방향으로 움직여 갑니다. 그런데도 여러분은 스스로 멸망을 자초하고자 하는 것입니까? 하나님께서 여러분에게 여러분이 여러분 자신을 사랑하듯이 그렇게 여러분의 이웃을 사랑하라고 명하신 것은, 여러분이 본성적으로 여러분 자신을 사랑한다는 것을 전제한 것입니다. 그런데도 여러분이 여러분 자신도 사랑하지 않고 여러분의 이웃도 사랑하지 않는다면, 여러분은 온 세상을 멸망받게 하고자 하는 것입니다.

(b) 여러분이 스스로 멸망을 자초하는 것은 여러분 자신의 본래의 의도를 철저하게 거스르고 거역하는 것입니다. 나는 여러분이 멸망을 향하여 나아가고 있다고 할지라도, 멸망을 자초하는 것이 여러분의 의도가 아니라는 것을 알고 있습니다. 여러분은 단지 여러분의 육신이 원하는 것들을 충족시킴으로써, 여러분 자신에게 유익한 일들을 행하고 있는 것일 뿐이라고 생각합니다. 그러나 안타깝게도, 여러분이 그렇게 행하는 것은, 온 몸이 펄펄 끓는 열병을 앓는 사람이 냉수 한 모금을 마시거나, 가려움증이 심한 사람이 피부를 긁어서 병과 고통을 더하는 것일 뿐입니다. 여러분이 참된 즐거움과 유익과 존귀를 얻고자 한다면, 여러분은 그런 것들을 찾아볼 수 없고 단지 속이는 것일 뿐인 지옥으로 가는 길에서 그런 것들을 구하지 말고, 그런 것들이 진정으로 존재하는 곳에서 그런 것들을 구하여야 합니다.

(c) 이 땅에서나 지옥에서나 그 누구도 여러분을 멸망시킬 수 없는데도, 여러분이 여러분 자신을 스스로 멸망시킨다면, 그것은 얼마나 서글프고 불쌍한 일이겠습니까! 온 세상 사람들이 다 합심하여 달겨들거나, 지옥에 있는 모든 악한 영들이 다 합심하여 달겨들어도, 그들은 여러분 자신의 동의 없이는 여러분을 멸망시킬 수도 없고, 여러분으로 하여금 죄를 짓게 할 수도 없습니다. 이렇게 다른 그 누구도 여러분을 멸망시킬 수 없는데도, 여러

분은 스스로 여러분 자신을 멸망시키고자 하는 것입니까? 마귀는 여러분의 원수이고, 여러분을 멸망시키려고 애를 쓰는 자이기 때문에, 여러분은 마귀를 미워하고 싫어합니다. 그런데도 여러분은 마귀가 여러분에게 하는 짓보다 더 사악하고 잔인한 짓을 여러분 자신에게 하고자 하는 것입니까? 여러분에게 그것을 이해할 수 있는 지각이 있다면, 여러분이 그렇게 할 이유가 없지 않겠습니까? 여러분이 죄 속으로 뛰어들고, 경건으로부터 도망치며, 하나님의 부르심에 순종하여 돌이키는 것을 거부할 때, 여러분은 여러분 자신의 영혼에 대하여, 다른 사람들이나 마귀가 행하는 그 어떤 해악보다도 더 큰 해악을 끼치고 있는 것입니다. 여러분이 여러분에게 주어진 온갖 지혜와 재능을 다 쏟아부어서, 여러분 자신을 멸망으로 몰아간다면, 여러분은 여러분 자신이 당할 수 있는 가장 큰 재앙을 여러분 자신에게 안겨 주는 것입니다.

(d) 여러분이 멸망을 자초하는 것은 하나님께서 여러분에게 두신 신뢰를 배신하는 것입니다. 하나님께서는 여러분을 구원하시기 위해서, 여러분에게 많은 것들을 맡기셨습니다. 그런데도 여러분은 여러분에 대한 하나님의 신뢰를 배신하고자 하는 것입니까? 하나님께서는 "모든 지킬 만한 것 중에 더욱 네 마음을 지키라 생명의 근원이 이에서 남이니라"(잠 4:23)고 여러분에게 신신당부 하셨는데, 여러분이 스스로 멸망을 자초하는 것이 여러분의 마음을 지키는 것입니까?

(e) 여러분이 여러분 자신을 불쌍히 여기지 않는 것은 다른 모든 사람들이 여러분을 불쌍히 여기는 것을 다 수포로 돌아가게 만드는 것입니다. 여러분이 재앙의 날에 하나님께 자비를 베풀어 주시라고 부르짖는다면, 하나님께서는 여러분에게 "이 재앙은 네가 네 자신에게 자비를 베풀지 않아서 스스로 자초한 일이 아니던가"라고 말씀하시며, 여러분을 자신의 면전에서

쫓아내실 것이기 때문에, 그 때에 여러분이 하나님께 무엇을 더 기대할 수 있겠습니까? 장차 여러분의 형제들이 여러분이 지옥에 떨어져서 영원한 고통을 당하는 것을 본다면, 그들의 말을 듣지 않고 고집을 부려서 스스로 멸망을 자초한 여러분을 얼마나 불쌍하게 여기겠습니까?

(f) 여러분이 장차 지옥에 떨어졌을 때, 여러분 자신이 고집을 부려서 저 끝없는 고통을 자초하였다는 생각이 여러분을 영원토록 끊임없이 괴롭히게 될 것입니다. 여러분이 지옥에 던져져서 끝없는 고통을 당하는 것이 여러분 자신이 자초한 것임을 생각할 때마다, 여러분은 얼마나 속 터지고 힘들겠습니까! 여러분은 이런 날이 올 것이라는 경고를 무수히 반복해서 들었음에도 불구하고, 그 때마다 그 경고를 무시해 버렸습니다. 여러분은 의도적으로 죄를 지었고, 의도적으로 하나님으로부터 등을 돌리고 떠나 버렸습니다. 여러분에게는 다른 사람들과 똑같이 돌이킬 시간이 주어졌지만, 여러분은 그 시간조차도 죄를 짓는 데 사용하였습니다. 여러분에게는 다른 사람들과 똑같이 선생들이 있었지만, 여러분은 그들의 가르침을 거부했습니다. 여러분 앞에는 거룩한 모범들이 있었지만, 여러분은 그 모범들을 본받지 않았습니다. 여러분은 다른 사람들과 똑같이 그리스도와 은혜와 영광으로 나아오라는 초대를 받았지만, 여러분의 육신적인 즐거움들을 더 충분히 누리기 위해서 그러한 초대를 거절하였습니다. 여러분은 그러한 것들을 값없이 살 수 있었지만, 그렇게 하고자 하는 마음이 없었습니다(잠 17:16). 그러므로 여러분이 나중에 지옥에 던져졌을 때, 여러분이 이 땅에서 얼마나 바보 같은 짓을 한 것인지를 생각하면, 그 때마다 미칠 것 같이 괴로울 수밖에 없지 않겠습니까?

오, 여러분의 눈이 열려서, 여러분이 여러분 자신의 영혼을 멸망시키기 위하여 그 영혼에 해로운 온갖 일들을 얼마나 고집스럽게 행해 왔는지를 볼 수 있께 되어서, 잠언을 통해서 하나님께서 하신 말씀을 더 잘 이해할 수 있게 된다면, 얼마나 좋겠습니까! "훈계를 들어서 지혜를 얻으라 그것을 버리지 말라 누구든지 내게 들으며 날마다 내 문 곁에서 기다리며 문설주 옆에서 기다리는 자는 복이 있나니 대저 나를 얻는 자는 생명을 얻고 여호와께 은총을 얻을 것임이니라 그러나 나를 잃는 자는 자기의 영혼을 해하는 자라 나를 미워하는 자는 사망을 사랑하느니라"(잠8:33-36).

(3) 이제 나는 이 책을 마무리할 때가 되었습니다. 하지만 육신이 여전히 여러분을 속이고, 세상과 마귀가 여러분을 계속해서 잠들어 있게 하고 있어서, 여러분이 지옥에 가서나 깨어나게 될 것인 뻔한데도, 내가 이 책을 끝내고, 여러분을 그런 상태로 두고서 여러분을 떠나야 한다고 생각하니, 내 마음은 괴롭습니다. 나는 여러분의 가엾은 영혼을 정말 불쌍히 여기지만, 육신적인 마음의 완악함과 강퍅함을 알기 때문에, 여러분이 이대로 가다가는 결국 그렇게 될 수밖에 없게 될 것임을 압니다. 하지만 나는 예레미야 선지자와 마찬가지로, "나는 목자의 직분에서 물러가지 아니하고 주를 따랐사오며 재앙의 날도 내가 원하지 아니하였음을 주께서 아시는 바라 내 입술에서 나온 것이 주의 목전에 있나이다"(렘 17:16)라고 말할 수 있습니다. 나는 야고보와 요한처럼, 하늘로부터 불이 내려와서, 예수 그리스도를 거부한 사람들을 불태워 버리는 것을 원한 적이 없고(눅 9:54), 도리어 지금까지 내내 그 영원한 진노의 불을 막기 위해서 애써 왔습니다. 내가 이렇게 그 불을 막으려고 무진 애를 쓰지 않아도, 여러분이 스스로 알아서 회심할 수만 있다면, 나의 이 모든 수고가 쓸데없는 일이 될 것인데, 그렇게 되기만 한다면, 얼마나 좋겠습니까! 여러분이 하나님의 말씀과 양심의 음성을 좀 더 잘 듣고 받아들이기만 한다면, 내가 이렇게 수고할 필요성은 훨씬 줄어

들 수 있을 것입니다.

사랑하는 친구들이여! 나는 여러분이 천국에 들어가지 못하고 지옥의 불구덩이에 던져져서 영원히 고통당하게 되는 것이 너무나 싫고 끔찍해서, 혹시라도 여러분이 그렇게 되는 것을 막을 수 있지는 않을까 하는 마음으로, 여러분에게 다시 한 번 묻고자 합니다: 여러분은 이제 어떻게 하시렵니까? 돌이켜 사는 길을 택하시겠습니까, 아니면 이대로 영원히 죽는 길로 계속 가시겠습니까?

어떤 의사가 죽을 병에 걸린 환자에게 이렇게 말합니다: "당신의 병은 이미 너무나 많이 진행되어 있어서, 당신의 목숨이 위태롭기는 하지만, 당신이 이 약을 드시고, 당신에게 해로운 몇 가지 것만을 하지 않으시면, 나는 감히 당신이 살 수 있게 될 것이라고 장담합니다. 그러나 당신이 그렇게 하고자 하지 않는다면, 당신은 반드시 죽게 될 것입니다." 의사가 이렇게 말을 하고, 그 환자의 모든 친구들이 나서서 그렇게 하라고 설득하는데도, 그 사람이 자신의 목숨을 구할 그 약을 먹으려고 하지도 않고, 그의 병을 악화시켜서 그를 죽게 할 몇 가지 해로운 일들을 계속해서 한다면, 여러분은 그 사람을 어떻게 생각하시겠습니까? 그런데 바로 여러분이 그 환자입니다.

여러분은 지금까지 너무나 오랜 세월 동안 죄악 가운데서 살아 왔기 때문에, 지금이라도 어떤 조치를 취하지 않으면, 반드시 죽게 될 것입니다. 그러나 지금이라도 돌이켜서, 그리스도께로 나아와서, 그리스도에게서 치료를 받으십시오. 그러면, 여러분의 영혼은 반드시 살게 될 것입니다. 회개를 통해서 여러분의 치명적인 죄들을 던져 버리시고, 여러분이 토해 낸 독극물이 들어 있는 것들을 다시는 먹으려고 하지 마십시오. 그러면, 여러분은 반드시 건강하게 될 것입니다. 만일 우리가 다루고 있는 것이 여러분의 몸이라면, 우리는 여러분을 위해서 우리가 어떻게 해야 하는지를 압니다. 즉,

그런 경우에는, 여러분이 약을 먹으려고 하지 않고, 여러분에게 해로운 것들을 끊으려고 하지 않는다면, 우리는 여러분을 강제로 묶어 두고서라도, 여러분의 입에 약을 털어 넣어 삼키게 하고, 여러분에게 해로운 것들을 하지 못하게 만들 것입니다.

그러나 여러분의 영혼에 대해서는 우리가 그렇게 할 수가 없습니다. 여러분이 싫다고 하는데도 우리가 강제로 여러분을 회심시키는 것은 불가능하고, 미친 사람들을 족쇄에 채워서 강제로 천국으로 끌고 가는 것도 불가능합니다. 여러분은 스스로 원해서 죄를 지었기 때문에, 여러분이 싫다고 해도 단죄를 받아 영원한 멸망에 처해지게 될 것입니다. 그러나 여러분이 싫다고 하는데도 우리가 여러분을 구원할 수 있는 방법은 없습니다. 지혜로우신 하나님께서는 사람들의 구원이나 멸망을 그들 자신의 의지에 의한 선택에 맡기는 것이 합당하다고 생각하셨기 때문에, 천국으로 가는 길을 선택하지 않은 사람은 그 누구도 천국으로 갈 수 없고, "나는 지옥으로 가는 길을 선택하였고, 나의 의지에 의한 선택에 의해서 지옥에 온게 된 것이다"라고 말할 수 밖에 없는 사람만이 지옥으로 가게 됩니다. 그러므로 내가 여러분으로 하여금 천국으로 가고자 하는 철저하고 단호하며 지속적인 의지를 갖게 할 수만 있다면, 여러분은 이미 천국으로 가는 길을 절반 이상 온 것입니다. 그런데도 그러한 의지가 없어서, 여러분이 여러분의 하나님과 여러분의 참된 행복과 여러분의 영혼을 잃어야 하고, 우리는 우리의 친구들을 잃어야 한다면, 그것은 얼마나 안타깝고 서글픈 일이겠습니까? 오, 그런 일이 일어나서는 절대로 안 됩니다!

사람들은 별로 중요하지 않은 하찮은 일들에서는 아주 교양 있고 정중하며 선하게 행하면서도, 정작 그들에게 너무나 중차대한 일들에서는 그토록 비이성적이고 어리석게 행하는 것을 보면, 나는 정말 이상한 일이라는 생각이 듭니다. 내가 아는 한에 있어서는, 나는 나의 거의 모든 이웃들로부터 사랑을 받고 있기 때문에, 내가 맡고 있는 교구에 속한 도회지나 농촌에 사는 어떤 사람에게 나의 사람들을 보내면서, 그들을 정중하고 예의 바르게 대접해 줄 것을 요청한다면, 그들은 두말 없이 그렇게 하고자 할 것입니다. 하지만 내가 그들에게 회심할 것을 요청한다면, 회심하는 것은 이 세상에서 나를 위해서가 아니라 그들 자신을 위해 가장 중요한 일임에도 불구하고, 그들은 마지못해 꾹 참고서 내 말을 들어 주기는 하겠지만, 그들 중에서 내 말을 받아들여서 회심하려고 하는 사람은 아무도 없을 것입니다.

　　나는 강단에 서서 말씀을 전하는 설교자가 어떤 심정에서 저런 말을 하는 것인지에 대하여 관심을 갖는 사람들이 과연 있을까 하고 생각합니다. 왜냐하면, 나는 그런 사람들을 별로 보지 못했기 때문입니다. 그러나 내가 사석에서 그들과 함께 편하게 앉아서, 내가 이 세상에서 보거나 행하거나 알게 된 일들을 그들에게 들려준다면, 그들은 내 말을 믿을 것이고, 내가 하는 말들을 경청할 것입니다. 그러나 내가 강단에 서서 오류가 있을 수 없는 하나님의 말씀을 근거로 해서, 그들이 장차 내세에서 보거나 알게 될 것들을 그들에게 들려 주면, 그들은 내가 전하는 말씀들을 믿지도 않고 별 관심도 없다는 것을 그들의 삶을 통해서 보여 줍니다. 내가 길을 가다가 우연히 그들 중의 한 사람을 만나서, 저기에 갱도가 있다거나, 모래늪이 있다거나, 강도들이 매복해 있다고 말해 주면, 그들은 내 말을 믿고서, 그 길로 가지 않고 다른 길로 돌아서 갈 것입니다. 그러나 내가 그 길에는 사탄이 그들을 죽이기 위해서 매복해 있고, 그 길에 있는 죄는 그들을 죽이는 독극물이며, 그 길은 지옥으로 통하는 길인데, 지옥은 정말 존재하는 곳이고, 결코 웃어넘겨서는 안 될 일이라는 것을 그들에게 말해 주면, 그들은 마치 내게서 아무 말도 듣지 않았다는 듯이, 계속해서 태연하게 그 길을 갑니다. 나의 이웃들이여, 나는 사석에서 얘기할 때와 마찬가지로, 강단에서도 여러분에게 진솔하고 진지하게 말하고 있기 때문에, 여러분이 나를 조금이라도 존중한다면, 내가 강단에서 전하는 말씀도 진지하게 들어주셨으면 정말 좋겠습니다.

만약 내 목숨이 여러분의 의지에 달려 있다면, 여러분이 나를 살리기 위해서, 과연 여러분의 죄에서 떠나고자 할 것인지는 내가 장담할 수 없지만, 어쨌든 여러분 모두는 나를 살리려고 할 것이라고 나는 생각합니다. 그렇다면, 술주정뱅이인 당신이 술을 끊기만 하면, 내 영혼을 지옥에서 구해낼 수 있다는 것을 알고 있는데도, 당신은 내 영혼을 위해서 술을 끊을 수는 없다고 내게 아주 잔인하고 모질게 말할 수 있는지, 어디 한 번 내게 말해 보십시오. 당신이 술을 끊지 않으면, 내 영혼이 지옥의 불구덩이에서 영원무궁토록 불타는 고통을 당하게 될 것을 뻔히 알면서도, 당신은 술을 끊고 건전하게 살아가는 대신에, 내 영혼을 지옥의 불구덩이 속으로 밀어넣겠습니까? 당신이 그래도 술을 못 끊겠다고 말한다면, 나는 당신은 사람이 아니라 무자비한 괴물이라고 말해도, 당신은 아무런 할 말도 없지 않겠습니까? 내가 굶주리거나 헐벗은 채로 여러분 중 어느 한 사람의 집 문앞에 쓰러져 있다면, 여러분은 나를 구하기 위한 것이라면 기꺼이 술이 아니라 그 어떤 것도 끊으려고 하지 않겠습니까? 나는 여러분이 그렇게 하실 것임을 확신합니다. 여러분 중에서 상당수는 내 목숨을 구하는 일이라면, 그 일이 여러분의 목숨을 위태롭게 하는 일이라고 할지라도, 그 일을 기꺼이 하고자 할 것임을 나는 압니다.

그런데 내가 여러분 자신의 영혼을 살리기 위해서, 지금 여러분이 즐기고 있는 육신적인 즐거움들을 버리시라고 여러분에게 그렇게 간청을 하는데도, 여러분은 왜 그렇게 하려고 하지 않는 것입니까? 여러분은 내 목숨을 구하기 위해서는, 할 수만 있다면, 백 잔의 술이라도 끊고자 할 것이 분명한데, 왜 여러분 자신의 영혼을 구원하기 위해서는 그렇게 하려고 하지 않는 것입니까? 나는 내가 살기 위해서 여러분의 집 대문 앞에서 구걸하는 그런 심정으로, 오늘 이 강단에서 여러분의 영혼을 구원하기 위하여 여러분에게 온 마음을 다해 구걸하고 있는 것임을 공언합니다. 그러므로 내가 여러분의 집 대문 앞에서 구걸할 때, 여러분이 나를 살리기 위해서 해 주시게 될 것들을 지금 당장 여기에서 해 주십시오. 그 때에 여러분이 나를 불쌍히 여기셔서 내게 해 주실 일들을, 지금 여러분 자신을 위해서 해 주시기를 부탁드립니다.

나는 다시 한 번 여러분 앞에 무릎을 꿇는 심정으로, 여러분이 여러분의 구속주의 말씀을 청종하셔서, 돌이켜 살게 되시기를 호소합니다. 여러분은 모두 이 날 이 때까지 무지함 가운데서 주제넘고 교만하며 부주의하게 살아왔습니다. 여러분은 모두 세상 염려에만 사로잡혀서 살아왔으며, 하나님과 영원한 영광에 대해서는 전혀 관심이 없었습니다. 여러분은 모두 여러분 자신의 육신의 욕심들의 노예가 되어서, 먹고 마시며 유흥을 즐기고 정욕을 채우는 일에만 몰두해 왔습니다. 여러분은 모두 왜 여러분이 반드시 거룩하여야 하는지를 알지 못하였고, 여러분의 영혼을 거룩하게 하시는 성령의 역사를 전혀 경험해 보지 못하였으며, 여러분의 찬송 받으실 구속주의 사랑을 알고, 거기에 감사하고 찬양하며, 살아 있는 믿음으로 구속주를 영접한 적이 없고, 여러분의 육신적인 형통과 땅에 속한 것들보다 하나님과 천국을 더 소중히 여기고 진심으로 사랑해 본 적도 없습니다.

나는 여러분이 단 하루도 지금과 같은 상태로 살아 갈 생각을 하지 마시고, 여러분의 지금의 상태가 어떤지를 살펴서, 하나님께 회심의 은혜를 주시라고 부르짖으셔서, 여러분이 새로운 피조물로 변화되어서, 여러분 앞에 있는 재앙들을 피할 수 있게 되시기를, 내 자신을 위해서가 아니라, 하나님을 위해서, 그리고 여러분의 영혼을 위해서 여러분에게 간절히 부탁합니다. 여러분이 나를 위해서 무엇인가를 해 주고자 하신다면, 여러분의 악한 길로부터 돌이켜서 사시라는 나의 이 부탁을 들어 주십시오. 내가 내 자신을 위해서 여러분에게 부탁하는 일들은 여러분이 단 하나도 들어 주지 않으셔도 좋지만, 이 부탁만은 꼭 들어 주십시오. 여러분이 이 부탁을 들어주지 않으신다면, 여러분이 나를 위해서 그 어떤 것을 해 주신다고 하여도, 나는 그런 것에는 전혀 관심이 없습니다.

아니, 여러분이 여러분을 지으시고 여러분을 속량하신 하나님의 부탁을 그 무엇이라도 다 들어 주고자 하신다면, 적어도 이 부탁만은 거절하지 마십시오. 왜냐하면, 여러분이 이 부탁을 거절하신다면, 여러분이 하나님을 위해서 무엇을 하든, 하나님께서는 그런 것에는 전혀 관심이 없으실 것이기 때문입니다. 여러분이 이 땅에서 극도의 어려움에 처하게 되었을 때에나, 여러분이 죽는 순간이나 심판의 날에, 하나님으로 하여금 여러분의 기도와 요청들을 들어주시게 하고, 여러분을 위하여 행하시게 하고자 한다면, 지금 여러분이 하나님의 이 부탁, 곧 돌이켜 살라는 부탁을 거절하지 마십시오. 죽음과 심판, 그리고 천국과 지옥은, 여러분이 가까이 다가가서 보았을 때에는, 여러분이 지금 육신적인 눈으로 멀리서 바라보는 것과는 완전히 딴판으로 보일 것이라는 나의 말을 믿으십시오. 그 때에 여러분은 좀 더 깨어난 심령으로 지금보다 훨씬 더 주의해서, 내가 여러분에게 전하는 말씀을 듣게 될 것입니다.

회심하고자 하는 사람들을 위한
열 가지 지침

나는 여러분 모두가 다 회심하기를 바랄 수는 없다고 할지라도, 여러분 중에서 일부는 이제는 돌이켜서 살아야 하겠다는 결심을 하고서, 옛적에 유대인들이 오순절 날에 사도들이 전한 복음을 듣고서, "마음에 찔려" 베드로와 다른 사도들에게, "형제들아 우리가 어찌할꼬"라고 물었듯이(행 2:37), 여러분도 그런 심정이 되어서, 이렇게 우리에게 물었으면 좋겠습니다: "우리가 어떻게 하면 진심으로 회심할 수 있겠습니까? 어떻게 해야 한다는 것을 알기만 한다면, 우리는 기꺼이 그렇게 하겠습니다. 우리는 지금까지 회심을 거부하고 스스로 멸망을 자초하며 살아 온 사람들입니다. 그런 우리가 앞으로도 그렇게 살아 가고자 한다는 것은 절대로 있을 수 없는 일입니다."

그런 것이 여러분의 진정으로 마음 먹은 것이고 여러분이 진정으로 원하는 것이라면, 옛적에 광야에서 이스라엘 백성이 모세에게 "당신은 가까이 나아가서 우리 하나님 여호와께서 하시는 말씀을 다 듣고 우리 하나님 여호와께서 당신에게 이르시는 것을 다 우리에게 전하소서 우리가 듣고 행하겠나이다"라고 말했을 때, 하나님께서 그들이 말하는 소리를 들으시고서는, "이 백성이 네게 말하는 그 말소리를 내가 들은즉 그 말이 다 옳도다 다만 그들이 항상 이같은 마음을 품어 나를 경외하며 내 모든 명령을 지켜서 그들과 그 자손이 영원히 복 받기를 원하노라"고 말씀하신 것처럼(신 5:27-29), 나도 똑같은 말씀을 여러분에게 해 드리고 싶습니다. 여러분이 그렇게 마음 먹고 작정하신 것은 좋은 일입니다. 다만 내가 바라는 것은 여러분이 그런 마음을 변치 말고 실제로 삶 속에서 행동으로 실천해 나가는 것입니다. 나는 여러분이 그렇게 해 주실 것을 소망하면서, 여러분이 이제부터 어떻게 해야 하는지에 관한 지침들을 기쁜 마음으로 여러분에게 전하고자 합니다. 하지만 나는 여러분이 좀 더 쉽게 기억해서 실천할 수 있도록 하기 위하여, 그 지침들을 간략하게 제시하고자 합니다.

지침 1: 여러분이 회심하고 구원받고자 한다면, 회심의 필요성과 참된 본질을 깨닫기 위해서 애써야 합니다. 즉, 여러분은 자신이 무엇을 위해서, 무엇으로부터, 무엇을 향하여, 무엇을 통해서 회심하여야 하는지를 깨알아야 합니다.

여러분은 회심하기 전의 여러분의 상태가 얼마나 비참하고 통탄스러운 것인지를 깊이 묵상해서, 그러한 상태에 머물러 있는다는 것이 얼마나 끔찍한 일인지를 느낄 수 있어야 합니다. 여러분은 지금까지 여러분이 저질러 온 온갖 죄악들로 인한 죄책 아래 있고, 하나님의 진노 아래 있으며, 하나님의 율법의 저주 아래 있습니다. 여러분은 태어날 때부터 마귀의 종이었고, 날이면 날마다 마귀의 일을 행하여, 하나님과 여러분 자신과 다른 사람들을 대적하며 살아 왔습니다. 여러분은 하나님의 거룩한 생명과 본성과 형상을 상실한 채로, 영적으로 죽어 있고, 흉측하게 일그러져서 기형적인 모습을 하고 있습니다. 여러분은 거룩한 일을 하는 데 부적합한 상태에 있기 때문에, 하나님께서 진정으로 기뻐하시는 일을 아무것도 할 수 없습니다. 여러분은 하나님의 보호하심에 대한 그 어떤 약속이나 확신도 없이 살아가고 있고, 늘 하나님의 심판의 위험 가운데서 살아 가고 있기 때문에, 하나님께서 여러분을 언제 어느 때에 지옥으로 끌고 가실지는 알 수 없지만, 여러분이 이 상태로 죽는다면, 지옥에 던져지리라는 것은 이미 너무나 확실합니다. 여러분이 회심하지 않는다면, 지옥에 던져지는 것을 막을 수 있는 것은 아무것도 없습니다. 여러분이 아무리 자신의 인격을 부단히 수양해서 선하게 살고자 하고 덕스러운 품성을 기른다고 하여도, 진정으로 회심하지 않는 한, 여러분은 자신의 영혼을 지옥으로부터 구원할 수 없습니다. 여러분은 자신이 이렇게 본성적으로 비참한 상태에 있고, 따라서 반드시 회심하지 않으면 안 된다는 참된 인식을 여러분의 마음속에 늘 간직하고 있어야 합니다.

다음으로, 여러분은 회심한다는 것이 무엇을 의미하는 것인지를 깨달아야 하는데, 회심한다는 것은 새로운 마음 또는 성향, 그리고 새로운 행실을 갖는 것입니다.

질문 1: 우리는 무엇을 위해서 회심하여야 하는 것입니까?

답변 : 여러분은 다음과 같은 목적들을 이루기 위하여 회심하는 것입니다.

(1) 여러분은 회심하면 그 즉시 그리스도의 지체로 살아가게 되고, 그리스도 안에서 분깃을 얻게 되며, 하나님의 형상을 따라 새로워지고, 하나님이 주시는 온갖 은혜들을 덧입게 되며, 여러분의 영혼이 깨어나서 하늘에 속한 새로운 삶을 살게 되고, 사탄의 폭정과 죄의 지배로부터 구원받게 되며, 의롭다 하심을 받아서 율법의 저주로부터 벗어나게 되고, 여러분이 일생 동안 지은 모든 죄들을 사함 받게 되며, 하나님께 받아들여져서 하나님의 자녀가 되어, 하나님을 "아버지"라고 부를 수 있게 되고, 여러분이 필요할 때마다 하나님 앞에 나아가서 기도하여 하나님으로부터 응답을 받을 수

있게 됩니다. 여러분 안에는 성령께서 내주하셔서 여러분을 거룩하게 하시고 인도하시게 될 것이고, 여러분은 성도들의 회중에 참여하여 함께 교제를 나누며 기도할 수 있게 될 것입니다. 여러분은 하나님을 예배할 수 있는 자격을 갖추게 되고, 죄의 지배로부터 벗어나 자유롭게 되며, 여러분이 살아 가는 곳에서 남들에게 유익을 끼치는 복된 존재가 되고, 현세와 내세에서 "약속"을 갖게 될 것입니다. 여러분에게 진정으로 유익한 것들은 단 한 가지도 결핍되거나 부족하지 않게 될 것이고, 하나님께서 여러분의 유익을 위해 겪게 하시는 고난들도 넉넉히 감당할 수 있게 될 것입니다.

여러분은 특히 하나님께서 여러분의 영혼을 위해 마련하신 잔치들인 거룩한 규례들 속에서 성령 안에서 하나님과의 교제를 맛보게 될 것입니다. 여러분은 이 땅에서도 천국의 상속자들로 살아 가게 될 것이고, 장차 여러분에게 주어질 영원한 영광을 믿음으로 미리 보며 평안함 가운데서 살다가 평안함 가운데서 죽을 수 있게 될 것입니다. 죽은 후에 여러분이 비참하게 되는 일은 절대로 있지 않을 것이고, 여러분이 죽은 후에 얻게 될 평안과 행복은 여러분이 살아서 이 땅에서 맛보았던 고난과는 비교할 수 없을 정도로 클 것입니다. 내가 간단하게 열거한 이러한 복들은 하나같이 다 너무나 귀하고 소중한 것들인데, 이것들은 여러분이 회심하였을 때에 여기 현세에서 받게 될 복들입니다.

(2) 여러분이 죽었을 때에는, 여러분의 영혼은 그리스도께로 가게 될 것이고, 여러분의 영혼과 몸은 심판의 날에 의롭다 하심을 받고 영화롭게 되어서 여러분의 "주인의 기쁨"에 참여하게 될 것입니다. 그 때에 거기에서 여러분이 누리게 될 행복들은 구체적으로 다음과 같은 것들이 될 것입니다:

(a) 여러분은 완전해질 것입니다. 여러분의 죽을 수밖에 없었던 몸은 영원히 죽지 않는 몸으로 변화받게 될 것이고, 썩을 것은 썩지 않을 것을 입을

것입니다. 여러분은 더 이상 굶주리지도 않을 것이고, 목마르지도 않을 것이며, 고달프지도 않을 것이고, 병들지도 않을 것입니다. 또한, 여러분에게는 더 이상 수치를 당하는 것이나 슬퍼하는 것이나 죽는 것이나 지옥을 두려워할 필요가 없을 것입니다. 여러분의 영혼은 죄로부터 완전히 자유롭게 되어서, 하나님을 알고 사랑하며 찬송하는 데 완전히 적합한 상태가 될 것입니다.

(b) 여러분이 천국에서 할 일들은 거기에 있는 여러분과 동일한 거룩한 천국 시민들과 더불어서 여러분의 영광스러운 구속주를 모시며, 찬송 받으시기에 지극히 합당하신 하나님의 영광을 바라보면서, 하나님을 온전히 사랑하고, 하나님으로부터 온전히 사랑받으며, 영원토록 하나님을 찬송하는 것이 될 것입니다.

(c) 여러분의 영광은 살아 계신 하나님의 도성인 새 예루살렘의 영광에 기여하게 될 것이고, 이것은 여러분 자신이 천국에서 개인적으로 누리는 지극한 행복 이상의 것이 될 것입니다.

(d) 여러분의 영광은 여러분의 구속주로 하여금 더욱 영광을 받으시게 해 드릴 것입니다. 이렇게 여러분의 구속주는 "자기 영혼의 수고한 것"(사 53:11)의 열매들인 여러분 안에서 영원토록 존귀와 기쁨을 맛보게 되실 것입니다. 그리고 이것은 여러분 자신이 영광을 받는 것 이상의 것이 될 것입니다.

(e) 지극히 크시고 영원하신 살아 계신 하나님께서는 여러분의 영광 속에서 영광을 받으시게 되실 것입니다. 즉, 하나님께서는 여러분의 찬송을 통해서 영광을 받으시고, 자신의 영광과 선하심을 여러분에게 주심으로써 영광을 받으시며, 여러분을 기뻐하심으로써 영광을 받으시고, 자신의 영광스러운 일을 이루심으로써 영광을 받으시며, 새 예루살렘과 자기 아들의 영

광 속에서 영광을 받으실 것입니다. 여러분 중에서 가장 가난한 거지라도, 회심하기만 하면, 이 모든 복을 확실히 영원무궁토록 누리게 될 것입니다.

질문 2: 우리는 무엇으로부터 회심하여야 하는 것입니까?

답변: 여러분은 여러분이 무엇을 위해서 회심하여야 하는지를 이제 알게 되었을 것입니다. 다음으로, 여러분은 여러분이 무엇으로부터 회심하여야 하는지를 알아야 합니다. 한 마디로 말하자면, 여러분은 모든 회심하지 않은 사람들의 삶의 목적인 "육신적인 자아"(carnal self)로부터 돌이켜야 하고, 하나님보다 자기를 기쁘게 해 주기를 바라면서 지금도 여전히 여러분을 유혹하고 있는 "육신"으로부터 돌이켜야 하며, 미끼 역할을 하는 "세상"으로부터 돌이켜야 하고, 영혼들을 낚는 낚시꾼이자 사기꾼인 "마귀"로부터 돌이켜야 하며, 여러분이 알고 있고 고의적으로 짓고 있는 모든 죄들로부터 돌이켜야 합니다.

질문 3: 우리는 무엇을 향하여 회심하여야 하는 것입니까?

답변: 여러분은 어디로 회심하여야 하는지를 알아야 합니다. 여러분은 여러분이 돌이켜서 나아가야 할 대상인 "하나님"께로 돌이켜야 하고, 여러분을 아버지 하나님께로 인도해 주시는 분이신 "그리스도"께로 돌이켜야 하며, 그리스도께서 여러분에게 정해 주신 길인 "거룩함"을 향하여 돌이켜야 하고, 하나님께서 여러분을 도우셔서 여러분에게 은혜를 주시기 위하여 마련해 놓으신 모든 은혜의 수단들을 사용하는 쪽으로 돌이켜야 합니다.

질문 4: 우리는 무엇을 통해서 회심하여야 하는 것입니까?

답변: 여러분이 마지막으로 알아야 하는 것은 여러분이 어떤 것들을 통해서 회심하여야 하는가 하는 것입니다. 여러분이 회심할 때에 사용하여야 하는 것으로는, 유일하신 구속주이시자 중보자이신 그리스도, 여러분을 거룩하게 하시는 분이신 성령, 성령이 사용하시는 도구이자 수단인 하나님의

말씀, 여러분이 행해야 하는 것들인 믿음과 회개가 있습니다. 여러분이 회심하기 위해서는 이 모든 것들이 반드시 있어야 합니다.

지침 2: 여러분이 회심하고자 한다면, 혼자서 조용히 진지하게 깊이 묵상하는 시간을 많이 가지십시오. 세상 사람들은 진지하게 생각하지 않음으로써 멸망을 자초합니다. 자주 시간을 내어 혼자 조용히 묵상할 수 있는 곳으로 물러가서, 하나님께서 여러분을 창조하신 목적에 대하여, 그리고 여러분이 지금까지 살아온 삶과 여러분이 허비해 버린 시간과 여러분이 저질러온 죄에 대하여, 그리고 그리스도의 사랑과 고난과 충만하심에 대하여, 그리고 여러분이 지금 처해 있는 위험에 대하여, 그리고 죽음과 심판이 다가오고 있는 것에 대하여, 그리고 천국의 기쁨의 확실함과 탁월함에 대하여, 그리고 지옥의 고통의 확실함과 두려움에 대하여, 그리고 천국의 기쁨과 지옥의 고통이 둘 다 영원하다는 것에 대하여, 그리고 회심하여 거룩한 삶을 살아야 할 필요성에 대하여 묵상하십시오. 여러분의 마음을 이러한 것들에 대한 묵상으로 가득 채우십시오.

지침 3: 여러분이 회심하고 구원받고자 한다면, 하나님의 은혜를 받기 위한 통상적인 수단인 하나님의 말씀을 경청하십시오. 성경을 읽거나 들으시고, 성경을 풀어서 해석하거나 삶 속에 적용한 경건 서적들을 읽으십시오. 하나님의 말씀을 전하는 공적인 설교들을 끊임없이 경청하십시오. 하나님께서는 직접 나서지 않으시고, 태양을 통해서 세상에 빛을 비추시는 것과 마찬가지로, 여러분을 회심시키시고 구원하실 때에도, 자신의 사역자들을 사용하십니다. 그래서 그리스도께서는 사역자들에 대하여 "너희는 세상의 빛이라 산 위에 있는 동네가 숨겨지지 못할 것이요"(마 5:14)라고 말씀하셨고, 사도 바울은 다메섹 도상에서 부활하신 주님께서 나타나셔서, "내가 네게 나타난 것은 곧 네가 나를 본 일과 장차 내가 네게 나타날 일에 너로 종과 증인을 삼으려 함이니 이스라엘과 이방인들에게서 내가 너를 구원하여 그들에게 보내어 그 눈을 뜨게 하여 어둠에서 빛으로, 사탄의 권세에서 하나님께로 돌아오게 하고 죄 사함과 나를 믿어 거룩하게 된 무리 가운데서 기업을 얻게 하리라"(행 26:16-18)고 말씀하셨다고 간증합니다.

하나님께서는 이렇게 다메섹 도상에서의 이적을 통해서 바울을 낮추신 후에, 그를 아나니아에게 보내셔서, 바울을 인도하는 일에 아나니아를 사용하셨습니다: "다메섹에 아나니아라 하는 제자가 있더니 주께서 환상 중에 불러 이르시되 아나니아야 하시거늘 대답하되 주여 내가 여기 있나이다 하니 주께서 이르시되 일어나 직가라 하는 거리로 가서 유다의 집에서 다소 사람 사울이라 하는 사람을 찾으라 그가 기도하는 중이니라"(행 9:10-11).

또한, 하나님께서는 고넬료에게 천사를 보내셔서, 그가 무엇을 믿고 무엇을 행해야 하는지를, 베드로를 불러와서 듣고 배우라고 명하기도 하셨습니다: "가이사랴에 고넬료라 하는 사람이 있으니 이달리야 부대라 하는 군대의 백부장이라 그가 경건하여 온 집안과 더불어 하나님을 경외하며 백성을 많이 구제하고 하나님께 항상 기도하더니 하루는 제 구 시쯤 되어 환상 중에 밝히 보매 하나님의 사자가 들어와 이르되 고넬료야 하니 고넬료가 주목하여 보고 두려워 이르되 주여 무슨 일이니이까 천사가 이르되 네 기도와 구제가 하나님 앞에 상달되어 기억하신 바가 되었으니 네가 지금 사람들을 욥바에 보내어 베드로라 하는 시몬을 청하라"(행 10:1-5).

지침 4: 하나님께 끊임없이 간절하게 기도하십시오. 여러분의 지난날의 삶을 고백하고 애통해하시고, 여러분에게 빛을 비춰 주셔서 회심하게 하시는 은혜를 베풀어 주시라고 간구하십시오. 지난날의 죄악된 삶을 용서해 주시고, 성령을 주시며, 여러분의 마음과 삶을 변화시켜 주시고, 여러분을 하나님의 길로 인도해 주시며, 여러 가지 시험들과 유혹들로부터 여러분을 구해 주시라고 간구하십시오. 매일같이 이렇게 힘써 간구하시고, 중간에 지쳐서 그만두지 마십시오.

지침 5: 여러분이 알고 있고 지금까지 의도적으로 지어 온 죄들을 즉시 버리십시오. 단단히 결심하고서, 다시는 그 길로 가지 마십시오. 더 이상 술을 마시지 마시고, 술을 마시고자 하는 유혹을 불러 일으키는 장소와 기회를 피하십시오. 여러분의 정욕과 죄악된 즐거움들을 혐오하며 내던져 버리시고, 더 이상 욕하거나 악담을 하지 마십시오. 여러분이 누군가에게 피해를 주었다면, 삭개오가 그랬던 것처럼, 그 사람들에게 보상하십시오. 여러분이 이전에 지었던 죄들을 또 다시 짓는다면, 어떻게 여러분이 하나님의 은혜를 입어 회심하게 되기를 바랄 수 있겠습니까?

지침 6: 여러분이 지금까지 악한 친구들과 어울려서 죄악을 저질러 왔다면, 가능하다면 즉시 그 친구들과 어울리는 것을 그만두십시오. 여러분의 가족이나 친척들을 버리라는 것이 아니라, 여러분이 불필요하게 함께 어울려 다니며 죄를 지었던 그런 친구들을 버리라는 것입니다. 그리고 하나님을 경외하는 사람들과 어울리는 가운데, 천국으로 가는 길을 그들에게 물으십시오. 시편 기자는 "여호와여 주의 장막에 머무를 자 누구오며 주의 성산에 사는 자 누구오니이까"라고 말한 후에, "그의 눈은 망령된 자를 멸시하며 여호와를 두려워하는 자들을 존대하며"라고 말씀합니다(시 15:1, 4). 또한, 다음의 본문들은 다메섹 도상에서 회심한 바울이 그 후에 어떻게 하였

는지를 보여 줍니다: "음식을 먹으매 강건하여지니라 사울이 다메섹에 있는 제자들과 함께 며칠 있을새"(행 9:19). "사울이 예루살렘에 가서 제자들을 사귀고자 하나"(행 9:26).

지침 7: 여러분의 영혼의 의사이신 주 예수께 여러분 자신을 맡기십시오. 그러면, 주님께서는 자신의 피로 여러분의 죄를 사해 주시고, 자신의 성령 및 성령의 도구들인 하나님의 말씀과 사역자들을 통해서 여러분을 거룩하게 해 주실 것입니다. 주 예수께서는 "내가 곧 길이요 진리요 생명이니 나로 말미암지 않고는 아버지께로 올 자가 없느니라"(요 14:6)고 말씀하셨고, 베드로는 "다른 이로써는 구원을 받을 수 없나니 천하 사람 중에 구원을 받을 만한 다른 이름을 우리에게 주신 일이 없음이라"(행 4:12)고 말합니다. 그러므로 주 예수의 인격과 본성을 연구하시고, 주 예수께서 여러분을 위하여 무슨 일을 하시고 무슨 고난을 받으셨는지, 그리고 주 예수께서 여러분에게 어떤 존재이시고 앞으로 어떤 존재가 되실 것인지, 그리고 주 예수께서 여러분에게 필요한 모든 것들을 다 채워 주실 수 있으신 이유가 무엇인지를 연구하십시오.

지침 8: 여러분이 진심으로 돌이켜서 살려고 한다면, 더 이상 미루지 말고 지체없이 신속하게 돌이키십시오. 여러분이 오늘 회심하고자 하지 않는다면, 여러분은 회심할 의지가 전혀 없는 것입니다. 여러분이 지금까지 내내 수많은 죄들을 지어 왔고, 하나님의 진노 아래 있으며, 지옥의 문턱에 서 있다는 것을 기억하십시오. 이제 여러분은 한 걸음만 더 내디디면, 영원한 죽음 속으로 들어가게 됩니다. 이것은 정신이 온전한 사람이라면 조용하게 가만히 있을 상황이 결코 아닙니다. 여러분의 집에 불이 나서, 불덩이들이 여러분의 머리 위로 떨어질 수도 있는 상황에 처했다면, 여러분은 가능한 한 가장 신속하게 그 집에서 빠져나오려고 할 것인 것과 마찬가지로, 여러분은 살기 위해서 아주 신속하게 그러한 상황에서 벗어나려고 하는 것이 정상입니다. 여러분이 지금 어떤 끊임없는 위험 속에서 살아 가고 있는 것인지, 그리고 하루하루 얼마나 이루 말할 수 없이 많은 것들을 잃어 가고 있는 것인지, 그리고 여러분이 회신하고자 하기만 한다면, 얼마나 더 안전하고 달콤한 삶을 살아갈 수 있는지를 진정으로 안다면, 여러분은 이렇게 빈둥거리거나 머뭇거리지 않고, 즉시 돌이키고자 할 것입니다. 돌이켜야 한다는 것을 진정으로 깨달은 사람들은 그렇게 의도적으로 돌이키기는 지체하거나 미루지 않습니다. 여러분의 삶은 짧고, 여러분은 언제 죽을지 모릅니다. 여러분이 제대로 철저하게 회심하기 전에 죽는다면, 여러분은 어떻게 되겠습니까! 여러분은 이미 너무나 오랫동안 미루어 왔고, 너무나 오랫동안 하나님께 잘못해 왔습니다. 여러분이 회심하는 것을 미루면 미룰수록, 여러분 속에 있는 죄는 더욱 더 강해지고 더 깊이 뿌리를 내리게 되기 때문에, 여러분의 회심은 점점 더 어려워지고, 여러분이 회심할 가능성도 점점 더 줄어듭니다. 여러분에게는 해야 할 일들이 많습니다. 그러므로 여러분이 모든 것을 다 끝까지 미루면, 하나님께서는 여러분을 포기하시고, 여러분이 제멋대로 하게 내버려 두시게 되실 것이고, 여러분은 결국 영원히 멸망하게 되고 말 것입니다.

지침 9: 여러분이 돌이켜서 살고자 한다면, 무조건적이고 절대적이며 온전히 돌이키십시오. 그리스도께 조건부로 항복해서, 그리스도와 세상을 둘다 섬기는 가운데, 여러분의 육신에 꼭 필요하지 않은 몇몇 죄들은 버리고, 나머지 죄들은 그대로 두려고 생각하지 마십시오. 그것은 자기기만일 뿐입니다. 여러분은 여러분이 가진 모든 것을 버리겠다고 단단히 결심하고서, 실제로 여러분에게 있는 모든 것을 버려야 합니다. 그렇게 하지 않으면, 여러분은 그리스도의 제자가 될 수 없습니다: "무릇 내게 오는 자가 자기 부모와 처자와 형제와 자매와 더욱이 자기 목숨까지 미워하지 아니하면 능히 내 제자가 되지 못하고 누구든지 자기 십자가를 지고 나를 따르지 않는 자도 능히 내 제자가 되지 못하리라 너희 중의 누가 망대를 세우고자 할진대 자기의 가진 것이 준공하기까지에 족할는지 먼저 앉아 그 비용을 계산하지 아니하겠느냐 그렇게 아니하여 그 기초만 쌓고 능히 이루지 못하면 보는 자가 다 비웃어 이르되 이 사람이 공사를 시작하고 능히 이루지 못하였다 하리라 또 어떤 임금이 다른 임금과 싸우러 갈 때에 먼저 앉아 일만 명으로써 저 이만 명을 거느리고 오는 자를 대적할 수 있을까 헤아리지 아니하겠느냐 만일 못할 터이면 그가 아직 멀리 있을 때에 사신을 보내어 화친을 청할지니라 이와 같이 너희 중의 누구든지 자기의 모든 소유를 버리지 아니하면 능히 내 제자가 되지 못하리라"(눅 14:26-33).

여러분이 하나님과 천국을 여러분의 분깃으로 얻고자 하여, 여러분의 모든 것을 그리스도의 발 아래 내려 놓는 것이 아니라, 하나님과 하나님이 여러분을 위해 준비해 놓으신 영광만으로는 만족하지 못해서, 이 땅에서도 자신의 분깃을 갖고자 하여, 세상의 좋은 것들을 버리지 않고 그대로 갖고 있고자 한다면, 여러분은 그러한 조건으로 구원을 얻을 수 없을 것이기 때문에, 여러분의 그러한 생각은 헛된 망상으로 끝나고 말 것입니다. 여러분의 신앙이 단지 육신적인 의에 불과한 것이어서, 여러분이 하나님께 모든 것을 다 드린다고 하면서도, 육신의 형통이나 즐거움이나 안전 같은 것들은 쏙 빼놓고 하나님께 드리지 않는다면, 겉보기에는 여러분이 세상의 속된 사람들보다 더 천국에 들어갈 가능성이 높아 보일지라도, 사실은 여러분은 대놓고 하나님을 믿지 않고 불경건하게 행하는 자들만큼이나 지옥에 갈 것이 확실합니다.

지침 10: 여러분이 회심하여 살려고 한다면, 마치 하나님께서 그렇게 말씀하신 것이 의심스러운 것이라도 된다는 듯이, 언제까지나 계속해서 이 궁리 저 궁리 하면서 저울질하고 있지 마시고, 지금 즉시 결단하십시오. 지금은 여러분이 하나님과 육신 중에서 어느 쪽이 더 좋은 주인인지, 또는 천국과 지옥 중에서 어느 쪽이 더 좋은 곳인지, 또는 죄와 거룩함 중에서 어느 쪽이 더 좋은 길인지를 아직까지도 저울질하고 있을 때가 아닙니다. 지금 즉시 여러분의 지난날의 정욕들을 내던져 버리고, 확고하고 지속적으로 결단하십시오. 오늘은 이렇게 결단했다가, 내일이면 또 다시 마음이 바뀌는 그런 결단이 되어서는 안 됩니다. 하늘이 두 쪽이 나도 요동하지 않을 정도로 결단하고서, 여러분 자신과 여러분이 가지고 있는 모든 것을 단호하게 하나님께 드리십시오. 여러분이 이 글을 읽고 있거나 듣고 있는 바로 지금 결단하십시오. 오늘밤을 넘기기 전에 바로 오늘 결단하십시오. 다른 곳으로 자리를 옮기기 전에 바로 이 곳에서 결단하십시오. 사탄이 여러분을 흔들어 놓기 전에 바로 지금 결단하십시오. 여러분은 확고부동한 결단을 할 때까지는 결코 회심할 수 없습니다. 나는 여러분의 회심을 위한 지침들을 제시하는 것은 이 정도로 해 두고자 합니다.

이제 나는 여러분으로 하여금 하나님의 부르심에 응답해서 돌이켜 살게 하기 위하여 내가 해야 할 일은 다 했습니다. 결과가 어떻게 될 것인지에 대해서는 나는 알지 못합니다. 나는 하나님의 명령에 순종해서 씨를 뿌린 것뿐이고, 그 씨를 자라게 하는 것은 나의 능력 밖의 일입니다. 나는 하나님의 말씀을 전하는 것 이상의 일을 할 수 없기 때문에, 이 말씀이 여러분의 마음에 심겨지게 할 수도 없고, 이 말씀으로 하여금 여러분의 마음속에서 역사하게 할 수도 없습니다. 이 말씀을 받아들여서 깊이 묵상하는 것은 여러분이 해야 하는 일이기 때문에, 나로서는 그 일도 할 수 없고, 여러분의 마음을 열어서 이 말씀을 받아들이게 하는 것은 하나님이 하셔야 하는 일이기 때문에, 나로서는 그 일도 할 수 없습니다. 나는 여러분에게 천국이나 지옥을 눈으로 볼 수 있게 해 줄 수도 없고, 여러분에게 새로운 부드러운 마음을 줄 수도 없습니다. 내가 여러분의 회심을 위하여 더 해야 할 것들이 있다면, 나는 지금이라도 기꺼이 그렇게 할 것입니다.

"오, 은혜가 풍성하신 영들의 아버지시여, 주께서는 악인들이 죽는 것을 기뻐하지 않으시기 때문에, 그들이 돌이켜서 살게 되기를 원하신다고 맹세로써 말씀하셨습니다. 내가 이 책을 통해서 지금까지 사람들을 설득하기 위하여 한 말들과 그들의 회심을 위하여 준 지침들에 주의 복을 더하심으로써, 주의 원수들로 하여금 주의 목전에서 승리를 거두고 의기양양해하지 못하게 하시고, 영혼들을 속이는 저 큰 사기꾼이 주의 아들과 성령과 말씀을 이기지 못하게 해 주십시오. 그들 자신을 불쌍히 여기고자 하는 마음이 없는 저 회심하지 않은 가련한 죄인들을 불쌍히 여겨 주십시오.

눈먼 사람들에게 명하셔서 보게 하시고, 듣지 못하는 사람들에게 명하셔서 듣게 하시며, 영적으로 죽은 사람들에게 명하셔서 살게 하시고, 죄와 죽음에게 명하셔서 감히 주를 거스를 수 없게 해 주십시오. 안일하게 살아가는 사람들을 깨워 주시고, 결단하지 못하는 사람들에게 결단하게 하시며, 요동하는 사람들을 견고하게 설 수 있게 해 주시고, 이 글을 읽는 죄인들의 눈이 자신들의 죄를 보고서 애통하며 울게 해 주셔서, 그들의 죄가 그들을 지옥으로 끌고 가기 전에, 그들이 제정신으로 돌아와서 하나님의 아들에게로 돌이키게 해 주십시오. 주의 말씀 한 마디면, 이 보잘것없는 수고들이 열매를 맺어서, 많은 영혼들이 구원을 얻고, 영원한 기쁨과 영원한 영광에 이르게 될 것입니다. 아멘."

🔵 독자 여러분들께 알립니다!

'CH북스'는 기존 '크리스천다이제스트'의 영문명 앞 2글자와
도서를 의미하는 '북스'를 결합한 출판사의 새로운 이름입니다.

세계기독교고전 53

회심으로의 초대

1판 1쇄 발행 2017년 3월 2일
1판 2쇄 발행 2022년 1월 4일

발행인 박명곤   **CEO** 박지성   **CFO** 김영은
기획편집 채대광, 김준원, 박일귀, 이은빈, 김수연
디자인 구경표, 한승주
마케팅 임우열, 유진선, 이호, 김수연
펴낸곳 CH북스
출판등록 제406-1999-000038호
전화 070-4917-2074   **팩스** 0303-3444-2136
주소 경기도 파주시 회동길 37-20
홈페이지 www.hdjisung.com   **이메일** main@hdjisung.com
제작처 영신사 월드페이퍼

"크리스천의 영적 성장을 돕는 고전"
세계기독교고전 목록